中华人民共和国海船船员培训合格证考试培训教材

交通运输类“十四五”创新教材

符合《海船船员培训大纲（2021版）》《海船船员考试大纲（2022版）》要求

SHIYONG QITI HUO QITA DISHANDIAN RANLIAO
CHUANBO CAOZUO YU GUANLI

使用气体或其他低闪点燃料船舶操作与管理

中国海事服务中心 组织编审

大连海事大学出版社
DALIAN MARITIME UNIVERSITY PRESS

图书在版编目(CIP)数据

使用气体或其他低闪点燃料船舶操作与管理 / 中国海事服务中心编. -- 大连 : 大连海事大学出版社, 2023.5

中华人民共和国海船船员培训合格证考试培训教材

ISBN 978-7-5632-4421-8

Ⅰ. ①使…　Ⅱ. ①中…　Ⅲ. ①船舶操纵-技术培训-教材②船舶管理-技术培训-教材　Ⅳ. ①U675②U692

中国国家版本馆 CIP 数据核字(2023)第 083596 号

大连海事大学出版社出版

地址:大连市黄浦路523号　邮编:116026　电话:0411-84729665(营销部)　84729480(总编室)

http://press.dlmu.edu.cn　E-mail:dmupress@dlmu.edu.cn

大连天骄彩色印刷有限公司印装　　大连海事大学出版社发行

2023 年 5 月第 1 版　　2023 年 5 月第 1 次印刷

幅面尺寸:184 mm×260 mm　　印张:17　　字数:397 千

出版人:刘明凯

责任编辑:孙笑鸣　　责任校对:沈荣欣

封面设计:解瑶瑶　　版式设计:解瑶瑶

ISBN 978-7-5632-4421-8　　定价:85.00 元

中华人民共和国海船船员
培训合格证考试

培训教材编审委员会

主　　任：孙玉清

委　　员：（按姓氏笔画排序）

王　勇　刘正江　刘红明　吴丽华　吴宗保　赵友涛　施祝斌
姚　杰　潘新祥

审定委员会

主　　任：孙玉清

委　　员：（按姓氏笔画排序）

王　捷　王平义　王明春　吕　明　刘锦辉　李忆星　李建国
杨甲奇　肖亚明　张庆宇　张守波　陈晓琴　苗永臣　范　鑫
周明顺　唐强荣　黄江昆　景向伟

编写委员会

前　言

《中华人民共和国海船船员培训合格证书签发管理办法》已于2019年修订并于2019年10月1日起施行。交通运输部2021年发布的《海船船员培训大纲(2021版)》,对海船船员培训合格证的适任要求,培训的理论知识、实践技能,评价标准及学时等作出了详细规定;中华人民共和国海事局根据《中华人民共和国海船船员适任考试和发证规则》和《海船船员培训大纲(2021版)》编制并发布的《海船船员考试大纲(2022版)》,对海船船员培训合格证理论考试大纲、实操评估大纲作出了详细规定。

为更好地实施高素质船员队伍建设,在新形势、新要求下推进并完善海船船员培训工作,增强海船船员的个人安全意识,进一步提升海船船员适任能力,中国海事服务中心组织具有丰富培训教学经验和航海实践经验的专家编写并审定了本套"中华人民共和国海船船员培训合格证考试培训教材"。

本套教材满足《1978年海员培训、发证和值班标准国际公约马尼拉修正案》、《海船船员培训大纲(2021版)》和《海船船员考试大纲(2022版)》对海船船员培训合格证的各项要求,紧密结合我国有关船员职业培训的最新规定,知识点全面,图文并茂,易于学习、理解,可作为海船船员培训合格证培训用书,亦可作为船上人员解决工作中实际问题的工具书。

本套教材包括:

Z01	《基本安全——个人求生》
	《基本安全——防火与灭火》
	《基本安全——基本急救》
	《基本安全——个人安全与社会责任》
Z02	《救生艇筏和救助艇操作与管理》
Z03	《快速救助艇操作与管理》
Z04	《船舶高级消防》
Z05	《船舶精通急救》
Z06	《船上医护》
Z07、Z08	《船舶保安意识与职责》
Z09	《船舶保安员》
T01	《油船和化学品船货物操作(基本培训适用)》
T02	《油船货物操作(高级培训适用)》

（续表）

T03	《化学品船货物操作（高级培训适用）》
T04	《液化气船货物操作（基本培训适用）》
T05	《液化气船货物操作（高级培训适用）》
T06	《客船操作与管理》
T07	《大型船舶操纵》
T081、T082	《高速船操作与管理》
T09、T10	《船舶装载包装及散装固体危险和有害物质操作与管理》
T11、T12	《使用气体或其他低闪点燃料船舶操作与管理》
T13、T14	《极地水域船舶操作与管理》

在本套教材的编写、出版过程中，得到了各直属海事局、航海教育培训机构、航运企业及大连海事大学出版社等单位的大力支持，特致谢意。

中国海事服务中心

2022 年 10 月

扫码学习《深入学习贯彻党的二十大精神　加快建设交通强国　当好中国式现代化开路先锋》

编者的话

《使用气体或其他低闪点燃料船舶操作与管理》依据《海船船员培训大纲（2021 版）》和《海船船员考试大纲（2022 版）》对海船船员培训合格证的各项要求，紧密结合我国有关船员职业培训的最新规定编写，适用于使用气体或者其他低闪点燃料船舶船员基本培训合格证（T11）、使用气体或者其他低闪点燃料船舶船员高级培训合格证（T12）的考试培训，也可作为船上人员解决工作中实际问题的工具书。

本书分两篇，共 15 章，内容包括：第一篇 第一章 绪言，第二章 主机及燃料系统，第三章 燃料危害及预防，第四章 职业健康和安全防范措施，第五章 消防灭火操作，第六章 应急反应；第二篇 第七章 绪言，第八章 低闪点燃料理化性质，第九章 低闪点燃料轮机设备操控，第十章 与低闪点燃料相关的作业，第十一章 燃油安全加注和存储作业，第十二章 燃料泄漏造成环境污染控制，第十三章 国际公约和行业指南，第十四章 危害预防及措施，第十五章 船舶火灾控制。

本书由王捷主编，李富玺、袁涌主审，张一久、张建伟、陈超、董良雄参与了本书的编写。阳易、吴家玲、况丽姣、崔雨箫、许双双对教材中图表进行绘制并协助资料收集和整理。全书由王捷统稿。

在本书的编写过程中得到了全球最大的 LNG 加注船“海港未来”轮机长胡宏杰、全国港口行业首艘双燃料拖轮“甬港消拖 60 号”轮机长张晓亮以及中国船舶重工集团公司第七一一研究所、宁波甬港拖轮有限公司、裕民（厦门）国际船舶管理有限公司等的鼎力帮助，在此表示衷心的感谢。

航海科技日新月异，相关国际公约、各国法律法规、行业标准和规定也在不断进步和完善，本套教材未尽之处请广大同仁和读者批评斧正。

编者

2022 年 10 月

目　录

第一篇　使用气体或其他低闪点燃料船舶船员基本培训

第二篇 使用气体或其他低闪点燃料船舶船员高级培训

第一篇

使用气体或其他低闪点燃料船舶船员基本培训

第一章 绪 言

气体或者其他低闪点燃料对于大气是清洁的，因为它们排放非常低水平的空气污染物。但这些燃料在使用时由于其自身的特性，显现出相关的安全问题，需要谨慎管理和使用。为尽量减少气体或者其他低闪点燃料对船员、船舶和环境造成的风险，2015 年 6 月，国际海事组织（简称 IMO）通过了《使用气体或其他低闪点燃料船舶国际安全规则》（*The International Code of Safety for Ships Using Gases or Other Low-Flashpoint Fuels*），简称《IGF 规则》；2017 年 1 月 1 日，《IGF 规则》正式生效。

根据《IGF 规则》要求，各航运公司须确保使用气体或者其他低闪点燃料船舶的任职船员已完成培训，并获得与拟承担的职务、职责与责任相应的能力，并满足经修正的《STCW 公约》给出的规定。本章主要介绍《IGF 规则》、IMO 相关修正案、国家海事局海船船员培训标准三部分内容。

第一节 IGF 规则

为降低使用气体或者其他低闪点燃料对船员、船舶和环境造成的风险，《IGF 规则》对使用气体或者其他低闪点燃料船舶所涉及燃料的性质，使用低闪点燃料的机器、设备和系统的布置、安装、控制和监控等提出了强制性规定，对适用《IGF 规则》船舶的船员培训提出了具体要求，本节主要介绍《IGF 规则》的主要内容和培训要求、中国实施情况、其他国家船级社实施情况和术语等四方面内容。

一、IGF 规则

2015 年 6 月 3 日至 12 日，IMO 海上安全委员会第 95 届会议以 MSC. 391(95) 号决议通过《IGF 规则》，该规则于 2017 年 1 月 1 日正式生效。规则的目标是规范使用气体或其他低闪点燃料船舶的安全和环保设计、建造和操作并提供标准，特别是对使用天然气或其他低闪点燃料作为燃料的推进设备、辅助发电设备和/或其他目的机械系统的安装做出规定。

1. 主要内容

(1)前言:明确为使用低闪点燃料的船舶提供一个国际标准,包括满足天然气燃料功能要求的规定。对其他低闪点燃料的规定将在 IMO 制定新要求后纳入规则。

(2)A 部分:包括总则(适用、定义、替代设计)、目标和功能要求、一般要求(目标、风险评估、爆炸后果限制)。

(3)A-1 部分:对使用天然气作为燃料的船舶的特殊要求,包括船舶的设计和布置、燃料围护系统、材料和总管路设计、加注燃料、设备燃料供应、推进和其他燃气设备的动力产生、消防安全、防爆、通风、电气装置、控制、监测和安全系统。

(4)B-1 部分:制造、工艺和试验。

(5)C-1 部分:演习和应急演练、操作,另外还有附件:液化天然气交付单。

(6)D 部分:培训,包括目标、功能要求。

2. 培训要求

(1)培训目标:确保规则所适用的船舶上的海员具备适当资质,业经培训并具有经验。

(2)功能要求:各航运公司须确保使用气体或者其他低闪点燃料的船舶上的海员已完成培训,获得与要承担的职务、职责与责任相对应的能力,并满足经修正的《STCW 公约》中给出的规定。

二、中国实施情况

中国海事主管机关和船舶技术部门在 IMO 尚未出台《IGF 规则》前,已开展了对使用气体或者其他低闪点燃料的船舶相关技术的研究。

1. 中国海事主管机关及其他部局制定的法律法规

(1)2014 年 12 月,为促进和监管燃气动力船舶应用和推广,中国海事局印发了《内河液化天然气燃料动力船舶安全监督管理规定》《关于推进船舶应用液化天然气燃料工作有关事项的通知》《水上液化天然气加注安全监督管理暂行规定》3 个文件,积极推进我国 LNG 动力船舶快速发展。

(2)2016 年,环境保护部和国家质量监督局联合发布了《船舶发动机排气污染物排放限值及测量方法》,以推进船舶节能减排。

(3)2017 年 3 月 22 日,为满足《IGF 规则》的规定,经交通运输部第 5 次部务会议通过,交通运输部发布了《关于修改〈中华人民共和国船员培训管理规则〉的决定》(交通运输部令 2017 年第 9 号),在第十条第一款第(十)项后增加了涉及《IGF 规则》的内容,即"(十一)使用气体或者其他低闪点燃料船舶船员基本培训;(十二)使用气体或者其他低闪点燃料船舶船员高级培训"两个培训项目。但 2017 年 3 月 22 日经第 5 次部务会议通过的《交通运输部关于修改〈中华人民共和国海船船员适任考试和发证规则〉的决定》,交通运输部编制发布的自 2017 年 4 月 1 日起施行的《海船船员培训大纲部分》(2016 版)均未涵盖这两个培训项目。

(4)2019 年 8 月 30 日,中华人民共和国海事局印发了修订后的《中华人民共和国海船船员培训合格证书签发管理办法》,新办法于 2019 年 10 月 1 日实施。在特殊培训合格证中,新增"使用气体或者其他低闪点燃料船舶船员基本培训合格证"(T11)、"使用气体

或者其他低闪点燃料船舶船员高级培训合格证”(T12),培训合格证有效期均为 5 年,并新增下列规定:

①参加使用气体或者其他低闪点燃料船舶船员高级培训合格证培训前,应当完成使用气体或者其他低闪点燃料船舶船员基本培训。

②办理使用气体或者其他低闪点燃料船舶船员高级培训合格证者,应当具有不少于 1 个月认可的在使用气体或者其他低闪点燃料的船舶上服务的海上资历,包括至少 3 次船上加装燃料操作,3 次加装燃料操作中的 2 次可由认可的加装燃料操作模拟器培训代替。

③持有有效的液化气船货物操作基本培训合格证或有效的液化气船货物操作高级培训合格证者可直接办理使用气体或者其他低闪点燃料船舶船员基本培训合格证。

④持有有效的液化气船货物操作高级培训合格证并同时满足下列条件者,可办理使用气体或者其他低闪点燃料船舶船员高级培训合格证:

a. 持有有效的使用气体或者其他低闪点燃料船舶船员基本培训合格证;

b. 在使用气体或者其他低闪点燃料船舶上完成至少 3 次船上加装燃料操作,3 次加装燃料操作中的 2 次可由认可的加装燃料操作模拟器培训代替;或在液化气船上完成 3 次装卸货操作;

c. 在最近 5 年内具有不少于 3 个月的在使用气体或其他低闪点燃料的船舶上服务的海上服务资历,或者不少于 3 个月的将气体或其他低闪点燃料作为货物载运的船舶上的海上服务资历。

⑤在使用气体或者其他低闪点燃料船舶上任职的船长、轮机长、轮机员须持有使用气体或者其他低闪点燃料船舶船员基本培训合格证(T11)和使用气体或者其他低闪点燃料船舶船员高级培训合格证(T12),其他船员须持有 T11。

2. 中国海事管理及技术机构制定的技术规范

(1)2011 年,中国船级社颁布了《气体燃料船舶检验指南》。

(2)2012 年,交通运输部海事局制定了《LNG 燃料动力试点船舶技术要求》《LNG 燃料动力试点船舶关键设备技术要求》。

(3)2013 年,中国船级社颁布了《天然气燃料动力船舶规范》(2013),替代《气体燃料船舶检验指南》(2011)。

(4)2013 年 10 月,交通运输部发布了《关于推进水运行业应用 LNG 的指导意见》。

(5)2017 年,中国船级社颁布了《天然气燃料动力船舶规范》(2017),并于 2017 年 1 月 1 日生效,生效后替代《天然气燃料动力船舶规范》(2013)。

(6)《船舶应用天然气燃料规范》(2021)。2021 年 1 月 1 日起生效,生效后替代《天然气燃料动力船舶规范》(2017)及《〈天然气燃料动力船舶规范〉2017 年第 1 次变更通告》(2017 年 11 月版)、《〈天然气燃料动力船舶规范〉2018 年第 1 次变更通告》(2018 年 1 月版)和《〈天然气燃料动力船舶规范〉2018 年第 2 次变更通告》(2018 年 12 月版)。

(7)《船舶应用氨燃料指南》(2022)。中国船级社基于项目研究、设计认可以及风险评估等相关工作经验制定了《船舶应用氨燃料指南》。该指南共 13 章,前 12 章规定了氨燃料船舶的船舶布置、材料和管路设计、燃料围护系统、燃料加注、燃料供应、氨发动机、通风、消防、防爆与毒性区域划分、控制、监测和安全系统以及人员保护等内容,主要从设计、制造和检验技术三个方面对氨燃料船舶提出了要求,第 13 章规定了拟在将来实施氨燃料动力系统安装改造的船舶的预设技术要求。该指南于 2022 年 7 月 1 日起生效。

(8)《船舶应用甲醇/乙醇燃料指南》(2022)。为了促进清洁燃料在船上的使用,中国船级社制定了《船舶应用甲醇/乙醇燃料指南》,为甲醇/乙醇燃料在船上的使用提供技术标准。该指南适用于 20 m 及以上的以甲醇/乙醇为燃料的钢质或等效金属材料船舶,主要包括船舶布置、燃料存储、燃料加注、通风、消防、电气系统、监控、甲醇/乙醇发动机等内容,可为船舶应用甲醇/乙醇燃料的设计、审图和检验提供依据。该指南于 2022 年 7 月 1 日起生效。

3. 船舶制造技术发展

中国在气体或者其他低闪点燃料船舶制造技术方面处于国际领先水平,中国制造了各类气体或者其他低闪点燃料船舶,图 1-1 为 COSCO 首艘 LNG 双燃料动力的 VLCC“远瑞洋”轮,图 1-2 为上海沪东船厂制造的 23 000 TEU 全球最大的 LNG 双燃料动力集装箱船,图 1-3 为 COSCO 使用氨燃料的 VLCC,图 1-4 为 LNG 燃料加注船舶“海港未来”轮(舱容 2 万立方米)。

图 1-1　COSCO 首艘 LNG 双燃料动力的 VLCC“远瑞洋”轮

图 1-2　上海沪东船厂制造的 23 000 TEU 全球最大的 LNG 双燃料动力集装箱船

图 1-3 COSCO 使用氨燃料的 VLCC

图 1-4 LNG 燃料加注船舶“海港未来”轮(舱容 2 万立方米)

三、其他国家船级社实施情况

相关国家船级社也在关注使用气体或者其他低闪点燃料的船舶安全问题,在此列举挪威和日本等国研究情况。

1. 挪威

2001 年 1 月 1 日,挪威船级社(DNV)《使用液化天然气(LNG)燃料规范》公布。2013 年 7 月 1 日,DNV 发布了《使用低闪点船用燃料规范》,其目的就是将甲醇用作船用燃料,减少氮氧化物与硫氧化物。

2018 年 4 月,DNV 发布了《替代燃料和技术——为了更环保的航运业》的白皮书,对一系列替代燃料及其技术进行了评估。替代燃料包括液化天然气(LNG)、液化石油气(LPG)、氢气、燃料电池以及混合电池技术等,白皮书对替代燃料在技术价格、可得性、法规挑战和环境保护等方面与采用脱硫装置的传统燃料以及新的低硫燃料进行了对比。通过白皮书,DNV GL 旨在为航运业提供最新研究成果,帮助业界为 2020 年 1 月 1 日实施的全球限硫令做好准备。

2019 年 11 月,DNV GL 发布了新版《使用液化天然气燃料规范》。另外,DNV 还专门开发了"LNG AS SHIP FUEL"等培训课程。

2. 日本

2013 年 11 月,日本船级社发布了第二版《双燃料发动机使用指南》(*Guidelines for Dual Fuel Diesel Engines*);2019 年,日本船级社发布《使用低闪点燃料船舶指南》(*Guidelines for Ships Using Low Flashpoint Fuels*),该指南将目标船舶分为三类:甲醇/乙醇动力船、LPG 动力船和使用 LPG 动力的液化气船,并根据最新的技术和规范趋势,针对除了 LNG 之外的甲醇、乙醇和 LPG 等替代燃料制定了安全要求,以推动替代燃料船舶的设计。

四、术语

1. 气体燃料发动机(Gas Fuel Engine):系指单一气体燃料发动机或双燃料发动机。

2. 双燃料发动机(Dual Fuel Engine,简称 DF 发动机):系指既可采用天然气作为燃料(引燃油用于点火),也可单独采用燃油作为燃料的发动机。燃油包括船用馏分油和船用渣油。

3. 氨发动机:系指双燃料发动机或单一燃料发动机。

4. 多燃料发动机:系指可以使用相互分离的两种或多种不同燃料的发动机。

5. 甲醇/乙醇发动机:系指双燃料发动机或单一燃料发动机。

6. 加注:系指从陆基或浮式装置向船上固定燃料舱输送燃料,或可移动燃料舱与燃料供应系统连接。

7. 加注站:系指设有燃料加注系统,包括加注接头、回气接头(如设有)、相关阀件和控制系统等的位置或处所。

8. 加注燃料:系指将液体或气体燃料从陆上或浮动设备转移到船舶永久舱或将可移动舱与燃料供应系统连接。

9. 燃料围护系统:系指包括燃料舱接头在内的用于燃料存储的装置。它包括所设的一道主屏壁、一道次屏壁(如设有)、相关绝热层和屏壁间处所(如设有),以及必要时用于支撑这些构件的相邻结构。如次屏壁是船体结构的一部分,则其可以为燃料舱处所的限界面。围蔽处所内燃料围护系统示意图如图 1-5 所示。

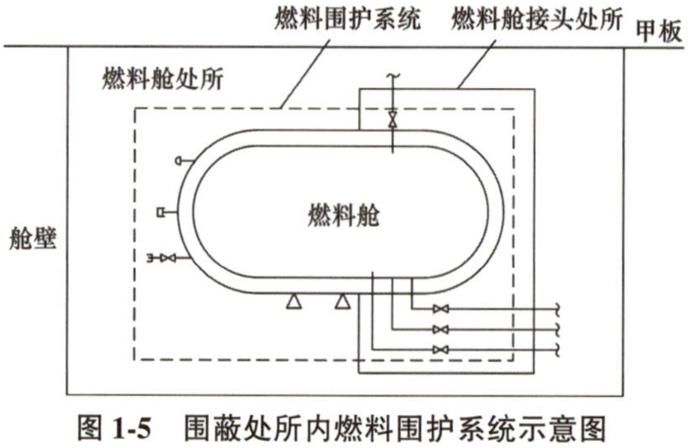

图 1-5　围蔽处所内燃料围护系统示意图

燃料舱周围的处所定义如下：

(1)燃料舱处所：系指由船舶结构所围蔽的、其内设有燃料围护系统的处所。如燃料舱的接头位于燃料舱处所内，则该处所也可视作燃料舱接头处所。

(2)屏壁间处所：系指主屏壁和次屏壁之间的处所，不论是其全部还是部分由绝热材料或其他材料所填充。

(3)燃料舱接头处所：系指环围燃料舱所有接头和阀门的处所。

燃料舱接头处所内也可设有设备，如蒸发器或热交换器。这些设备被视为仅含潜在释放源，但不含着火源。

10. 次屏壁：系指燃料围护系统中设计成能暂时容纳可能从主屏壁泄漏的液态燃料，并防止船体结构的温度下降至不安全的程度的液密外层构件。

11. CNG：系指压缩天然气。

12. ESD：系指应急切断。当出现重大事故时，需要立即执行无延迟的关闭动力装置运行、切断燃料供应及非防爆电气设备供电等安全操作，以避免对人员和周围环境造成损害。

13. 燃料准备间(舱)：系指包含用于燃料制备目的的泵、热交换器、过滤器、压缩机和/或汽化器等设备的任何处所。

14. 高压燃料管系：系指最高工作压力高于 10 MPa 的燃料管系。

15. 除气：系指实现舱内无毒、无爆炸危险环境的过程。它包括两种不同的操作：

(1)用惰性气体或其他合适的介质(如：水等)吹扫舱内危险气体，将危险蒸气稀释至可以安全引入空气的程度；

(2)用空气置换经稀释的惰性气体。

16. 围蔽处所：系指在没有人工通风时，通风将受到限制及任何爆炸气体将不会自然消散的任何处所。

17. 氨气处理系统：系指通过热氧化、催化氧化、溶于水或采用空气稀释来消耗、回收或分散氨气的系统。

18. 独立燃料舱：系指自身支持的燃料舱，它不构成船体结构的一部分，对船体强度不是必需的。

19. 薄膜燃料舱：系指非自身支持的燃料舱，它由相邻的船体结构通过绝热层支持的一层液密和气密层(薄膜)组成。

20. 爆炸下限(LEL)：系指最低爆炸极限，即可燃气体、蒸气或薄雾在空气中形成爆炸性气体混合物的最低浓度，空气中的可燃气体或蒸气低于该浓度，则气体环境就不能形成爆炸。

21. 爆炸压力释放：系指通过从指定的开口释放过压，防止容器或围蔽处所内的爆炸压力超过容器或处所的最大设计过压的措施。

22. 危险区域：系指爆炸性气体环境出现或预期可能出现的，数量达到足以要求对设备的构造、安装和使用采取特殊预防措施的区域。

23. 非危险区域：系指爆炸性气体环境预期出现的数量不足以要求对设备构造、安装和使用采取特殊预防措施的区域。

第二节 IMO 相关修正案

为满足使用气体或者其他低闪点燃料的船舶安全要求,IMO 对《国际海上人命安全公约》(简称《SOLAS 公约》)、《海员培训、发证和值班标准国际公约》(简称《STCW 公约》)进行了修订。

一、《SOLAS 公约》修正案

2015 年 6 月 11 日,IMO 海上安全委员会第 95 届会议以 MSC. 392(95)决议通过《1974 年国际海上人命安全公约》第Ⅱ-1 章、Ⅱ-2 章和附件附录的修正案。《SOLAS 公约》的修正案要求使用气体或者其他低闪点燃料的新建船舶遵守《IGF 规则》。

1. 正文修订

《SOLAS 公约》第Ⅱ-2/4.5 条和第Ⅱ-2/11.6 条的修订包括对有关液货舱进行排放的辅助方法的规定,以确保在液货舱隔离阀被损坏或意外关闭时的安全性,防止过压或负压,并明确了《SOLAS 公约》第Ⅱ-2/20 条关于通风系统性能的规定。

2. 内容修订

《SOLAS 公约》第Ⅱ-1 章(建造-结构,再分割和稳定性,机械和电气设备)的修订包括对 F 部分的修订替代设计和安排,为机械、电气设备和低闪点燃料存储和分配系统的替代设计和安排提供方法,并且,与使用低闪点燃料的船舶相关的 G 部分添加了新规定,要求在该规则 2017 年 1 月 1 日生效后建造的船舶必须符合《IGF 规则》的要求。另外,对第Ⅱ-2 章和附录(证书)的相关修订也同时生效。

二、《STCW 公约》修正案

2015 年 6 月 11 日,IMO 海上安全委员会第 95 届会议以 MSC. 396(95)号决议通过了经修正的《STCW 公约》的修正案,以 MSC. 397(95)号决议通过了关于 STCW 规则 A 部分的修正案。2015 年 6 月 12 日,以 STCW. 6/CIRC. 11 号通函通过对 STCW 规则 B 部分的修正案,上述修正案于 2017 年 1 月 1 日生效。《STCW 公约》修正案的主要内容是在实施《IGF 规则》时,对适用《IGF 规则》船舶上的船员提出了新的培训要求。

1. MSC. 396(95)号决议的主要内容

《STCW 公约》附则正文修正案:

在第Ⅰ章第Ⅰ/1 条“定义和说明”第 1 款中,在现有第 40 项后增加新定义《IGF 规则》;对第Ⅰ章第Ⅰ/11 条“证书的再有效”现有第 1 款进行修正;在第Ⅴ章“特定类型船舶的人员特殊培训要求”现有第Ⅴ/2 条后新增第Ⅴ/3 条“对适用《IGF 规则》船舶的船长、高级船员和普通船员的培训和资格的最低强制性要求”。新增第Ⅴ/3 条的主要内容有:

(1)本条规则适用于在《IGF 规则》船上服务的船长、高级船员、普通船员和其他人员;

(2)海员在《IGF 规则》船上任职之前,须按照其职务、职责和责任完成本条第 4 款至第 9 款所要求的培训:

第 4 款——在《IGF 规则》船上负责与照管、使用或紧急情况下处置燃料相关的指定的安全职责的海员,须持有在适用《IGF 规则》的船舶上服务所要求的船上基本培训证书;

第 5 款——每个申请在《IGF 规则》船上服务的基本培训证书的申请人须满足规定的条件;

第 6 款——在《IGF 规则》船上的船长、轮机部高级船员和所有对燃料和燃料系统的照管、使用负有直接责任的人员,须持有在适用《IGF 规则》的船舶上服务所要求的船上服务高级培训证书;

第 7 款——每个申请在《IGF 规则》船上服务的高级培训证书的申请人须满足规定的条件;

第 8 款——主管机关须确保对符合第 4 款或第 7 款规定的船员相应地签发培训合格证书;

第 9 款——按照以上条款持有培训合格证书的船员,须以不超过 5 年的间隔接受适当的知识更新培训或需提供在最近 5 年内已达到规定的适任标准的证据。

2. MSC. 397(95)号决议的主要内容

STCW 规则 A 部分修正案:

在第Ⅴ章"关于特定类型船舶人员特殊培训要求"现有的第 A-Ⅴ/2 节之后加入新的第 A-Ⅴ/3 节"适用《IGF 规则》船舶的船长、高级船员、普通船员及其他人员培训和资格的强制性最低要求"。该章详细规定了每个申请适用《IGF 规则》船舶的基本培训证书、高级培训证书的申请人应满足的条件,同时,还以 KUP 表的形式详细规定了适用《IGF 规则》船舶的基本培训的最低适任标准(表 A-Ⅴ/3-1),以及适用《IGF 规则》船舶的高级培训的最低适任标准(表 A-Ⅴ/3-2)。

3. STCW. 6/CIRC. 11 号通函的主要内容

STCW 规则 B 部分修正案:

在第 B-Ⅰ/2 节中以表 B-Ⅰ/2 替换原来的表 B-Ⅰ/2。替代后的表 B-Ⅰ/2 与原表的变化是在表的"Ⅴ/2"行之后插入新的一行"Ⅴ/3",如表 1-1 所示。

表 1-1 STCW 规则 B 部分修正案新增的培训合格证书

规则条款	证书类型和简单描述	证明承认证书的签证	要求等级	证书再有效
Ⅴ/3	培训合格证——对适用《IGF 规则》船舶船长、高级船员、普通船员和其他人员的培训	否	是	是

此外,在第Ⅴ章,在现有的第 B-Ⅴ/2 节之后增加新的第 B-Ⅴ/3 节"关于适用《IGF 规则》船舶船长、高级船员、普通船员和其他人员培训和资格的指导"。新增的这节中对"负有直接责任人员"术语进行了阐述说明,对"资格的证据""关于服务资历的指导"进行了说明。

第三节 国家海事局海船船员培训标准

为落实《IGF 规则》对船员培训提出的要求，满足修改后《SOLAS 公约》和《STCW 公约》的要求，中国对相应船员培训规则等进行了修改和完善。本节主要介绍中国在培训合格证、培训大纲和考试大纲三方面的增补内容。

一、《中华人民共和国海船船员培训合格证书签发管理办法》

为履行《STCW 公约》，我国对《中华人民共和国海船船员培训合格证书签发管理办法》进行了修订，并于 2019 年 10 月 1 日正式施行，有效期至 2024 年 9 月 30 日止。

在办法中新增加“（十一）使用气体或者其他低闪点燃料船舶船员基本培训；（十二）使用气体或者其他低闪点燃料船舶船员高级培训”内容。

二、《海船船员培训大纲》（2021 版）

为有效履行《STCW 公约》等国际公约，进一步规范海船船员培训行为，确保船员培训质量，根据《中华人民共和国船员条例》《海船船员培训大纲》（2021 版）自 2021 年 10 月 1 日起施行。新增内容为：

1. 使用气体或者其他低闪点燃料船舶船员基本培训

基本培训对有效促进适用《IGF 规则》的船舶的安全操作、采取措施防止《IGF 规则》适用的船舶上的危害产生、适用职业健康和安全防范及措施、在《IGF 规则》适用的船舶上进行消防灭火操作、应急反应、采取预防措施防止《IGF 规则》适用的船舶上发现燃料泄漏导致的环境污染六方面提出了适任要求。总课时 26 学时，其中理论 20 学时，实践 6 学时。

2. 使用气体或者其他低闪点燃料船舶船员高级培训

高级培训对熟悉《IGF 规则》船舶的燃料的物理和化学性质，对《IGF 规则》船舶的推进装置和轮机系统和伺服设备、安全设备有关的燃料的操作控制，能够安全进行并监控与《IGF 规则》船舶所使用燃料相关的所有作业，计划和监控《IGF 规则》船舶的燃料安全加注、存放和保护，采取预防措施防止《IGF 规则》船舶的燃料泄漏造成的环境污染，监督和控制对法定要求的遵守，采取预防措施防止危害，《IGF 规则》船舶预防、控制和扑灭火灾八方面提出了适任要求。总课时 22 学时，其中理论 16 学时、实践 6 学时。

具体见《海船船员培训大纲》（2021 版）。

三、《海船船员考试大纲》（2022 版）

为实施高素质船员队伍建设，进一步提升海船船员适任能力，加强考试管理，根据《中华人民共和国海船船员适任考试和发证规则》和《海船船员培训大纲》（2021 版），国家海事局组织编制了《海船船员考试大纲》（2022 版），自 2022 年 7 月 5 日起施行。

1. 在培训合格证理论考试篇中增加：使用气体或者其他低闪点燃料船舶船员基本培训合格证（T11）。具体内容包括：

（1）有效促进适用《IGF 规则》的船舶的安全操作；

(2)采取措施防止适用《IGF 规则》的船舶上的危害产生；

(3)适用职业健康和安全防范及措施；

(4)在《IGF 规则》适用的船舶上进行消防灭火操作；

(5)应急反应；

(6)采取预防措施防止《IGF 规则》适用的船舶上发生燃料泄漏导致的环境污染。

2. 在培训合格证理论考试篇中增加：使用气体或者其他低闪点燃料船舶船员高级培训合格证(T12)。具体内容包括：

(1)适用《IGF 规则》的船舶的基础知识；

(2)对与适用《IGF 规则》的船舶的推进装置和轮机系统和伺服设备、安全设备有关的燃料的操作控制；

(3)能够安全进行并监控与适用《IGF 规则》的船舶所使用燃料相关的所有作业；

(4)计划和监控适用《IGF 规则》的船舶的燃料安全加注、存放和保护；

(5)采取预防措施防止适用《IGF 规则》的船舶的燃料泄漏造成的环境污染；

(6)监督和控制对法定要求的遵守；

(7)采取预防措施防止危害；

(8)《IGF 规则》船上防火、控制火灾和灭火以及灭火系统知识。

3. 在培训合格证实操评估篇中增加：使用气体或者其他低闪点燃料船舶船员基本培训合格证(T11)。具体内容包括：

(1)在消防实训基地进行消防系统的操作；

(2)LNG 储罐和燃料管系泄漏时应急反应。

4. 在培训合格证实操评估篇中增加：使用气体或者其他低闪点燃料船舶船员高级培训合格证(T12)。具体内容包括：

(1)燃料发动机的操作。

(2)在实物或模拟器上进行《IGF 规则》船舶的燃料加注系统的操作；

(3)人员安全防护装置的使用、测氧仪和测爆仪、固定式可燃气体探测系统的测试操作；

(4)在实操训练场地或者模拟器进行《IGF 规则》船舶消防操作以及 LNG 火灾的扑灭。

具体见《海船船员考试大纲》(2022 版)。

第二章
主机及燃料系统

随着国际海事法规对碳氧化物、硫氧化物及颗粒物等排放要求日益严苛，船舶燃料能源转型已成必然。航运业普遍认为液化天然气、液化石油气、甲醇、氨燃料和氢燃料等将是最具前景的替代能源。但是这些替代能源都是属于低闪点（小于 60 ℃）燃料，是不可以布置在机舱内的。因此，现有的技术方案是无法满足低闪点燃料的船舶应用要求的。本章主要介绍低闪点燃料，主机系统，燃料存储系统，燃油系统操作，燃料安全管理和船舶监视、控制和安全体系六部分内容。

第一节
低闪点燃料

目前，航运业使用的燃料属于高碳燃料，为实现碳达峰目标，需要依靠 LNG 等低碳燃料或低碳技术来实现未来的船用燃料向零碳转变，而低闪点燃料的使用将是发展趋势。

低闪点燃料主要指液化天然气、液化石油气、甲醇、氨燃料和氢燃料等。其中 LNG 将是目前最佳的过渡性、临时性的低碳燃料选项，因为 LNG 在燃烧过程中虽能大幅降低硫氧化物排放，但依旧会产生二氧化碳排放。甲醇是净零碳燃料，与常规船用燃料相比最多时可减少 25% 二氧化碳排放（可再生甲醇减少得更多），减少高达 80%的氮氧化物排放，并完全消除硫氧化物和颗粒物的排放。而氨燃料、氢燃料等零碳燃料和零碳技术不产生二氧化碳，有望成为航运界未来的替代燃料选择之一。

国际可再生能源署（IRENA）《到 2050 年实现航运业脱碳的途径》研究报告认为，最适合国际航运的可再生燃料将是甲醇和氨，但需要来自先进的生物燃料和绿色合成燃料。本节主要介绍低闪点燃料定义、液化天然气燃料、液化石油气燃料、甲醇燃料、氨燃料和氢燃料等六方面内容。

一、定义

1. 闪点

在规定的试验条件下，液体挥发的蒸气与空气形成的混合物，遇引火源能够闪燃的液体最低温度（采用闭杯法测定），称为闪点。石油产品闪点在 45 ℃以下的为易燃品，如汽油、煤油；闪点在 45 ℃以上的为可燃品，如柴油、润滑油。

闪点的高低，取决于可燃性液体的密度、液面的气压或可燃性液体中是否混入轻质组分和轻质组分的含量多少。可燃液体的闪点随其浓度的变化而变化。闪点的高低也与油的分子组成及油面上压力有关，压力越高，闪点越高。

2. 低闪点燃料

MSC. 392(95)对《SOLAS 公约》的修正案中，增加了对“低闪点燃料”的定义，即低闪点燃料系指其闪点低于《SOLAS 公约》第Ⅱ-2/4 条 2. 1. 1 许用值的气体或液体燃料，即闪点低于 60 ℃的燃料。低闪点燃料普遍具备易燃、有毒、低温等特性。

3. 燃料安全性

闪点是可燃性液体存储、运输和使用的一个安全指标，是衡量液体火灾危险性大小的重要参数。同时，闪点也是可燃性液体的挥发性指标。根据闪点的高低，可以确定生产、加工、存储可燃性液体场所的火灾危险性类别：闪点<28 ℃的为甲类；28 ℃≤闪点<60 ℃的为乙类；闪点≥60 ℃的为丙类。低闪点的液体挥发性高，容易着火，是具有危险性的易燃物，火灾危险性大。

闪点与可燃性液体的饱和蒸气压有关，饱和蒸气压越高，闪点越低。在一定条件下，当液体的温度高于其闪点时，液体随时有可能被火源引燃或发生自燃；若液体的温度低于闪点，则液体是不会发生闪燃的，更不会着火。

二、液化天然气燃料

1. 简介

天然气（Natural Gas）在常温常压（20 ℃和 1 个标准大气压）下呈气态，主要成分为甲烷，还有一些乙烷和少量重烃（主要是丙烷、丁烷）。

液化天然气（Liquefied Natural Gas，简称 LNG）是一种在液态状况下的无色流体，主要由甲烷组成，组分可能含有少量的乙烷、丙烷、氮气或通常存在于天然气中的其他组分。天然气在常压下是气态的。天然气冷却至其凝点（-161. 5 ℃）温度后，液化成为液态形式。LNG 无色、无味、无毒且无腐蚀性，其体积约为同量气态天然气体积的 1/625，质量仅为同体积水的 45%左右。LNG 闪点为-188 ℃，通常存储在-161. 5 ℃、0. 1 MPa 左右的低温存储罐内，LNG 被公认是地球上最干净的化石能源。

2. 特点

天然气液化后可以大大节约储运空间和成本，而且具有热值大、性能高等特点，有利于远距离运输、存储，使天然气的应用方式更灵活、范围更广。天然气的主要特性为：

（1）LNG 是目前开采的最干净的化石能源。

（2）低温、气液膨胀比大、能效高，易于运输和存储。

（3）安全性能高，燃点较高（约为 650 ℃），爆炸极限较窄（在 5%～15%之间），密度轻于空气,易于扩散。

三、液化石油气燃料

1. 简介

石油气(Petroleum Gas)在常温常压(20 ℃和1个标准大气压)下呈气态,主要成分是丙烷(C_3H_8)、丁烷(C_4H_{10})、丙烯、丁烯、异丁烷、异丁烯等低分子烃类组成的混合物,密度为空气的1.5倍,可沿地面向四处扩散。

液化石油气(Liquefied Petroleum Gas,简称LPG)是石油气经加压或降温或两种方法兼用处理变为液态,密度约为水的1/2,由液态到气态发生相变,体积扩大约250倍。LPG为无色气体或黄棕色油状液体,有特殊臭味,密度是空气的1.5~2倍。其液体的体积膨胀系数比汽油、煤油都大,是水膨胀系数的10~16倍,LPG闪点为-74 ℃。在水上漂浮并沸腾,不溶于水,可产生易燃的蒸气团。

2. 特性

石油气为易燃、易爆、有毒气体。

(1)极易燃爆。LPG着火温度约为430~460 ℃,比其他可燃气体低,最小点火能量小,仅为0.2 mJ,一个火星就能点燃。石油气爆炸极限为2%~10%,爆炸下限低,与空气混合能形成爆炸性混合物。

(2)有毒性。LPG有低毒,空气中含有1%时,人处在该环境中10 min无危险;当空气中含量达到10%时,人处在该环境中2 min就会麻醉。急性中毒有头晕、头痛、兴奋或嗜睡、恶心、呕吐、脉缓等;重症者可突然倒下,尿失禁,意识丧失,甚至呼吸停止。

(3)热值高。LPG热值高出普通煤气的6倍以上,每千克可发出热量49 789.6 kJ,与空气混合后燃烧温度可达1 800 ℃,火焰呈黄色。

(4)腐蚀性。LPG对容器、管道、橡胶管、密封物等有腐蚀作用。

(5)可致皮肤冻伤。慢性影响:长期接触可出现头痛、头晕、睡眠不佳、易疲劳、情绪不稳以及自主神经功能紊乱等。

四、甲醇燃料

1. 简介

甲醇(Methanol,CH_3OH)是无色有酒精气味易挥发的液体。在常温下,甲醇为液态,熔点为-97.8 ℃,沸点为64.7 ℃,甲醇的十六烷值仅为3,约为柴油的1/20。

甲醇便于存储、加注和运输,将其作为船舶清洁替代燃料,对发动机与船舶的改造费用低。其优势已获得越来越多的认可。但在压燃式发动机上应用甲醇存在难蒸发、难压燃、与柴油难混溶等难题,并且对特定的密封材料和金属容器有一定的腐蚀性。

2. 特性

(1)蒸气比空气重。其能在较低处扩散到相当远的地方,遇火源会着火回燃和爆炸。

(2)易燃性。其蒸气与空气可形成爆炸性混合物。闪点约为12 ℃,遇明火、高热能引起燃烧爆炸。与氧化剂接触发生化学反应或引起燃烧。在火场中,受热的容器有爆炸危险。遇明火会燃烧,燃烧分解一氧化碳、二氧化碳。

(3)强烈毒性。甲醇对人体有强烈毒性,因为甲醇在人体新陈代谢中会氧化成比甲醇毒性更强的甲醛和甲酸（蚁酸），因此误饮 4 mL 以上就会出现中毒症状，超过 10 mL 即可因对视神经的永久破坏而导致失明，30 mL 已能导致死亡。

五、氨燃料

1. 简介

氨（Ammonia）是一种可燃性富氢化合物（NH_3），不含碳，完全反应时产生水和氮气，不产生污染物和温室气体二氧化碳（CO_2），且其含氢量高、体积能量密度高于液氢，低于甲醇和 LNG。

氨在常温常压下为化学性质稳定的无色气体，具有刺激性恶臭气味，在 37.8 ℃的蒸气压为 1.46 MPa，气体密度为 0.77 g/L，无闪点，气体易液化、易于存储和运输。

2. 特性

（1）可燃性。与 LNG 相比，氨的燃爆风险较小。一是因为氨较难点燃；二是因为氨的可燃浓度范围为 15%~28%，LNG 为 5%~15%，氨的可燃下限比 LNG 高得多，不容易形成可燃环境。

（2）毒性。液氨对黏膜具有强烈的刺激性。吸入氨会引起喉痉挛、喉炎、支气管炎等，不及时治疗，甚至可能引起窒息死亡。由于氨是碱性的，人体长时间暴露在氨环境中，可能会损害眼睛、肝脏、肾脏或肺部。氨与皮肤接触，会引起灼热感并使皮肤变红。氨与头皮接触，可能会导致脱发。不慎饮用氨水会导致口腔和喉咙疼痛，并可能导致胃痛、恶心等。

（3）腐蚀性。一般情况下，液氨的腐蚀性较弱，通常情况下采用碳钢就不会造成十分严重的腐蚀。但其会对铜、锌及其合金、橡胶、塑料等产生腐蚀。工业上，由于液氨腐蚀导致管道开裂的现象时有发生。而且，氨与银、金、汞、铊等重金属反应后还会形成爆炸性化合物，必须谨慎处理。

六、氢燃料

1. 简介

氢是一种无色的气体，本身无毒。燃烧 1 kg 氢能释放出 142 kJ 的热量，是汽油发热量的 3 倍。燃烧时与其他燃料相比，除了产生水，不会产生类似其他燃料那样的二氧化碳、一氧化碳、碳氢化合物、铅化物、粉尘颗粒之类对环境有害的污染物质。氢作为燃料被认为是 21 世纪最理想的能源。氢燃料作为能源的突出特点是无污染、效率高、可循环利用。

2. 特性

（1）氢是所有原子中最轻的一种，容纳难度大，而且会使那些可安全用于天然气的材料发生脆化。例如，氢气存储需要特定类型的钢材和焊接接头，而不仅仅是配件。

（2）易燃、易爆。氢气也比天然气易燃，其可燃范围更大。

（3）效率高。除核燃料外氢的发热值是所有化石燃料、化工燃料和生物燃料中最高的，为 142.351 kJ/kg，是汽油发热值的 3 倍。另外，其燃烧性能好，点燃快，与空气混合时有广泛的可燃范围，而且燃点高，燃烧速度快。

第二节 主机系统

双燃料船舶比柴油动力船舶更加节能，约降低 20%～25%的成本，而且在维修方面，双燃料船舶的成本费用也小于柴油动力船舶。本节主要介绍双燃料船舶设计和操作的一般要求、气体燃料发动机两方面内容。

一、双燃料船舶设计和操作的一般要求

根据中国船级社对《IGF 规则》适用船舶的要求，双燃料船舶的设计和操作应满足下列条件：

1. 燃料舱的布置应使其在船舶发生碰撞或搁浅后受损的概率降至最低。

2. 燃料舱、燃料管系及其他燃料释放源的布置应能使释放的燃料蒸气通向露天的安全位置。

3. 机器处所内由于燃料泄漏导致发生火灾或爆炸的概率应降至最低。

4. 燃料管系应予以保护，以防止机械损伤。

5. 推进系统和燃料供应系统应设计成任何燃料泄漏后的安全动作不会导致不可接受的动力损失。

6. 燃料舱不应位于起居处所和机器处所内。

7. 燃料舱及其隔离舱应位于防碰撞舱壁之后和艉尖舱壁之前。

8. 位于开敞甲板上的燃料舱应予以保护，以防机械损伤。

9. 位于开敞甲板上的燃料舱应设置围板。

二、气体燃料发动机

1. 分类

适用《IGF 规则》的气体燃料发动机可分为以下几类：

（1）双燃料发动机：指使用《IGF 规则》所涉及的燃料（及引燃油）和燃油的发动机。

（2）单一气体燃料发动机：指只能依靠气体运转而不能转换到以任何其他类型燃料运转的发动机。

（3）多燃料发动机：指可以使用相互独立的两种或多种不同燃料的发动机。

根据船舶目前使用气体燃料发动机情况及发展趋势，下面主要介绍双燃料发动机。

2. 工作原理和结构特点

以双燃料发动机为例，双燃料发动机是以可燃气体为主要燃料，采用柴油为引火燃料的发动机。目前，应用较多的船用二冲程低速双燃料发动机有 MAN 公司的高压燃气 ME-GI 型和 WIN G&D 公司的低压燃气 XDF 型两种机型，主要用于海洋工程船、成品油船、渡轮、多用途船、滚装船和集装箱船等。下面以低压双燃料发动机为例进行说明。

（1）工作原理

双燃料发动机的工作原理和结构与柴油机类似。在燃气运行模式下，活塞上行关闭扫气口并开始压缩行程，当压缩行程进行到部分时，低压天然气通过缸套上的燃气进气阀

喷入气缸并与扫气空气以相对较高的空燃比在气缸内进行预混合，活塞继续上行至上止点附近时，极少量引燃柴油通过缸盖上的引燃油头喷入气缸，引燃柴油被压燃后点燃燃气，燃气燃烧产生的能量进行膨胀做功，低压四冲程双燃料发动机循环工作原理如图 2-1 所示。

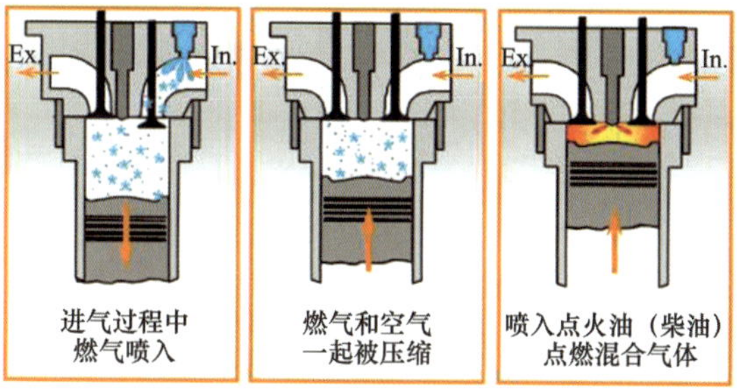

图 2-1　低压四冲程双燃料发动机循环工作原理

(2)结构特点

双燃料发动机结构与柴油发动机的主要区别是其燃油系统。双燃料发动机主要由燃料喷射系统、蒸发气(Boil-Off Gas，简称 BOG)供给系统组成，不同燃料主机外形如图 2-2、图 2-3(1)、图 2-3(2)所示。

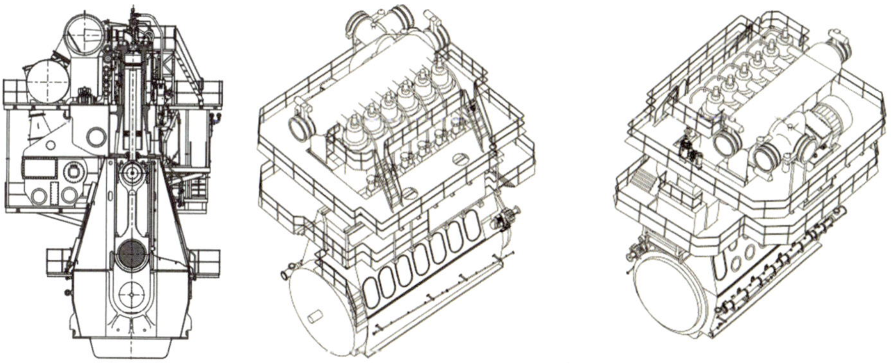

图 2-2　CMD-MAN B&W G70ME-C LNG 双燃料主机结构图

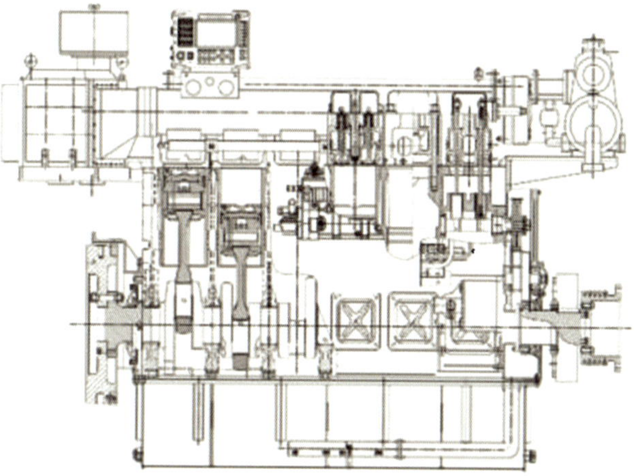

图 2-3(1)　Z6170SCM 柴油-甲醇双燃料发动机纵剖面图

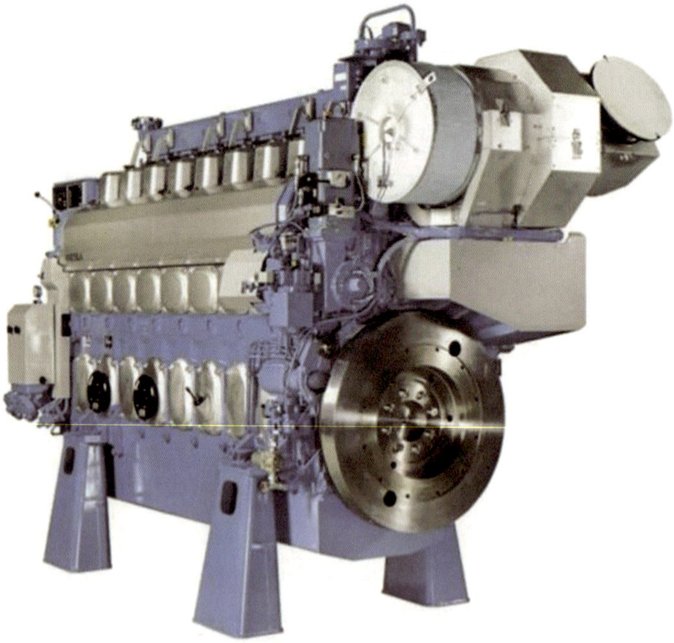

图 2-3(2)　瓦锡兰双燃料发动机

柴油发动机燃料油系统可以使用重油或轻油，采用传统机械凸轮控制；双燃料发动机燃料系统的燃气来自 LNG 或其他低闪点燃料的燃料舱，燃料系统主要包含燃料舱（液货舱）、加热器、燃气空压机、供气单元、燃气共轨和燃气阀等，双燃料发动机燃油系统如图 2-4 所示，右边部分是燃料系统，左边部分是主机系统。

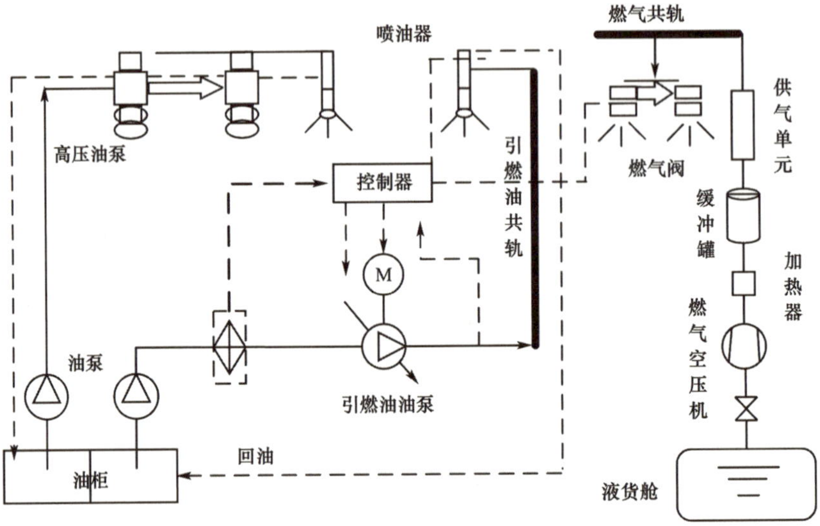

图 2-4　双燃料发动机燃油系统

3. 主要系统

以双燃料发动机为例。

(1)燃料喷射系统

以某机型发动机的燃料喷射系统为例,系统包括燃油喷射系统和燃气喷射系统两部分。

①燃油喷射系统。燃油喷射系统的控制同 ME 电控柴油机一样,但控制系统中增加了一个压力传感器,用于检测点火油的喷射压力。低压燃油进入燃油升压泵后由 30 MPa 伺服油驱动送到每个气缸盖上的两个喷油器中,通过电控燃油电磁阀实现对发动机喷油压力、喷油定时和喷油量的控制。

②燃气喷射系统。燃气喷射系统使用共轨结构。从 BOG 供给系统的高压天然气送到燃气共轨管路系统中,控制系统根据曲轴位置传感器判断各缸活塞的位置,通过燃气控制阀,由伺服油驱动燃气喷射阀的开启。

(2)引燃系统

其主要由引燃油单元和引燃油喷射系统组成。

①引燃油单元。当发动机在燃气模式下工作时,燃气被喷入发动机进气管中,与空气混合产生均匀的可燃混合气进入气缸内,引燃油单元引导燃油喷射到气缸内引燃混合气。这种燃烧方式,同时具有点火式和压燃式发动机的燃烧特点。引燃油单元由油箱、过滤器、进出口管路等组成,引燃油一般使用轻柴油或船用柴油。

②引燃油喷射系统。在发动机上除了主喷油系统外,还有一套独立的引燃油喷射系统,它由喷油器、高压单元、高压管路等组成。引燃油的喷油量,一般是根据负载的大小通过节流阀的开度来控制。节流阀由电磁信号控制,当无电磁信号时节流阀全开;需要实时调整整个系统的参数来保持一定的共轨压力,引燃油喷射系统最大共轨压力为 140 MPa。

(3)BOG 供给系统

以某机型双燃料发动机为例,此机型在 ME 电控柴油机基础上增加了 LNG 蒸发气即 BOG 供给系统。供气系统有两种:一种是采用压缩机的供气系统,另一种为低温高压泵供气系统。船上一般使用两组低温高压泵式燃气供气系统,而陆用电站采用压缩机式燃气供气系统。低温高压泵供气系统是将 LNG 的货舱中蒸发出来的 BOG 由两台高压泵加压到 25~30 MPa 后,送到燃气共轨管路系统中。LNG 货舱内的压力在 BOG 减少时,控制系统会自动减少低温高压泵的排量或使 BOG 蒸发,加大 BOG 的供应量使之保持稳定;当 BOG 的数量增加,使货舱内的压力超出设定值时,控制系统会将过多的燃气通过再液化装置液化送回货舱,也可以送到气体燃烧器进行燃烧处理,使 LNG 货舱内的压力恒定。

(4)自动控制系统

以双燃料发动机为例,引入具有监测以及控制运行参数功能的集成系统,可确保双燃料发动机在各功率段均能够做到稀薄燃烧。该系统往往会搭载多个电控模块,各模块对应功能均有所不同,经由数据总线对自身所掌握数据信息进行实时共享,由控制系统负责对发动机参数进行处理,并将经过处理的参数上传到用户界面,供用户使用,双燃料发动机的控制系统如图 2-5 所示。

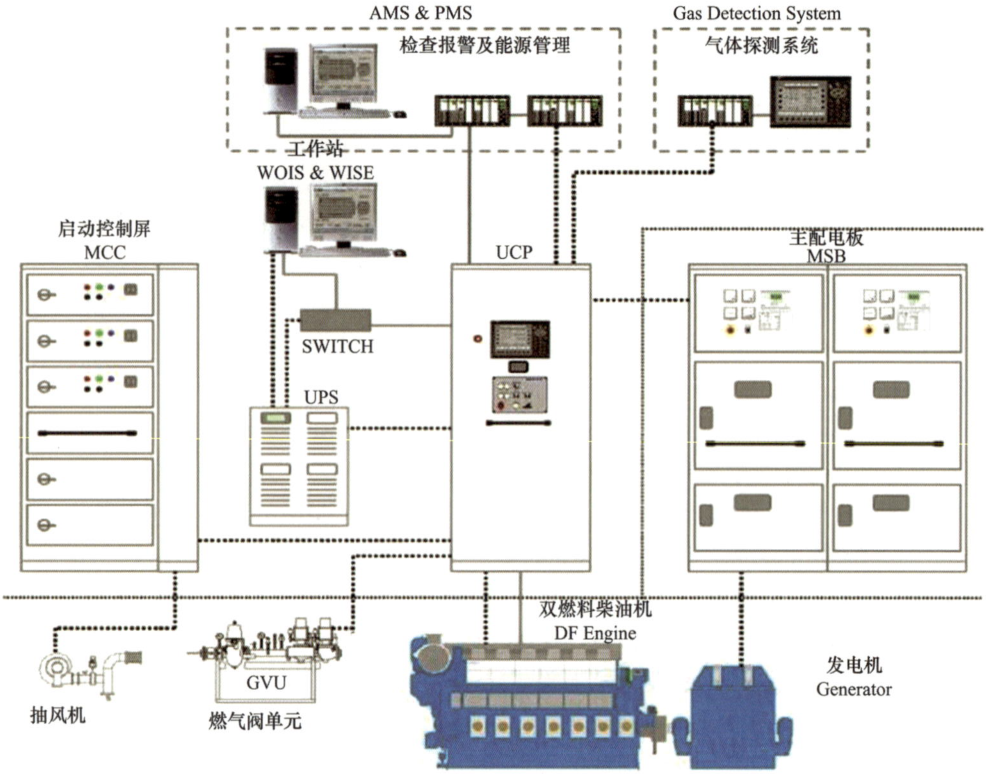

图 2-5　双燃料发动机的控制系统

(5)主机自动检测系统

以某机型控制系统为例,此机型配备了自适应气缸控制(Adaptive Cylinder Control,简称 ACC)、不发火检测和爆震检测等功能,可以在燃气运行期间自动调整各个气缸的燃烧状况和监测各个气缸工作状况。

ACC 将实际运行中的各项参数与性能试验中的参考值进行比较,确保每个气缸始终在最佳气缸压力下运行。ACC 还可以根据不同的燃料品质和热值做出相应的自动调整。在单个气缸中不发火次数超过设定值或检测到严重爆震时,ACC 将自动切换到柴油模式。

4. 运行模式

双燃料发动机运行模式有燃油模式、燃气模式、油气混烧模式和备用模式四种,以某机型 LNG+燃油双燃料发动机为例。

(1)燃油模式。与柴油发动机相同,燃油的高压油泵在凸轮轴的推动下工作,主喷油器喷油,引燃油系统运转并喷油,而燃气进气阀处于关闭状态,如图 2-6 所示。

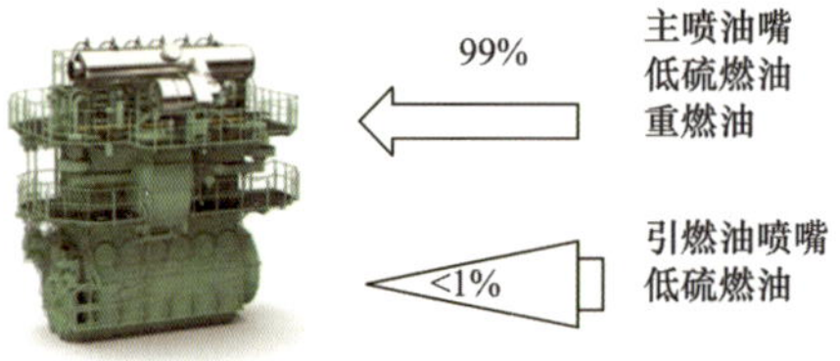

图 2-6　发动机燃油模式运行示意图

(2)燃气模式。在燃气模式下,主喷油系统正常工作,但油路旁通,主喷油器不喷油。燃气进气阀根据负荷的大小选择打开时间长短,以控制进气量,如图 2-7 所示。

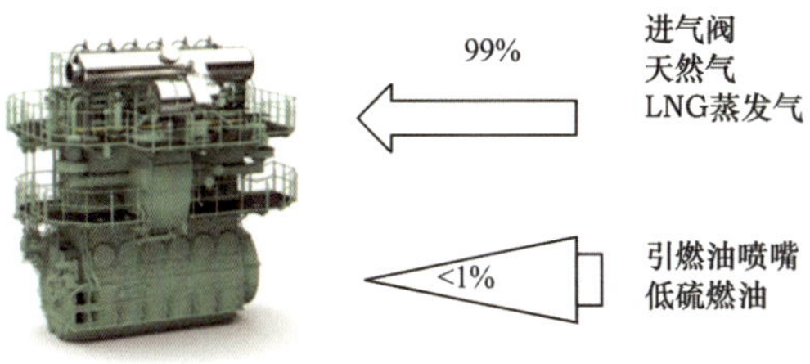

图 2-7 发动机燃气模式运行示意图

(3)油气混烧模式。当货舱 LNG 自然蒸发气不足,且发动机的功率高于 35%但低于 85%时,双燃料发动机进入油气混烧模式,以便更有效地控制货舱压力和实现最佳节能效果;当发动机功率低于 35%或者高于 85%时,发动机自动转换为燃油模式。

(4)备用模式。双燃料发动机在运行过程中,若机舱跳电或引燃油系统故障,不仅 BOG 供气系统会停止工作,而且引燃油单元和喷射系统也会停止工作,不管发动机原来处在什么模式下,都会立即自动转入备用模式工作,启动备用模式后,智能控制器就会默认引燃油系统故障,需要停车排除故障后,才可以切换至其他模式,如图 2-8 所示。

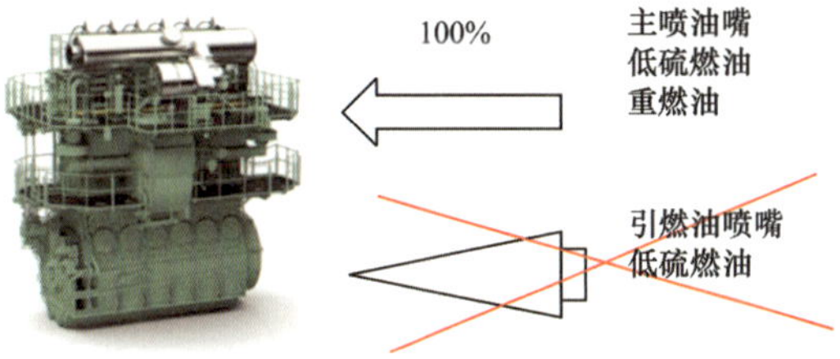

图 2-8 发动机备用模式运行示意图

在前三种模式下,引燃油系统都在工作,这是因为要保持引燃油喷油器的清洁,要求不管是在燃油模式下还是在燃气模式下都要求引燃油系统工作;备用模式是在引燃油系统出现故障、发动机处于燃油模式,并且只有主喷油系统工作情况下的一种应急工作状态;一般备用模式下发动机总运行时间不应超过 15 h,超过 15 h 有可能会造成引燃油喷油器损坏;LNG 运输船试航阶段,会进行短时间的双燃料发动机备用模式试验。

出于安全性的考虑,美国船级社(ABS)和英国劳氏船级社(LR)等船级社都要求所有双燃料发动机必须以燃油模式启动,目的是验证主燃油和引燃油系统是否正常,并准备好随时可以将燃气模式切换到燃油模式;以燃油模式启动发动机,在切换为燃气模式之前,需要对燃气管路进行吹扫,先用氮气吹扫,再用天然气吹扫。吹扫管路,包括发动机机带燃气管、船厂双壁管与 GVU 相关管路。

5. 工作特点

(1)气体燃料的使用,使得气缸内积炭减少,发动机磨损减小,从而延长发动机寿命。

(2)与使用液体燃料不同,不需要精密的喷油设备或雾化装置。

(3)能与空气很好地混合,各缸间分配均匀,并能进行较充分的燃烧,有利于组织稀混合气的燃烧。

(4)形成混合气时，气体燃料占有一定体积，减小了进入气缸的新鲜空气量，对发动机的动力性有不利的影响。

(5)由于气体燃料的成分、气量及压力不稳定，需对混合气的调节控制系统进行精心设计。

6. 气体燃料辅助装置

气体燃料辅助装置主要由燃气阀组单元、双壁管组成，如图 2-9 所示。

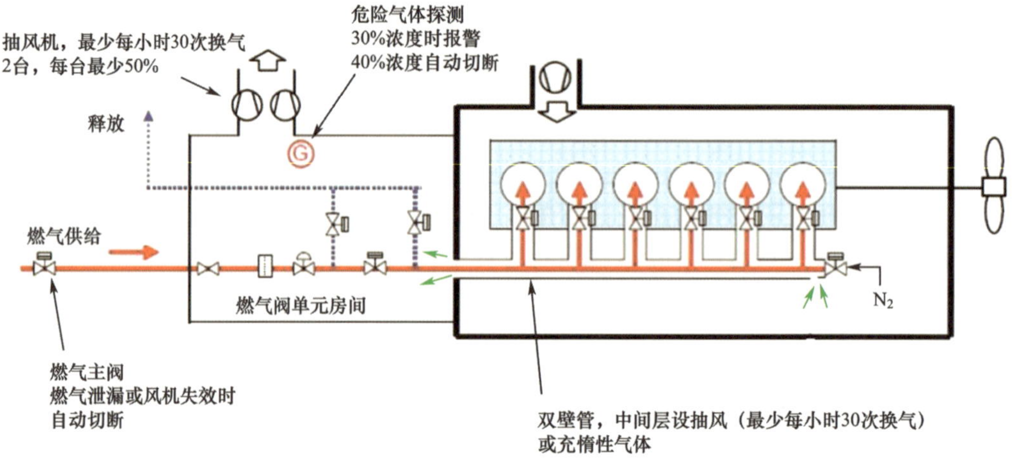

图 2-9　气体燃料辅助装置及功能

(1)燃气阀组单元(GVU)。GVU 由燃气滤器、燃气流量计、燃气压力控制单元、快速切断阀组、透气管路和惰性气体接口组成。图 2-10 为 GVU 图形。图 2-11 为 GVU 外形图。图 2-12 为燃气阀单元控制系统。

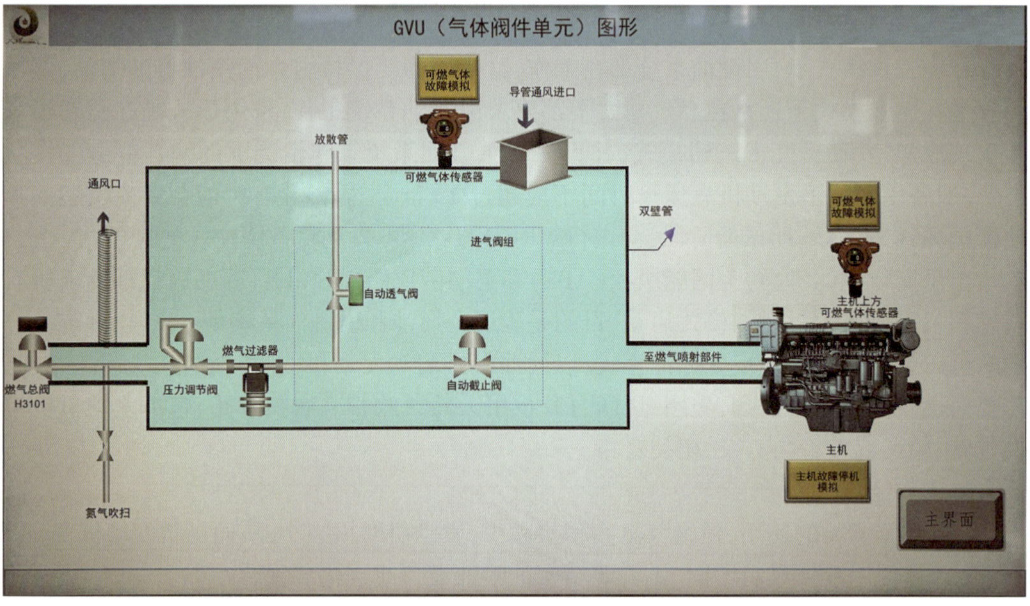

图 2-10　GVU 图形

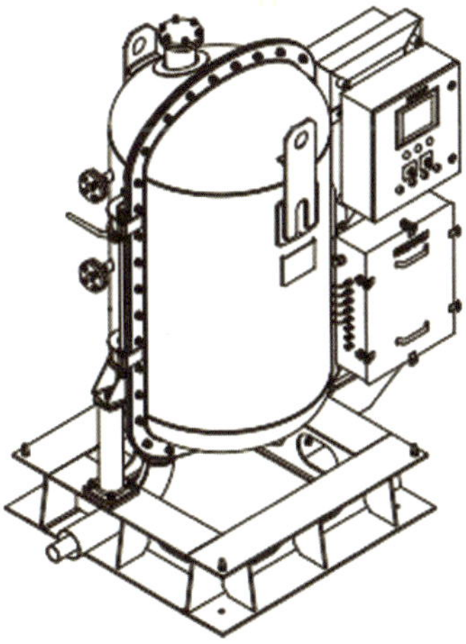

图 2-11 GVU 外形图

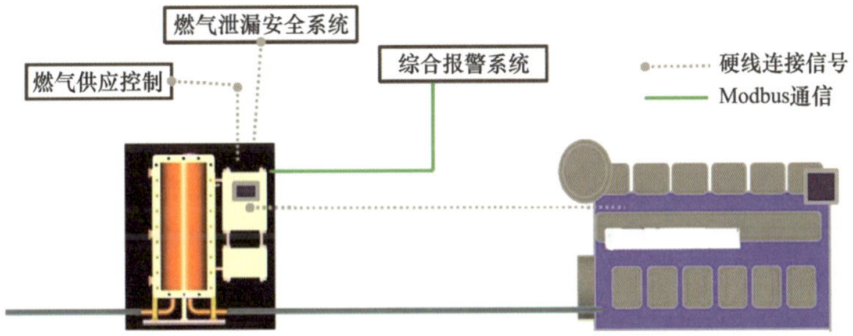

图 2-12 燃气阀单元控制系统

①燃气滤器。其用于保证管路系统设备正常运行。

②燃气流量计。其用于测量发动机的燃气消耗量。

③燃气压力控制单元。其将高、低不同的压力信号反馈给发动机控制系统,对燃气压力进行自动控制和实时调节。

④快速切断阀组和透气管路。当发动机燃气管路中可燃气体探测仪检测到可燃气体泄漏,或在发动机由燃气模式转换到燃油模式时,自动快速关闭主供气阀,切断燃气的供给,并将 GVU 和 GVU 与发动机之间的燃气管路中的燃气泄放到规定的位置。快速切断阀组如图 2-13 所示。

图 2-13 快速切断阀组

⑤惰性气体接口。当发动机从燃气模式下转换至燃油模式，或在燃气模式下，紧急停止并快速中断发动机的燃气供应之后，对 GVU 和 GVU 与发动机之间的燃气管道进行吹扫，确保燃气管路内无燃气残留而留下安全隐患。

（2）双壁管。双壁通风系统布置在机舱内，主要作用是确保燃气供给管路与机舱安全区域的隔离，避免燃气供给管路破损导致燃气泄漏到机舱的风险，双壁管和双壁管通风离心风机如图 2-14、图 2-15 所示。

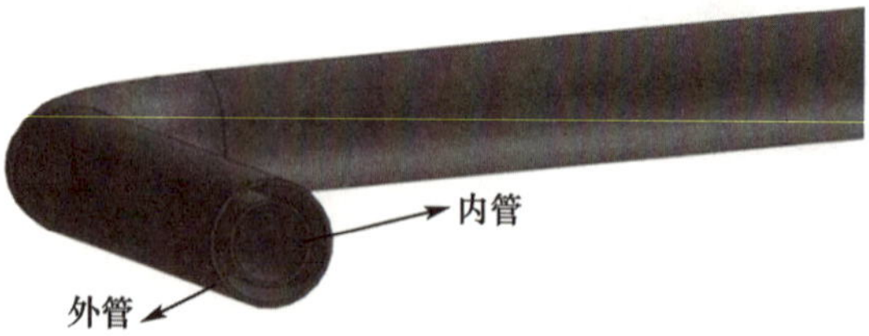

图 2-14　双壁管

图 2-15　双壁管通风离心风机

①通风系统。双壁燃气管道系统的内外管环形空间以及 GVU 阀组应通过机械风机保证持续通风。如图 2-16、图 2-17 所示，燃气供给管路在进入机舱与双燃料发动机连接之前，需经过 GVU 的调节。对双壁管的内外管环形空间以及 GVU 燃气阀组应设置独立机械抽风，使其始终保持一定的负压，机械抽风的次数应保证不低于每小时 30 次，且系统中需设有备用抽风机，风机应符合安装区域的防爆保护要求，通风出口应覆有防火网，并应设置在不会点燃易燃气体-空气混合物的位置；双壁通风系统的空气进口处应设有流量开关，实时监测双壁通风系统的通风量，保证通风系统的运行状态处于正常；双壁管的内外管间空间需设置能够连续监测燃气泄漏的固定式可燃气体探测器，并根据相应设定值发出声光报警以及控制 DF 发动机的安全控制系统做出相应保护动作。

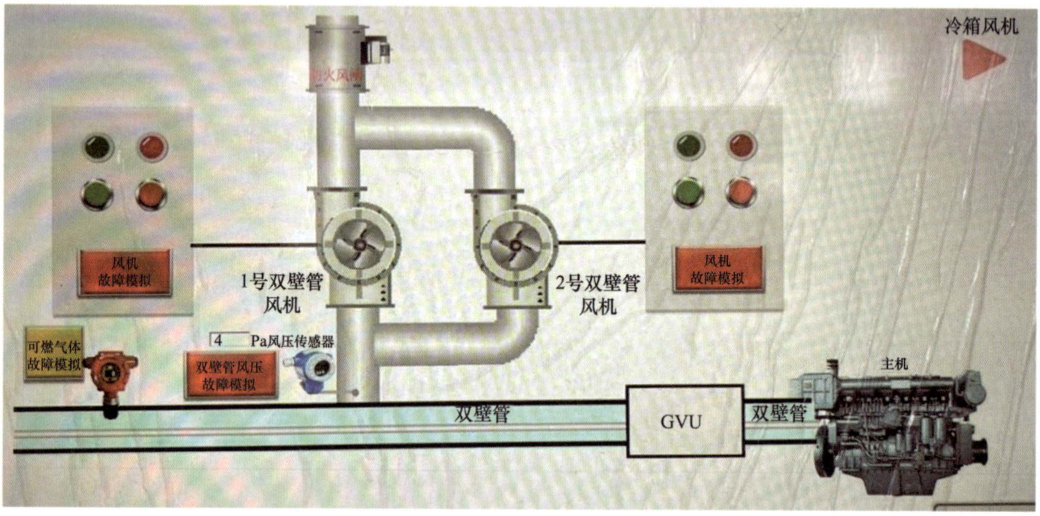

图 2-16　双壁管风机

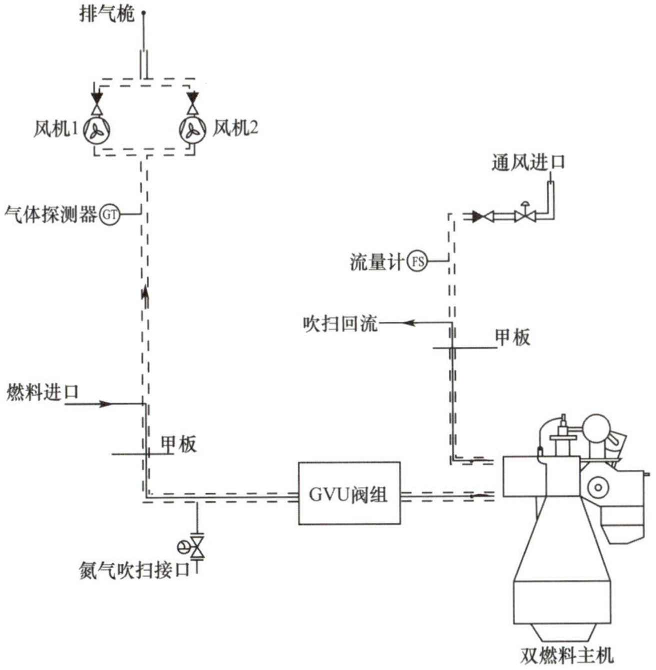

图 2-17 双壁管通风系统原理图

②双壁管材质。一般为不锈钢，其中内壁管和外壁管都需要经过焊前校管、焊后探伤、管路表面清洁钝化及整个管路系统的密封性和泄漏试验等几个过程。

第三节 燃料存储系统

燃料存储是气体或者其他低闪点燃料应用的关键技术之一。船舶根据航线要求需要携带一定数量的燃料，并且还要能够在港口得到较快的加注补充，因此采用液化存储方式成为首选。目前，一般采用特殊设计的低温存储罐来存储。本节主要介绍存储方式，燃料舱分类，燃料存储系统及布置，危险、安全区域分级四方面内容。

一、存储方式

气体或者其他低闪点燃料在船上的存储方式一般分为三种，即全冷式（低温常压式）、全压式（常温压力式）、半冷半压式（低温压力式）。

（1）全冷式。即将燃料维持在 0 ℃以下一定的温度进行存储。

（2）全压式。即根据不同燃料采用不同压力，舱内压力是环境温度下的液化气饱和蒸气压力。

（3）半冷半压式。即通过低温和加压将燃料存储，一般将燃料舱用隔热材料进行包裹，尽量减少燃料舱与外界的换热，防止 BOG 的产生，并利用压缩机对储罐的压力值进行实时调节。

二、燃料舱分类

双燃料动力船舶的燃料舱分为多种类型，目前，LNG 燃料舱主要分为薄膜型液货舱与独立型液货舱。

1. 薄膜型液货舱

薄膜型液货舱属非自身支持的液货舱，薄膜作为主屏壁不能独立承受燃料重量，需要船体结构对其予以支持，如图 2-18 所示。

图 2-18　薄膜型液货舱

2. 独立型液货舱

独立型液货舱是完全由自身支撑的液货舱，它不需要参与分担船体强度，不构成船体结构的一部分，根据其设计压力和外形结构可分为 A 型、B 型和 C 型，如图 2-19、图 2-20、图 2-21 所示。

图 2-19　A 型燃料舱

图 2-20 B 型燃料舱

图 2-21 C 型燃料舱

(1)A 型燃料舱:主要为方形设计,需要配有完整的次屏壁,最大设计压力一般不超过 0.07 MPa,工作温度在-55 ℃以下。内部采用薄膜舱,是全冷式储运,不能承压,存储温度为-163 ℃,优点在于存储容量较大,缺点是不耐压,且造价昂贵,建造难度较大。

(2)B 型燃料舱:包括 MOSS 球形和 SPB 棱形两种结构,相对于 A 型舱,B 型液货舱的围护系统会经过更为精准的应力分析校核,因此,仅需要配备部分次屏壁,其设计压力一般也不超过 0.07 MPa。同样不能承压,为全冷式储运。B 型独立液货舱的特点是液舱形状不受约束,蓄压时间短。

(3)C 型燃料舱:按照压力容器的要求进行设计和生产,包括单 C、双 C 和三 C 型,需要马鞍式底座的支撑,不需要次屏壁,能够承受较高的压力值,通常设计压力不大于 2.16 MPa,可以进行全压式储运和半冷半压式储运,技术成熟,是目前船东青睐的储运方案,广泛应用于 LNG 动力船。C 型舱也可叫 C 型储罐,可分为双层真空绝热罐和外包绝热层的单壁压力储罐。

①LNG 储罐容量小于 5 000 m^3 时一般采用双层真空绝热罐。该类型的储罐具有较低的气体蒸发率。该类型储罐广泛用于 LNG 动力船舶的 LNG 燃料存储舱。其特点是绝热性能好、蓄压时间长、容积不宜过大、制造费用较高。

②外包绝热层的单壁压力储罐一般为双圆筒型或圆筒型，仅有一层屏蔽层，采用9%镍钢、不锈钢等材料。该类型燃料舱在小型LNG运输船中的比例达到一半以上，其载货量一般在10 000 m^3以内，但也有往大型化发展的趋势。目前在建的燃料舱的最大载货量已经达到30 000 m^3。双圆筒型制造工艺较圆筒型复杂，需要在内层与外层之间抽真空，并加入珠光砂进行绝热。双圆筒型因为具有内外层的双重保护，隔热性能良好，蒸发率极小，蓄压时间较长，故安全系数相对更高，但成本较高，制造难度较大，一般应用于小型燃料罐，容积一般在500 m^3以内。双圆筒型规范允许侧面开孔和底部开孔，故储罐连接处所的布置方式更为灵活，缩短了储罐与燃料准备间的管路长度，且可以使用罐外泵对燃料舱内的燃料进行输送。圆筒型则需要在外表面设置绝缘层进行隔热。针对远洋航行船舶，因航程较远，续航时间相较内河船大大延长，故LNG储罐的存储量也大大增加，圆筒型因为成本较低，成为更适合远洋船舶使用的储罐类型。其特点是绝热性能取决于绝热层的厚度，蓄压时间取决于储罐的设计压力和工作压力。

目前各种燃料舱都有相应规模的市场，A型、C型和薄膜型燃料舱是目前航运市场应用较多的。

三、燃料存储系统及布置

1. 燃料存储系统图

燃料存储系统主要由储罐及相关控制阀和设备组成，如图2-22所示。

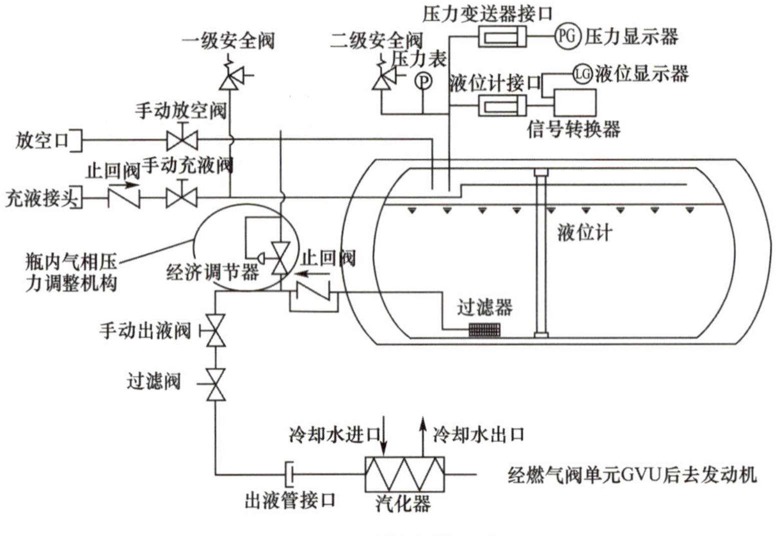

图2-22　燃料存储系统图

2. 燃料围护系统

燃料围护系统是包括燃料舱接头在内的用于燃料存储的装置。它包括附件、所设的主屏壁和次屏壁以及附属的绝热层和屏壁间处所，必要时还包括用于支持这些构件的邻接结构。

LNG双燃料动力船舶的接头处所(TCS)主要是为了保障燃料舱(布置在开敞甲板也可设置接头处所)的安全和基本功能的实现。因为气罐安全附件中存在大量低温阀件，相比较燃料舱体和输气管路，这些阀件及阀件的接口处存在更大的泄漏概率，TCS就是

LNG 双燃料动力船用来围堵燃料舱泄漏的 LNG 而设置的，同时，可以防止 LNG 扩散，避免人员误操作和因此造成的机械损伤。

3. 储罐在船上的布置

LNG 储罐在船上的布置分为两种形式：位于开敞甲板或位于围蔽处所内。

（1）开敞甲板：适用主甲板上有合适空间布置储罐的船舶，如油船、化学品船、散货船等。其要求是储罐距离船舷不少于 800 mm，储罐的布置应能确保自然通风，防止逸出的气体聚积，储罐的布置应能保证船舶发生碰撞或搁浅时不至于对储罐造成损坏，对于与储罐相连的管路接口处存在液体泄漏的地方应安装承滴盘。

（2）围蔽处所：适用于主甲板上没有合适空间布置储罐的船舶，因此储罐布置在独立舱室内，如集装箱船、拖船等。其要求是储罐及燃料管路距离舷侧不少于 800 mm，储罐及相关管路可设置在次屏壁处所内，与储罐相连的管路、阀门及设备安装在一个密闭箱体内，储罐处所应进行通风处理，并设置固定式灭火装置，以及可燃气体和火灾探测装置。

四、危险、安全区域分级

危险、安全区域分级是一种用来对可能出现爆炸性气体环境的区域进行分析和分类的方法。分级是为了选择适当的电气设备和设计合适的电气装置。区域整体分为安全区域与危险区域，如图 2-23 所示。

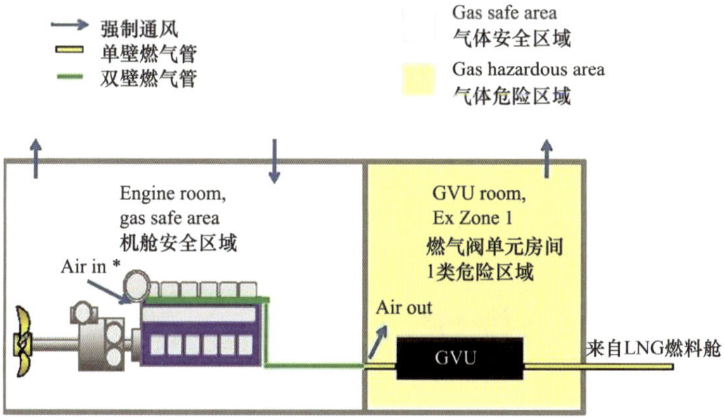

图 2-23　危险区域与安全区域

依据危险等级的不同，危险区域分为如下区域：

1. “0 类危险区域”

该区域包括但不限于燃料舱内部，用于燃料舱压力释放或其他透气系统的任何管路，内部含有燃料的管路和设备。

如散货船 LNG 供气系统中，将 LNG 燃料罐内部、输送 LNG 及 NG 的管路、用于燃料舱压力释放或其他透气系统的任何管路划分为“0 类危险区域”。

2. “1 类危险区域”

该区域包括但不限于：

（1）燃料舱周围的隔离舱及其他保护性处所；

（2）燃料准备间；

（3）距离任何燃料舱出口，气体或蒸气出口，加注总管阀门，其他燃料阀，燃料管法

兰,燃料泵舱通风出口 3 m 以内的开敞甲板上的区域或甲板上的半围蔽处所;

(4)距离燃料舱压力/真空阀出口周围,出口向上半径为 6 m,无限高度的垂直圆柱内,以及出口向下,以 6 m 为半径的半球内的区域。

(5)距离燃料准备间入口、燃料准备间通风进口以及通向 1 类危险区域处所的其他开口 1.5 m 以内的开敞甲板上的区域或甲板上的半围蔽处所;

(6)开敞甲板上的包括加注总管阀门的围板以内及围板向外延伸 3 m,并不高于甲板以上 2.4 m 的处所;

(7)燃料管路所在的围蔽和半围蔽处所,例如燃料管路周围的双层壁管、半围蔽燃料加注站;

(8)在正常运行情况下被气闸所保护的处所视为非危险区,但当被保护处所与危险区域之间的压差失效时仍需要继续工作的电气设备应为适用于"1 类危险区域"的合格设备;和

(9)燃料舱外表面位于露天时,距离其外表面 2.4 m 的区域。

将散货船加注站、承接盘、LNG 储罐气穹及气穹围蔽处所、透气桅、燃料准备间、机舱内双壁管环形空间划分为"1 类危险区域"。

3."2 类危险区域"

该区域包括但不限于:

(1)距离 1 类危险区域的开敞或半围蔽处所 1.5 m 的区域;

(2)含有通向燃料舱接头处所的螺栓舱盖的处所。

(3)气闸内部区域。

第四节 燃油系统操作

船舶使用气体或者其他低闪点燃料,使得船舶燃料使用、存储和相应的系统和设备等有别于柴油机动力的船舶,也需要船员熟悉和熟练掌握相关理论和实践操作能力。本节主要介绍燃料供应系统操作、气体燃料管路系统和控制阀门操作、燃料加注系统操作、船舶燃料加注操作、船舶燃料首次加注程序、船岸检查表和 LNG 加注作业过程中的风险七方面的内容。

一、燃料供应系统操作

燃料供应系统(Fuel Gas Supply System,简称 FGSS)通常由燃料存储罐、左舷和(或)右舷加注站、集管处所(TCS)、水/乙二醇单元、气源及 ESD 控制单元、双壁管风机、可燃气体探测、控制系统等组成,LNG 燃料供应系统(LNG Fuel Gas Supply System)如图 2-24 所示。

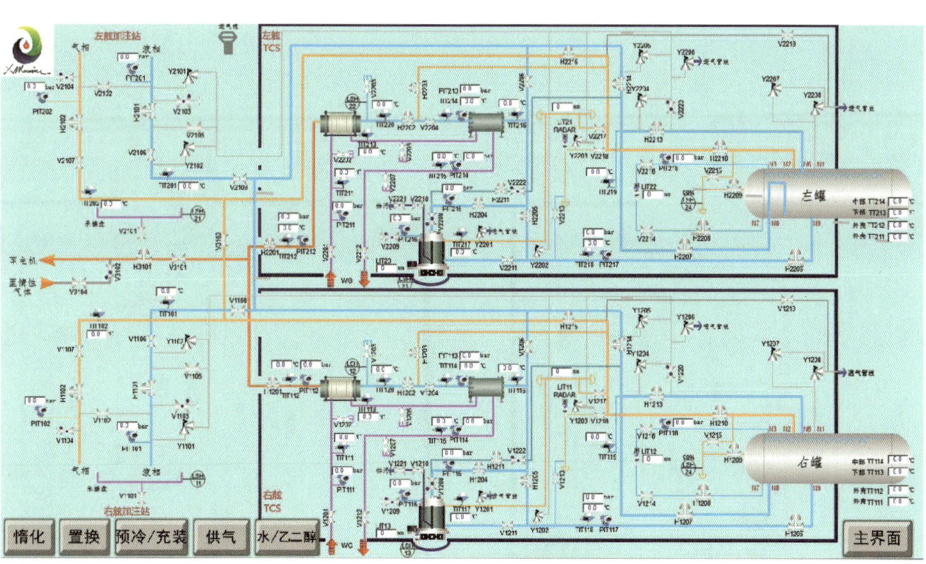

图 2-24　LNG 燃料供应系统

1. 集管处所(TCS)

为确保船用燃料的适当存储,以使其泄漏不会对人员、船舶和环境造成危险,位于甲板下方的燃料围护系统应与邻近处所气密分隔,即燃料储罐接头、附件、法兰、阀门应包围在气密的燃料储罐接头处集管处所内(即 TCS 内),TCS 可以安全地容纳气罐连接处可能发生的泄漏,并可将压力释放到安全位置。

(1)TCS 是一种不锈钢箱形结构,焊接在气罐的外壁上;

(2)TCS 配备 LNG 泵、汽化器、加热器、氮气吹扫管系统、气体泄漏监测系统、控制空气管系统以及 LNG 气罐的所有管接头、阀门和管道。

TCS 通常具有较大的重量。图 2-25 所示为左右两罐的 TCS。

2. 水/乙二醇单元

水/乙二醇单元主要用于 LNG 加热循环系统,指采用水和乙二醇的混合溶液作为加热循环介质,负责向汽化加热系统或压缩机单元提供热源。LNG 汽化器系统的热源是体积比 1∶1 的水/乙二醇溶液,该介质冰点可达-30 ℃,可以降低和有效防止 LNG 汽化器换热管表面出现结冰的风险,提高换热效率。乙二醇管路可采用氮气增压的方式,防止燃气进入到加热系统。LNG 加热循环系统主要由乙二醇泵、热交换器、必要的阀门和仪器仪表等组成,也可附带一套电加热器,在特定情况下对介质进行加热。对汽化加热器进行加热后的水/乙二醇溶液,可通过发动机冷却水或船上的蒸气对其进行再加热,这样就形成了一套完整的加热循环系统。该系统也可集成到一个撬块上,便于运输和船上的安装布置,节省空间。水/乙二醇加热循环系统如图 2-26 所示。

水/乙二醇循环模块包括两个循环水泵,一个壳管式热交换器和一个膨胀水箱。在热交换器之后安装一个温度控制阀,该阀控制水/乙二醇溶液的温度。一个流量开关用于监控水/乙二醇加热循环系统的工作状态,可以确保汽化器和加热器获得足够的热量。

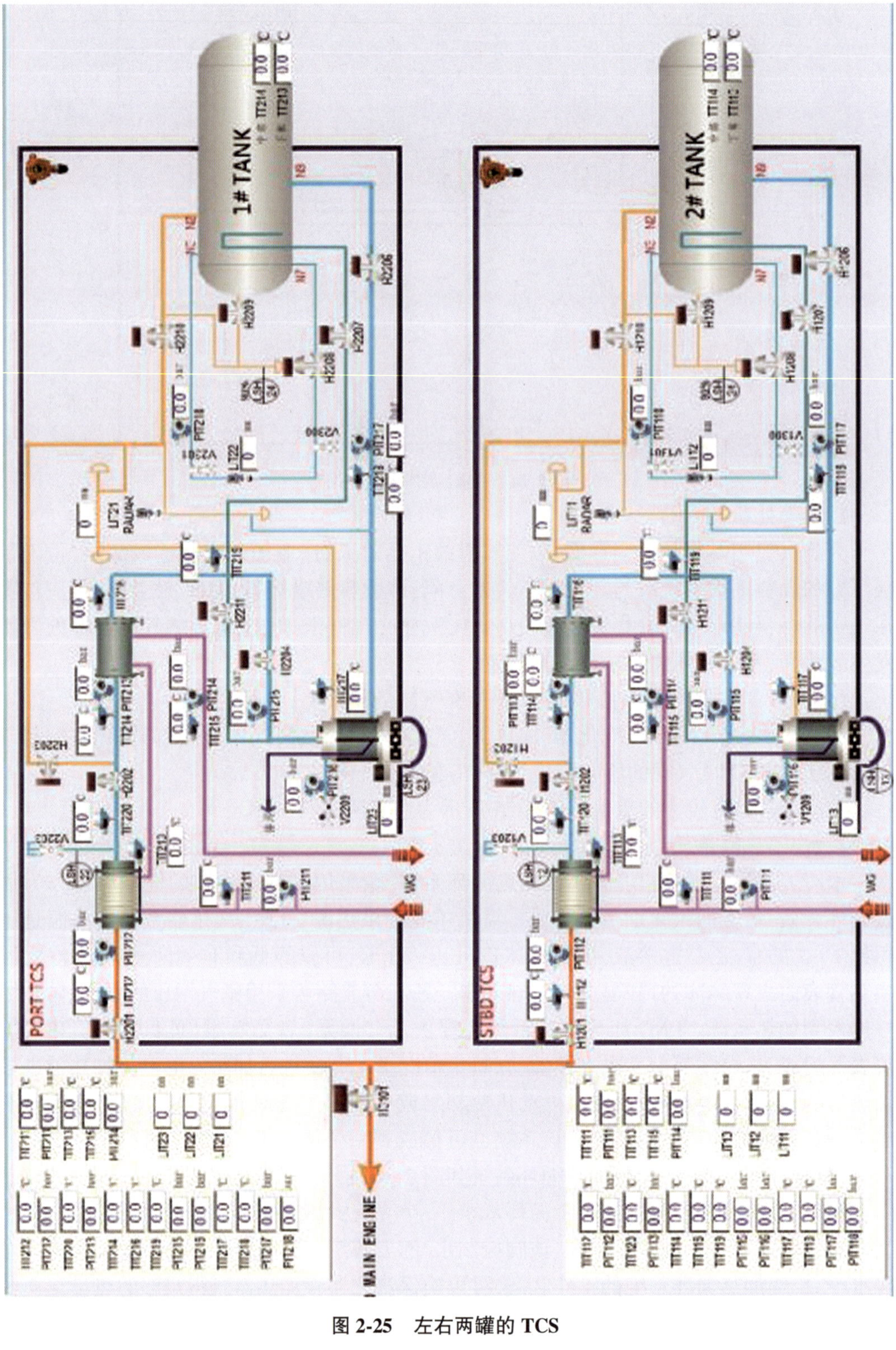

图 2-25　左右两罐的 TCS

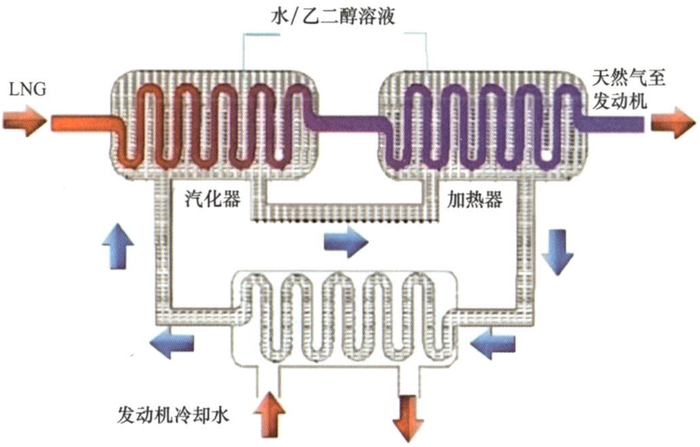

图 2-26　水/乙二醇加热循环系统

3. LNG 汽化/加热系统

LNG 汽化/加热系统的作用是将液态天然气通过热交换的方式汽化，并加热到发动机使用的温度。汽化器和加热器主要采用容器式热交换器，外壳采用耐低温的不锈钢材料，内管采用不锈钢螺旋盘管结构，如图 2-27 所示。

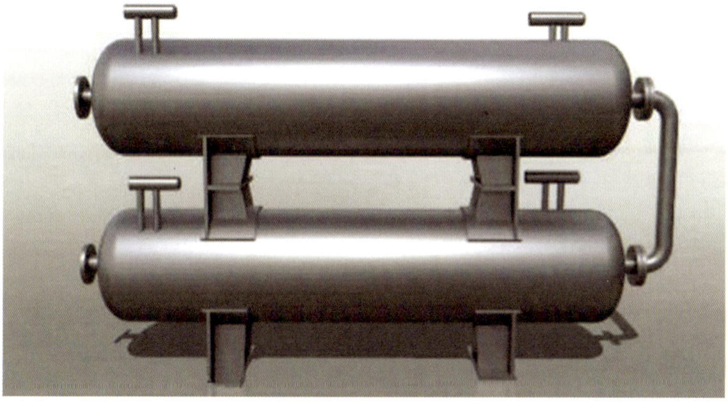

图 2-27　LNG 汽化/加热系统

汽化加热器可与燃气缓冲罐、PBU 增压蒸发器或增压泵、必要的安全阀和低温截止阀，以及压力表和温度表集成到一个气密冷箱内，形成汽化加热器撬块，该冷箱需装有有效的抽吸式机械通风系统，具备每小时至少换气 30 次的通风能力。当发动机处于燃气模式时，通风系统应持续运转。根据船舶的布置，也可将汽化加热系统集成到燃料罐的气罐连接处所，即省去单独放置汽化加热器撬块的空间，便于船厂施工，气罐连接处所在船上安装完毕后，应进行不低于 0.02 MPa 的气密试验。

4. 机舱控制系统

机舱控制系统(控制柜)主要控制和调节燃气压力、流量、温度等参数，以满足主机的运行需求，除了实现气压、流量、温度的自动控制外，还实现了与主机控制系统的联动功能，如启停、开关、放气、吹扫等。机舱控制系统采集的主要数据是压力、温度、流量、液位、压差、阀门的打开和关闭状态、设备运行状态等，如图 2-28 所示。

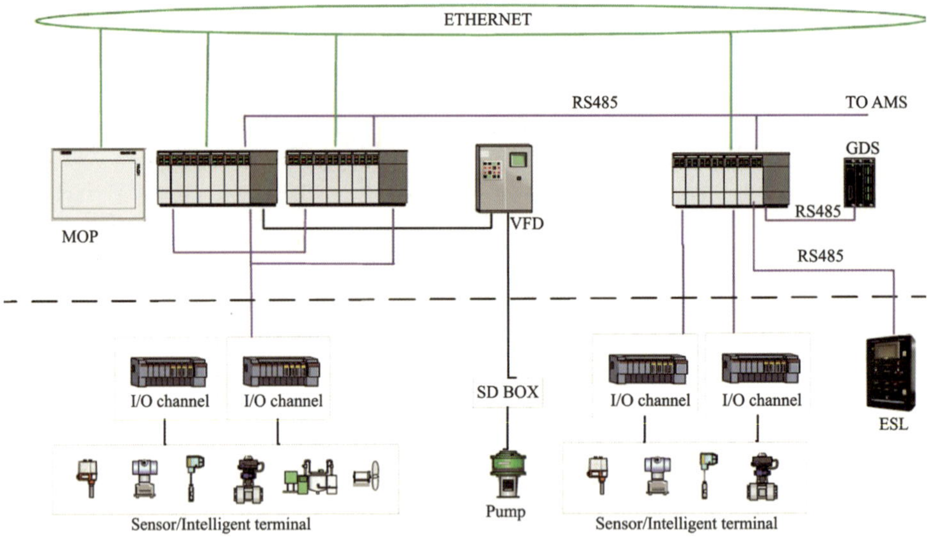

图 2-28 机舱控制系统

通过供气控制系统可在集控室实现如下操作：

(1)LNG 加注；

(2)LNG 供气；

(3)供气系统液位/温度/压力指示；

(4)水/乙二醇系统启停；

(5)LNG 泵启停；

(6)风机启停；

(7)应急切断系统控制；

(8)电动阀。

二、气体燃料管路系统和控制阀门操作

1. 管路系统组成

(1)燃料存储、燃料加注和燃料供应和液氮装置的所有管系，包括通风、压缩、制冷、液化、加热存储、燃烧或其他燃料处理方式的所有管系。

(2)燃料供应和加注管系的压力释放阀。

(3)所有紧急切断阀、止回阀、截止透气阀、主燃料阀、遥控操作阀和用于燃料存储、加注和燃料供应管系压力释放阀检查的隔离阀。

2. 燃气管路系统

燃气管路系统由供气系统、燃气阀组单元、燃气压力调整单元、燃气分配管(包括安全燃气进气阀和氮气进气阀块)组成，如图 2-29 所示。

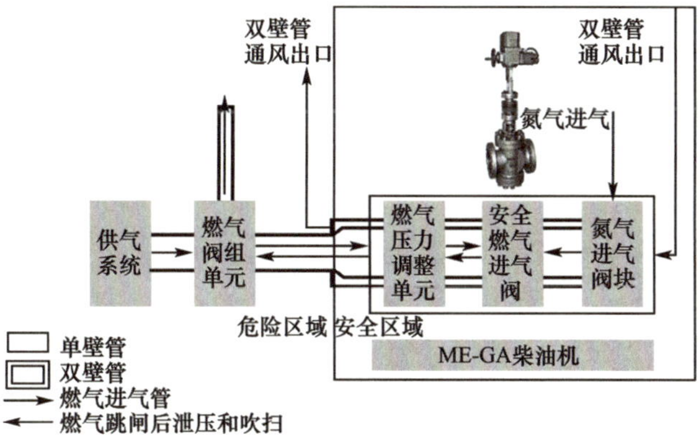

图 2-29 燃气管路系统

(1)供气系统

供气管路为冷箱后到发动机之前的气体管路,需采用不锈钢双壁管结构,内管为燃气供气管,外管为通风导管,发动机处于气体燃料模式运行时,外管需进行有效的负压式机械通风。燃气供应管路系统如图 2-30 所示。

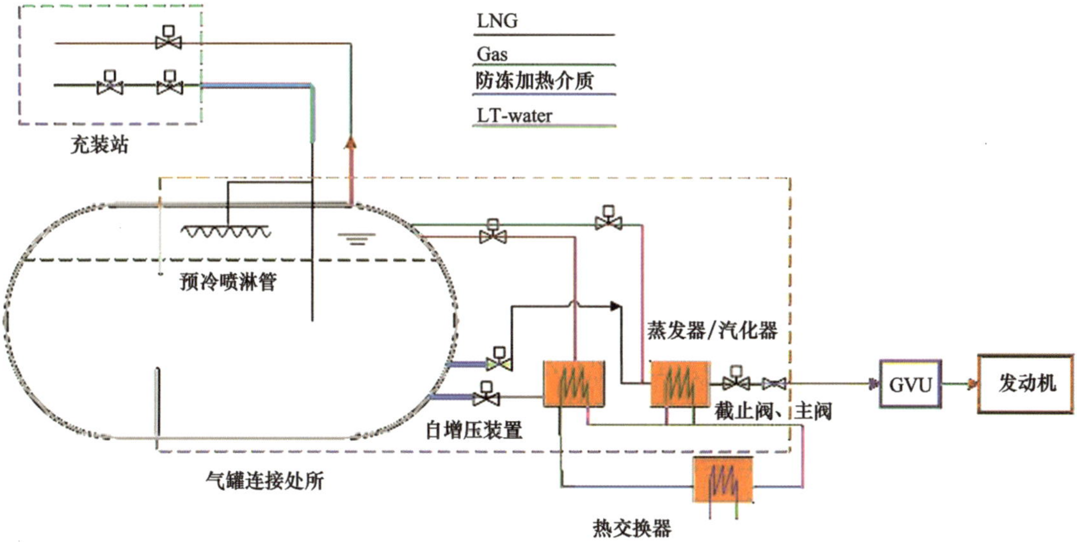

图 2-30 燃气供应管路系统

双燃料发动机燃气供气系统的管路布置简单安全可靠,供气压力要求低。燃气进机压力范围是 9~12 bar,如果是用于 LNG 运输船,则其燃气工作压力范围是 9. 5~10. 5 bar。燃气工作温度范围是 5~55 ℃,燃气过滤精度要求是 10 μm,LNG 燃气供气系统如图 2-31 所示。

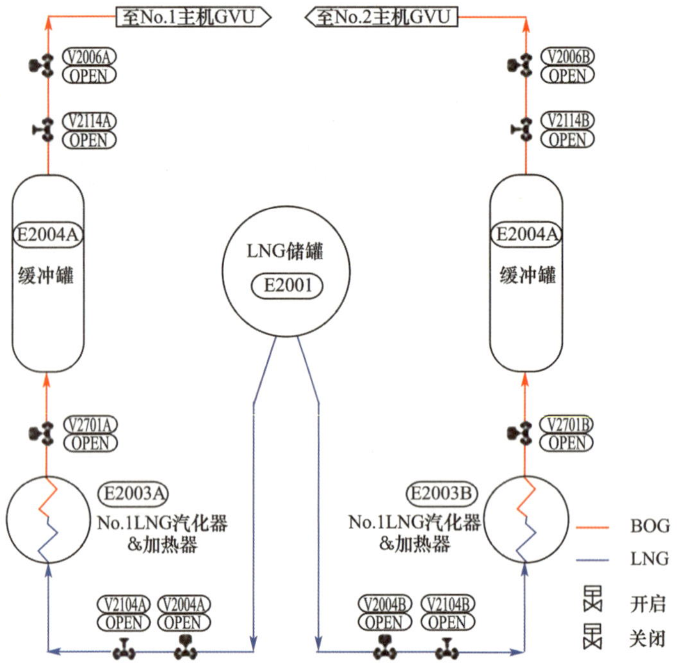

图 2-31　LNG 燃气供气系统

(2)燃气阀组单元

燃气阀组单元(Gas Valve Unit,简称 GVU)用于燃气管道系统的气体过滤,由燃气滤器、燃气流量计、燃气压力控制单元、快速切断阀组、透气管路和惰性气体接口组成。GVU 布置在机舱外面,通过合理布置的阀件组合实现优化流量,使得通过 GVU 的燃气压力损失降到最低。

(3)燃气压力调整单元

燃气压力调整单元(Gas Regulation Unit,简称 GRU)直接装在发动机上,不仅可以快速准确地调整燃气进气压力,特殊设计的内部结构还可以迅速地对燃气管进行泄压和吹扫,不需要另外布置复杂的吹扫管路。燃气安全进气阀安装在缸套的中部,每缸 2 个安全进气阀,燃气安全进气阀的开启和关闭由控制系统控制液压油的进油和回油来实现。氮气吹扫阀块布置在柴油机缸体的后端,通过阀块内部特殊设计的通道,可以实现通风和吹扫惰化的功能,不需要另外布置复杂的通风管路。

(4)燃气分配管

双燃料发动机的燃气分配管一般由燃气双壁管、压力调整单元、安全进气阀、氮气吹扫阀块和氮气进气管组成。外部燃气管路穿过机舱外壁后由双壁管一直连接至机旁的燃气压力调整单元,然后分成两路双壁管沿着柴油机缸体后端向前端布置,这两路双壁管分别布置在柴油机缸体的左右两侧,每个缸套两侧各安装了一个安全进气阀(Safety Gas Admission Valve,简称 SGAV),两侧的燃气管在柴油机后端汇合并连接到氮气吹扫阀块上，吹扫阀块连接氮气的进气管。

3. 控制阀门

为了防止无关人员在发生泄漏而导致人员或设备损坏事故时错误打开阀门手柄，或在阀门维修时，需要进行阀门锁定，并按照适当的程序对相应的阀门进行锁定标记。

(1)关闭手动阀[1]，如图 2-32 所示。

(2)挂上锁链[2]，如图 2-33 所示。

(3)锁定锁链[2]的锁定部分[3]，如图 2-34 所示。

(4)放置标签，以警告除维修工作负责人外，其他人员不得擅自开锁，如图 2-35 所示。

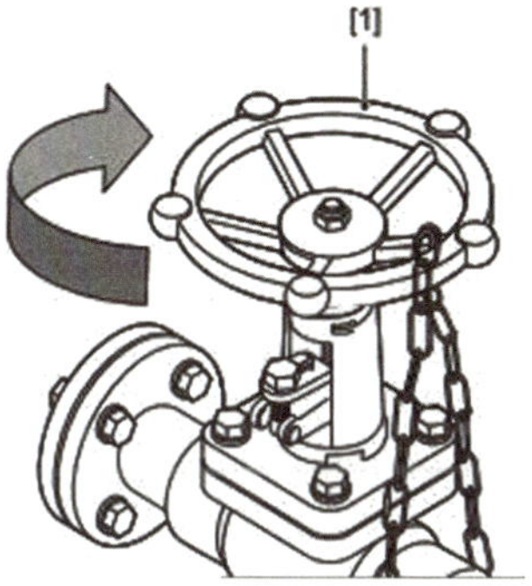

图 2-32 关闭手动阀

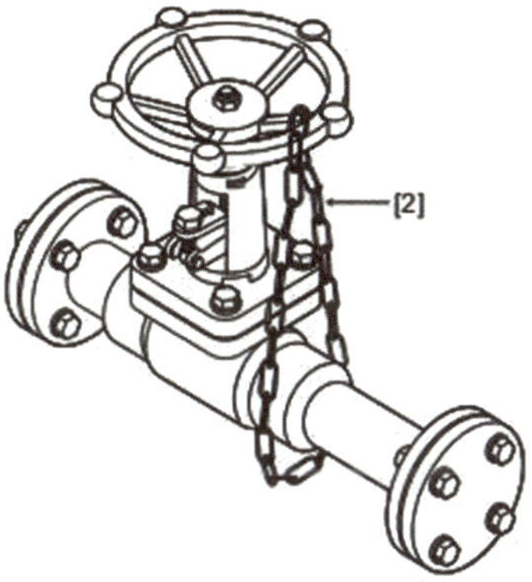

图 2-33 挂上锁链

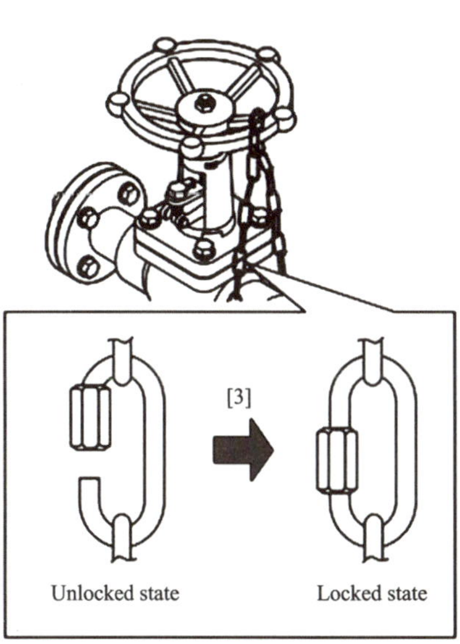

图 2-34 锁定锁链的锁定部分

图 2-35 放置标签

4. 气体燃料系统相关的主要设备(系统)

气体燃料系统相关的主要设备(系统)如表 2-1 所示。

表 2-1　气体燃料系统相关的主要设备(系统)

序号	设备/系统名称(描述)	备注
1	LNG 燃料存储罐	
2	LNG 存储罐上的相应阀附件、液位遥测、温度遥测、燃料输送潜液泵等	
3	LNG 加注应急切断控制系统	
4	LNG 加热增压系统	
5	再液化系统	可选配,通常适配在 LNG 运输船
6	燃气阀组单元(GVU)	
7	固定式气体探测系统	机舱、LNG 存储处所、燃气阀组单元处所及其他相关的封闭/半封闭处所
8	便携式气体探测仪	可测量氧气、有毒气体、易燃、易爆气体含量
9	防爆风机	LNG 存储处所、燃气阀组单元处所、双壁管
10	火灾探测报警系统	
11	消防系统	常规水消防及便携干粉灭火器
12	水雾系统	仅对 LNG 存储罐位于露天甲板布置
13	水幕保护	加注站保护船外板

三、燃料加注系统操作

船舶燃料加注系统(Bunkering System)主要有加注站、加注接头、回气接头和燃料加注控制、监控和切断系统,某岸船燃油加注示意图如图 2-36 所示。

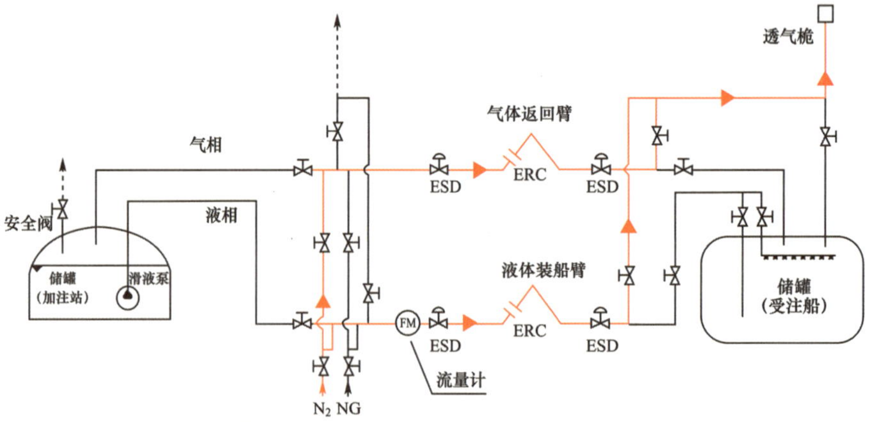

图 2-36　某岸船燃油加注示意图

1. 加注站

加注站系指设有包括加注接头、回气接头(如设有)、相关阀件和控制系统等的位置或处所。加注站一般布置在具有良好自然通风条件的开敞甲板上,充分考虑泄漏后的毒性危害,与起居处所、服务处所、机器处所、控制站或其他非危险区域的空气进口、出口或开口保持足够安全的距离。围蔽或半围蔽的加注站应经风险评估和特殊考虑。大型集装箱船舶 LNG 加注站如图 2-37 所示。

图 2-37 大型集装箱船舶 LNG 加注站

小型船舶 LNG 加注站如图 2-38 所示。

图 2-38 小型船舶 LNG 加注站

加注车上的 LNG 加注站如图 2-39 所示。

图 2-39　加注车上的 LNG 加注站

2. 加注接头

加注接头有两种，即干式接头(Dry-Disconnect/Connect Coupling，简称 DD-CC)、快速接头(Quick Connect/Disconnect Coupling，简称 QC/DC)。

(1)干式接头

干式接头是一种手动操作的机械装置，能在不使用螺栓的情况下使软管加注系统快速安全地与接收船舶的管汇连接或断开，干式接头如图 2-40 所示。

图 2-40　干式接头

(2)快速接头

快速接头使用手动或液压机械装置将传输系统(例如输油臂)连接到加注管汇法兰,无须使用螺栓,如图 2-41 所示。

图 2-41 快速接头

需要特别注意的是,并非所有快速接头都是干式接头,但所有干式接头都是快速接头。

3. 回气接头

回气管路主要用于蒸发气体返回充装站和可能的转移装置,该转移装置用来平衡气罐压力。

4. 集液盘

集液盘是燃料泄漏处置的安全装置。在加注接头上方设置水喷淋喷头,在其下方应设置集液盘,能对燃料进行安全的收集和存储;集液盘的主要作用是防止 LNG 等低闪点燃料发生意外泄漏时损坏船体甲板。应在可能发生泄漏或溢出的地方安装集液盘,集液盘用于燃料泄漏时的应急预防。集液盘或围板应配备一个将泄漏的燃料输送至专用污液存储舱/柜的管路,该管路上应安装一个止回阀和一个截止阀。如 LNG 的温度一般在 −163 ℃左右,普通碳钢无法承受,容易产生低温断裂。集液盘(承接盘)如图 2-42 所示。

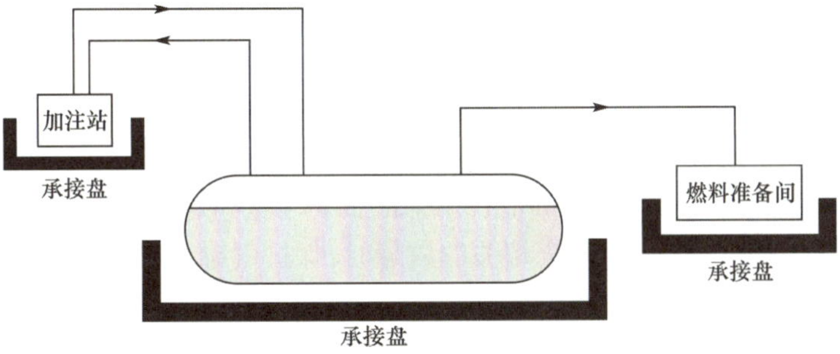

图 2-42 集液盘(承接盘)

船舶集液沟如图 2-43 所示。

图 2-43　船舶集液沟

5. 防护水幕

应设有如水幕、防护罩等防护措施，防止加注过程中 LNG 泄漏到周围船体或甲板上，防护水幕如图 2-44 所示。

图 2-44　防护水幕

6. ESD 阀

应急切断系统(Emergency Shutdown System，简称 ESD)是根据《IGF 规则》和船级社要求设计的，目的是在出现一些安全相关的故障时，保护气罐和供气系统。应急切断系统将启动各 ESD 阀的紧急位置(故障安全)，并停止供气系统。主要设备包含：应急切断按钮、加注站 ESD 连接设备、ESD 阀关闭系统。

每一条液体加注管路和气体回流管线应在尽可能靠近通岸接头处串联安装 1 个手动操作截止阀和 1 个遥控关闭阀，或 1 个手动操作和遥控组合阀，如图 2-45 所示。ESD 应能在加注操作控制位置和/或其他安全位置操作遥控阀。该遥控关闭阀应为故障关闭型。同时，附近配置涉及燃料加注和供应的相关消防设施。

图 2-45 遥控关闭阀

7. 其他设备

其他设备包括入口过滤器,压力和温度指示,氮气吹扫接口,ESL 连接等。

8. 其他要求

(1)加注管路应能进行惰化和除气。加注管路未进行加注作业时应处于除气状态。

(2)对于海船,应设置 1 套船岸通信线路(SSL)或等效设施,用于与加注方进行自动和手动 ESD 通信。

四、船舶燃料加注操作

船舶应配有安全可靠的便携式通信措施,用于在加注作业时与加注方之间的通信,如配备适当数量、防爆等级与其所使用的环境相适应的便携式甚高频无线电话等。

1. LNG 液罐车加注

(1)加注示意图

对小型船舶一般使用 LNG 液罐车加注,如图 2-46 所示。

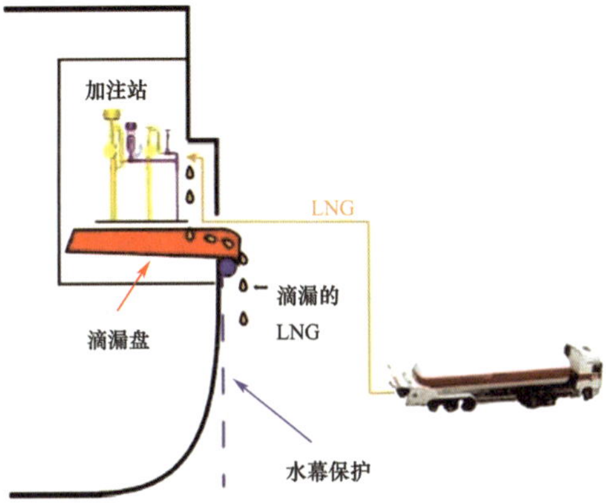

图 2-46 LNG 液罐车加注示意图

(2)加注过程

①槽罐车到达后,首先进行管路的接驳。

②岸端一般把接驳所用的软管(可耐压耐低温)、接头以及升压器和液氮罐平时收放到一个集装箱体,用时拿出使用。

③首先要针对接驳好的管路进行吹扫,使用液氮进行,把管路中的杂质吹出,一般使用 0.7 MPa 氮气进行。

④再进行供气实验,进行 5 min。

⑤进行平压操作。平压操作的原理是,船端 LNG 罐体内如果压力大,岸端 LNG 很难注入,所以首先要跟岸端进行平压操作,待岸端和船端压力差不多时,才可开始进行供气操作,同时要观察管路的温度,温度要到达-95 ℃附近才可。

⑥平压后,待岸端升压,升压器负责将槽罐车内部的压力升高,原理是将 LNG 注入升压器,然后靠室温进行汽化后,再注回槽罐车,这样槽罐车内部压力就会升高。

⑦一般等到压力到达一定数值,如 0.5 MPa 之后,开始加注。

2. LNG 供给船加注

随着 LNG 船舶技术的发展,LNG 供给船(Bunker)已逐步投入营运。图 2-47 为 LNG 供给船加注示意图。图 2-48 为 LNG 供给船实船加注图。图 2-49 为 C 型液货舱向常压燃料舱加注示例。图 2-50 为 C 型液货舱向 C 型燃料舱加注示例。

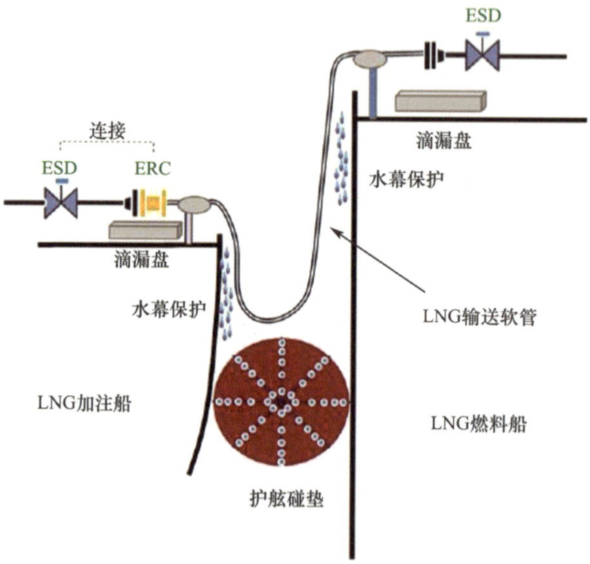

图 2-47　LNG 供给船加注示意图

图 2-48　LNG 供给船实船加注图

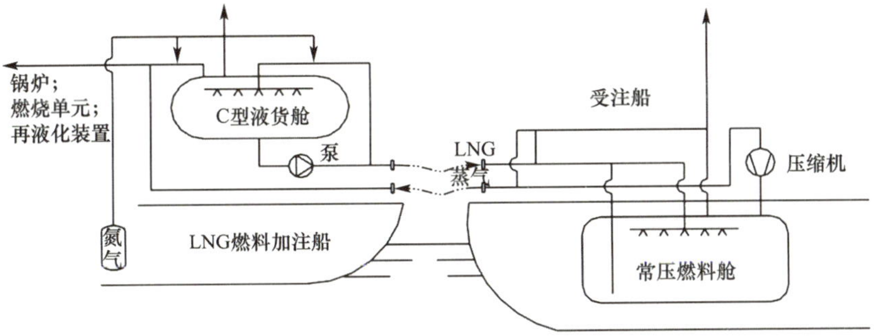

图 2-49　C 型液货舱向常压燃料舱加注示例

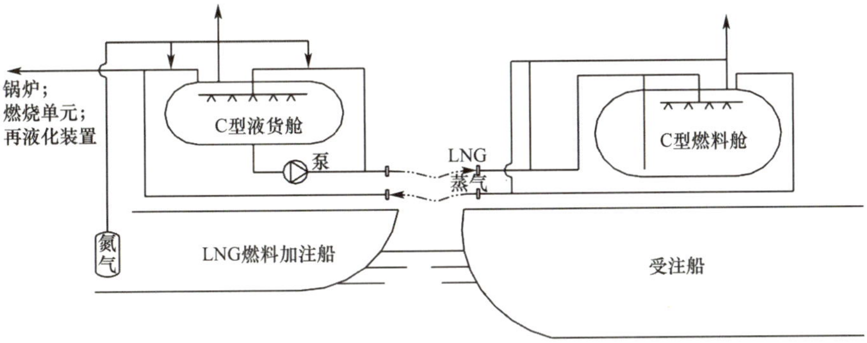

图 2-50　C 型液货舱向 C 型燃料舱加注示例

供油船操作程序如下:

(1)连接

①连接船岸之间的静电接地线及光纤。

②用软管连接船、船之间的气相管路和液相管路。

(2)相关操作

①对连接软管内的氮气进行置换。置换的氮气由接头排空阀排放货罐。

②开启紧急切断阀的液压单元及相应的阀门。

③开启船、船气相管路中的阀门,先打开受注船管路上的气相阀,后打开加注船舶上气相总管路上的阀和液罐上的气相阀(包括紧急切断阀和球阀),开启时,应缓缓打开,切忌快速打开。

④开启受注船液相管上的阀、液相管上的总阀、加注船舶上液相总管上的阀、货泵出口处的阀。

(3)加注

①开启货泵抽吸液罐内的货物,抽吸时应根据船舶稳性、浮态要求逐次分别抽吸几个罐内货物,或者同时抽吸几个液罐内的货物,注意不得将一个罐全部抽完后,再抽另一个罐的货物。

②在抽吸罐内货物时,应注意观察罐内的液位,不要使货泵吸空,造成罐内负压。当液罐出现低液位,相应的 LNG 货泵会自动停泵。

(4)卸货完毕行动

①关停货泵,关闭泵出口阀;

②进行管段扫线，扫线由加注船舶来进行，即将管段的液体扫至船罐内或扫至加注船上；

③关闭所有相关阀门；

④关停气动紧急切断阀控制箱；

⑤排空软管内的残余 LNG 蒸气，关闭排空阀。

⑥当软管段压力降至零时，拆除船、船连接的软管段，并妥善保管，然后装好液相总管和气相总管上的盲板；

⑦拆除船、船间接静电接地线及光纤。

3. 岸端码头加注

燃料加注利用岸上设施完成，如图 2-51 所示，程序如下：

(1)连接

①连接船岸之间的静电接地线及 ESD 光纤；

②用软管连接船岸之间的气相管路和液相管路。

(2)相关操作

①对连接软管内的空气进行置换。置换的气体由通岸接头排放至岸方。

②开启紧急切断阀的液压动力单元及相应的阀门。

③缓缓开启船、岸气相管中的气相阀(包括紧急切断阀、球阀)，使船、岸罐压力平衡。

④开启船、岸液相管中的液相阀。先打开液罐上的液相阀，然后开启液相管上的液相阀，再开启岸站上的液相阀。在开启上述阀门时，应缓慢打开，不要突然全部打开，以免冲击管路及阀门，造成管路及阀破裂。

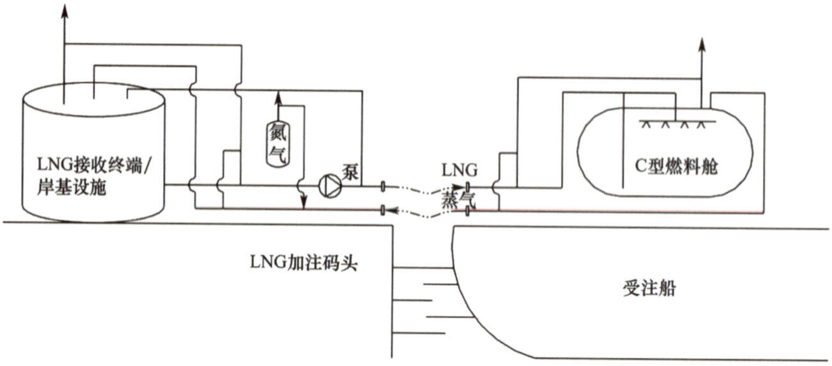

图 2-51　岸站向 C 型燃料舱加注示例

(3)装载

①装载过程中要经常注意观察、检查、记录罐内的温度、压力、液位的变化。

②到充装极限的 95%时，报警系统发出高液位声光报警信号，罐内液位达到充装极限的 98%时，发出高高液位报警信号并自动关闭紧急切断阀。

③当罐内充装到极限液位时，此时应通知岸上停止供液，关闭岸上供液阀，关闭船上总管上的紧急切断阀、球阀，然后再关闭罐上的紧急切断阀及球阀。

④罐内液位达到充装极限的 98. 5%时，发出高高液位报警信号并激活 ESD。

(4)装载完毕行动

①进行管路扫线，扫线由岸上的压缩机来完成，即将液相管内的液体扫回到罐内或扫

至岸上;关闭全部相关的阀门(包括气相和液相管的阀)。

②停止紧急切断阀门控制箱运行。

③将软管段内的残余 LNG 蒸气排空至舱,排空后关闭总管上的阀;当软管压力降至零时,拆除船、岸间的连接软管,并妥善保管,装妥液相、气相总管上的盲板。

④拆除船、岸间接静电接地线及光纤。

⑤装载过程中还应随时观察船舶首尾吃水的情况,应边装载边抽除压载水,使船舶保持平浮状态。

(5)计量

装货作业中,由岸方站计量液货装入量。船上液罐上安装的雷达液位测量装置可随时反映液罐载货量,船方 CTMS 提供船方液货装入量。

五、船舶燃料首次加注程序

燃油储罐第一次加注时的操作流程分为惰化干燥、预冷(LNG 或液氮)、驱气、加注四个步骤。

1. 惰化干燥

利用岸基码头上的大型氮气发生器或者槽罐车运输液氮对储罐进行惰化干燥处理,把氮气注入燃料罐,把燃料罐中的空气通过透气桅排到空气中,保证储罐内部没有氧气以及水蒸气。其目的是防止 LNG 进入储罐后与氧气接触发生爆燃,以及接触水蒸气后出现结冰现象,如图 2-52 所示。

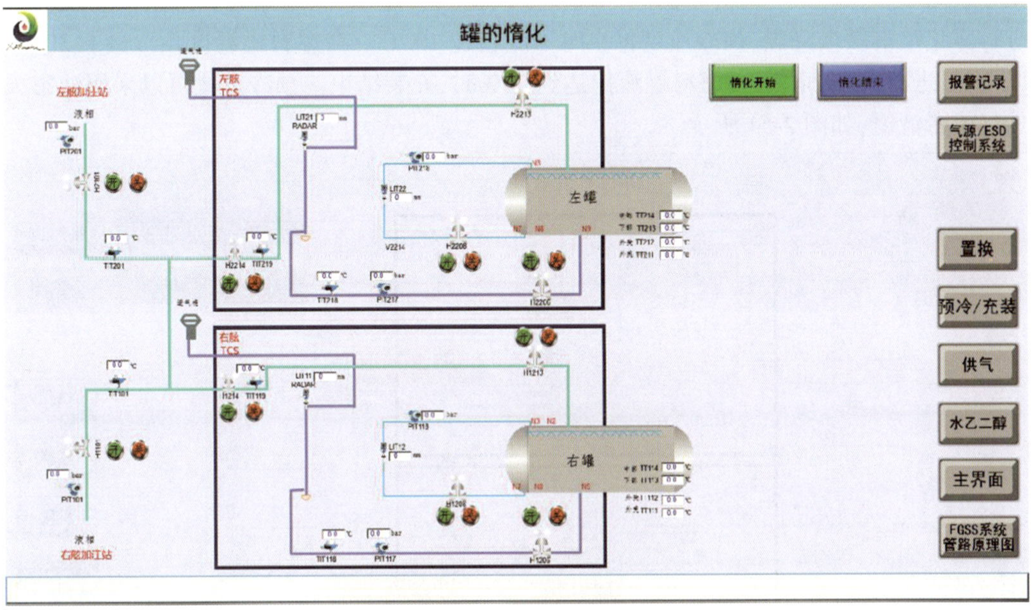

图 2-52 燃料罐惰化

2. 置换

置换就是使用 LNG 注入燃料罐,把燃料罐中的氮气通过透气桅排到空气中,如图 2-53 所示。

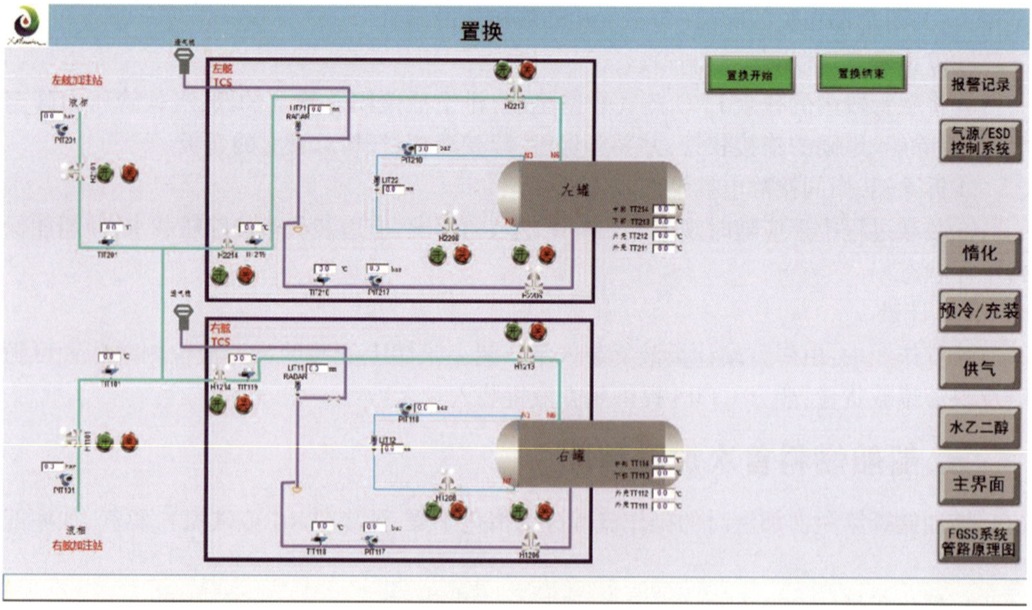

图 2-53　燃料罐置换

3. 预冷和充装

因为 LNG 的温度为-162.5 ℃，在 LNG 充装之前，必须对燃料罐进行预冷，防止大量 LNG 进入罐体后因为热胀冷缩，罐体发生结构性损伤，且 LNG 直接进入罐体后会大量汽化导致储罐超压。预冷时为了防止储罐发生损伤或者超压，利用储罐顶部喷淋管对储罐进行雾化喷淋缓慢降温，预冷速度每小时不能超过 10 ℃。在燃料罐温度预冷到-130 ℃以下时，进行 LNG 充装，当燃料罐液位达到 90%时，充装结束。预冷方式可以采用液态天然气或者液氮，如图 2-54 所示。

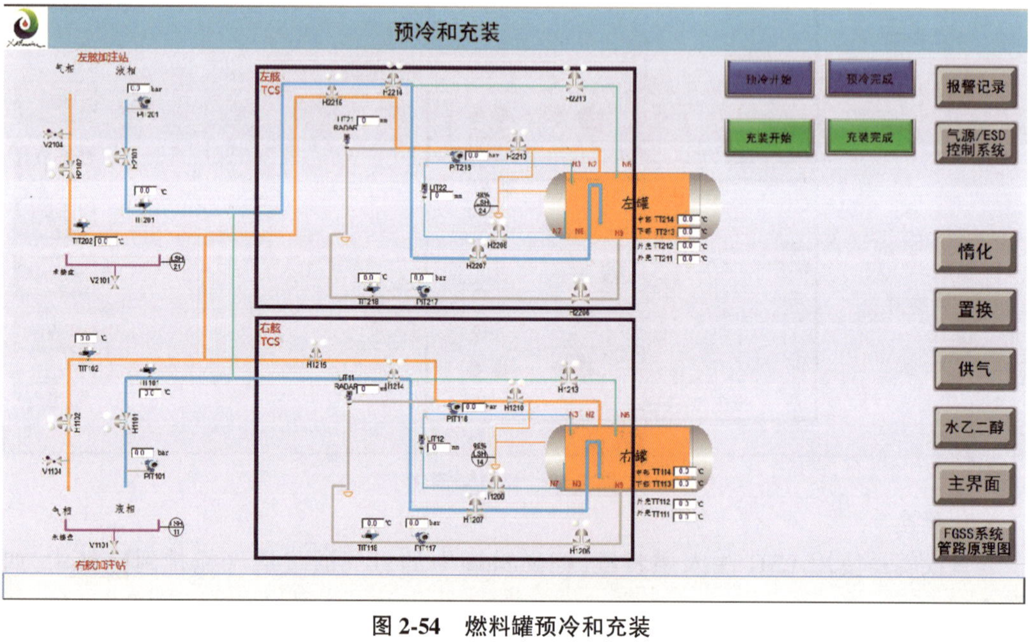

图 2-54　燃料罐预冷和充装

六、船岸检查表

船岸检查表是进行车船加注、船船加注、船岸加注时必须进行的安全检查。为保证安全作业，表内所有问题的答复应是肯定的。如果不能给予肯定回答，应在备注栏说明理由，而且船舶和加注船舶、加注车、岸基之间应达成采用适当预防措施的协议。如果认为有的问题不适用，也应在备注栏里说明。根据中国船级社《液化天然气燃料加注作业指南》(2021)，各类情况下的船舶、船岸间等检查表见附录2。主要内容有：

1. 准备好使用的必要设备。

2. 货舱和管道必须包含正确的气相。必须检查货舱和管道中的氧气含量。

3. 如果液货舱已经是货物蒸气，可以省略氧气含量的检查。

4. 所有相关阀门应设置在正确位置。

5. 测试 ESD 系统。

6. 准备好消防和安全设备以备使用。

7. 船舶接地电缆应连接至岸上，如码头要求，否则，应检查船/岸电气隔离。

8. 将正确的岸上连接件安装到液相和气相管汇。检查/安装用于液相管汇的滤器。

9. 用于液相管汇的可拆卸双向锥形过滤器应正确安装在管线与法兰之间。安装前，检查滤网是否清洁。

10. 与岸上操作人员合作，注意货舱液位、货物温度和压力，以及船舶纵倾。必须确保仔细采集货物测试样本。

11. 装载臂应连接至装卸站。岸上接头必须按要求用氮气吹扫(以排出空气)。

12. 在决定装货顺序之前，检查吃水差和船舶稳性。

13. 检查货物的具体装载要求。

14. 检查货物控制系统(CCS)是否存在任何警报。

15. 检查水幕系统是否正常工作。

16. 装货前有必要对货物管线和液货舱进行冷却，以避免装载期间液货舱压力过大，并将热应力降至最低。

七、LNG 加注作业过程中的风险

1. 设备风险

LNG 双燃料动力船舶的加注作业涉及相关设备为软管、加注臂、加注接头等连接设备和拉断阀、紧急脱离装置、应急切断(ESD)、消防系统等安全设备，以及辅助加注作业进行的例如系泊设备、碰垫、通信系统等辅助设备。

2. 深冷及蒸气控制风险

在加注全流程作业中直接面临着深冷及蒸气控制的问题，需要在加注之前进行管路的管系预冷、惰化、扫吹，加注之后继续对管系进行同样的操作。同时，两个过程都要在操作过程中严格控制传输速度和燃油舱压力，保证燃料舱的稳定性。

3. 船舶碰撞风险

加注船舶靠泊作业时，船速会降低到一定程度，这时候水流的变化、风浪的影响导致舵效不明显，极端天气情况下如台风、雷暴都能影响作业的安全性，严重时甚至会导致两船碰撞,引发后续的泄漏危害。

4. 气体溢漏风险

在加注过程中,防止天然气溢漏而产生的爆炸性气体环境,需要划定作业危险区(加注作业现场危险区域)、限制区域(加、受注船分别划设)、警戒区域(外围管控水域与加注船舶保持安全宽度),并制定相应的管控措施,杜绝因加注场所周围的电气设备或者非防静电工作鞋、工作服和其他火源等产生危害作业和水域安全的严重后果。

5. 各种加注情况下危险区域划分

LNG 加注连接处除设置危险区域外,还应按照相关标准设置限制区域和警戒区域。典型槽罐加注车加注的相关区域划分如图 2-55 所示,典型加注船舶加注的相关区域划分如图 2-56 所示。

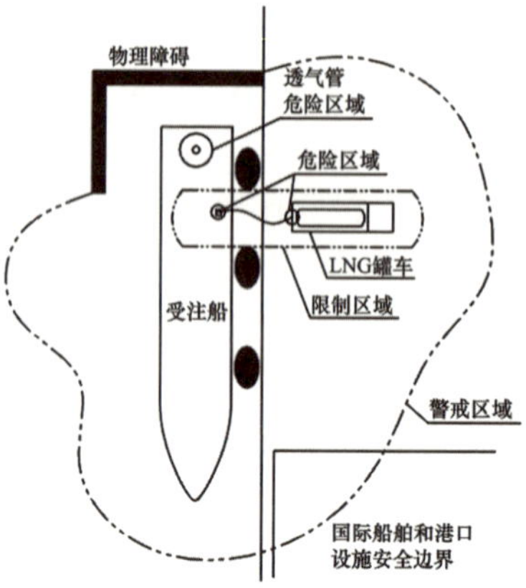

图 2-55　典型槽罐加注车加注的相关区域划分图

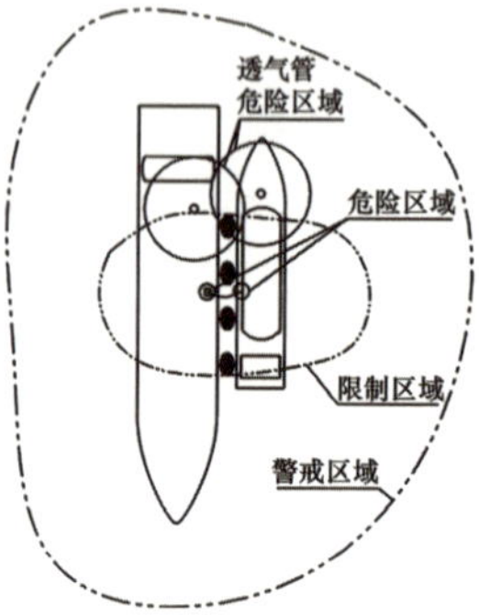

图 2-56　典型加注船舶加注的相关区域划分图

第五节　燃料安全管理

燃料安全管理是气体或者其他低闪点燃料船舶区别于其他船舶的主要特性。本节主要介绍燃料泄漏监控和探测、防止环境污染措施、低温事故预防、典型的防火安全计划等四方面内容。

一、燃料泄漏监控和探测

1. 燃料泄漏探测

固定瓦斯探测器须安装在以下所列之中:

(1)液舱连接处所;

(2)围绕燃料管道的所有导管;

(3)含燃气管道、燃气设备或用气设备的机器处所;

(4)压缩机舱和燃料准备舱;

(5)含燃料管道或其他无导管燃料设备的其他围蔽处所;

(6)可能积聚燃料蒸气的其他围蔽或半围蔽处所,包括屏壁间处所和除 C 型之外的独立燃料舱的燃料存储处所；

(7)空气闸；

(8)燃气加热回路膨胀舱；

(9)与燃料系统相关的发动机舱和/或，起居和机器处所的通风进口。

2. 燃料泄漏监控

(1)安装要求

根据《IGF 规则》和《IGC 规则》，机舱和柴油机上方都必须安装燃气探测器。另外，还要遵照相应的船级社规范要求，可能会在某些特殊位置增加燃气探测器。

(2)预警发布及行动

在机舱出风口、混合器上方增设的探测装置均可独立运行，若探测范围内可燃气体含量达到限值，探测器将第一时间发布预警，并将供应气体燃料的途径切断，此时，发动机将从最初的双燃料模式自动切换成燃油模式。

(3)节能减排

需要对燃烧情况进行实时监控，具体做法如下：在恰当位置安装传感器，用来对排温和缸温进行监控，确保失火、爆燃等情况能够被及时发现并得到解决。在保证船舶安全性及可靠性的前提下，使其在节能减排方面所具有的优势得到充分发挥。

(4)燃气检测系统

根据 IMO 和船级社的要求，所有燃气检测器的信号都连接到外部专门的燃气检测系统 GDS(GAS)，燃气检测系统(GDS)中央报警器需要布置在一个或多个位置，包括驾驶台、配货室(LNG 运输船)、集控室。燃气检测系统必须根据生产商或船级社建议的维护计划和程序进行测试和校准。

二、防止环境污染措施

1. 油污染

(1)职责分配

船长是船舶油污染紧急情况应急反应的总指挥，负责发布命令；

大副、轮机长分别是甲板部、轮机部的现场指挥，负责执行船长命令；

各职船员服从命令，听从指挥，按应急部署投入应急反应。

(2)污染事故发生

当船舶发生油类或有毒液体物质实际的溢漏或可能发生溢漏时，应毫不迟疑地通过当时可利用的最快的通信渠道，尽可能地最优先报告最近的沿岸国。

(3)初始报告

①初始报告应使用附件的标准格式。

②在初始报告被传递之后，应尽快和尽量在补充报告中提供与事故有关的保护海上环境所必需的资料，补充的报告或随后的报告应尽可能使用与初始报告同样的格式。

③报告对象：沿岸国或港口联系人和船方联系人。

(4)控制溢油的措施

无论如何，一旦发生油污染事故，应立即报告船长或船上其他负责人。船长应立即发出报警信号，组织全体人员实施应急反应。

(5)事故性溢油事故

①发生事故后,船长优先考虑的是确保船员和船舶的安全,并采取措施以防事故升级,内容包括:检查是否有人受伤;判断是否要请求救援;计算船舶的完整和破损稳性在任何时刻是否在安全范围内;判断是否需要弃船;采取措施防止失火和爆炸等。

②船舶对事故性溢漏油类物质事故所采取的措施,包括能使船长在船舶面临危险、事故和紧急情况下做出反应时考虑所有适当因素的各种核查清单或其他方法。

③采取必要的应急措施行动前,应根据当时的天气、海况及本船状况,在确保船舶和人员安全的前提下采取进一步的应急措施行动。

④对由于搁浅、火灾/爆炸、碰撞、船壳破损、严重横倾、围控系统失灵、淹没、沉没、触礁引起的溢漏油类物质污染,应采取减少和控制到最低限度的相关程序与措施。

2. 货物溢漏

(1)职责分配

船长是货物泄漏紧急情况应急反应的总指挥,负责发布命令;

大副、轮机长分别是甲板部、轮机部的现场指挥,负责执行船长命令;

各职船员服从命令,听从指挥,按应急部署投入应急反应行动中。

(2)泄漏事故发生

①发现液货泄漏时,应发出液货泄漏警报。

②马上报告船长,船长上驾驶台指挥。

(3)控制泄漏的措施

①大副带领水手长尽快查明泄漏原因,尽一切可能阻止液货进一步泄漏。

②关闭所有门窗、道门及其他任何开口,停止空调,防止蒸气进入引起火灾。

③全船禁止一切烟火,尽量避免启闭电气开关。向周围邻近的船舶发出警告。

④机舱人员控制火源,关闭风机,并准备随时提供消防水。

⑤如果泄漏规模很大,应用消防水冲散泄漏的液体,用水雾将泄漏的蒸气雾吹散或引导使之远离可能有火源之处。

⑥负责堵塞液货泄漏的人员应穿着防护服和佩戴呼吸器以防窒息或冻伤。

(4)其他措施

①如引发了失火,则实施消防应变部署。

②如泄漏无法控制,对船员的生命造成严重威胁时,船长应宣布弃船。

③用便携式测爆仪连续探测艉楼内部及上层建筑各处,特别是机舱,如气体浓度超过可燃下限(LEL)的10%,应仔细检查所有开口是否关闭严密。

④应向公司和租船人报告有关情况。

三、低温事故预防

1. 一般注意事项

(1)首先需要穿戴防低温护具,一般需戴护目镜、面罩、绝热手套,穿皮靴、防低温皮衣等,其次是不要靠近泄漏的LNG,因为低温LNG蒸气会对肺部造成严重的低温伤害,出现这种情况,这就需要配置正压呼吸机。如果发生了低温伤害,需要马上就医。

(2)发生泄漏时,远程控制关闭阀门。

(3)使用绝热设备。

2. 低温下使用呼吸装置的建议

(1)使用带鼻罩的合适面具。

(2)如果可能,避免在低温下保存或预冷呼吸装置。

(3)尽可能使用适于在低温下操作的特殊部件。

(4)更加紧密的阀门密封和螺纹连接对阻止高压泄漏是有必要的。

(5)不能将低温阀门密闭和螺纹连接拧得过紧。这样可以避免这些部件在室温下被损坏。

(6)在呼出阀暴露在低温之前,需要保持阀门干燥,以避免阀门在低温下冻结而停止工作。

(7)由于温度下降而导致气瓶压力下降时,不要在装满气体的气瓶加进额外的空气。

(8)在危险的环境中,使用呼吸装置之前务必检查它们在低温下的工作状态是否正常。

(9)进入有毒的环境中时要保持警惕。如果发现异常情况,请立即返回到有新鲜空气的环境中并找到引起异常情况的原因。

(10)使用呼吸装置的人员必须经过全面的训练,他们必须了解这些呼吸装置的作用、性能以及局限性。

四、典型的防火安全计划

和预防火灾一样重要,进行火灾培训也很有必要。

1. 一般防火措施

(1)不要在动火的地方附近放任何易燃的东西。

(2)当临时用火时,请获得许可。

(3)动火时准备好灭火器和水。

(4)用完火后要清理干净。

(5)定期更换或安装灭火器或消火栓。

(6)如果电线外壳损坏,应立即修理或更换。

(7)为防止电线设备老化引起火灾,应检查或更换。

(8)要经常执行上述预防火灾的措施。

2. 防火安全计划

(1)职责分配

船长是船舶火灾和爆炸紧急情况应急反应的总指挥,负责发布命令;大副、轮机长分别是甲板部、轮机部的现场指挥,负责执行船长命令;各职船员服从命令,听从指挥,按应急部署投入应急反应。

(2)自救行动

任何人发现火灾后,应立即大声呼喊和按动火警报警按钮,值班驾驶员或轮机员在组织前期施救的同时派人员向船长报告,船长接报后,即发出全船火警信号。全体船员按部署进行自救行动。除因发电机本身起火或必须停止发电机外,切不可盲目停止发电机,如电气设备失火,则应先关闭该路电源。

(3)探火

灭火人员在大副(机舱为轮机长)的指挥下,迅速查明火源,掌握燃烧物种类、火烧面积、火势蔓延方向等。

(4)货物火灾

①应立即检查确认货物系统各阀门是否处于关闭状态(切断气源);

②迅速启动消防泵喷雾水枪、喷淋泵,对货物区域进行冷却降温、有效保护和灭火,切断以通向着火燃烧部位附近输电线的电源;

③启动大型泡沫灭火系统/干粉灭火系统;

④用消防水冷却毗邻的货物区域;

⑤发生在非货物区域的火灾,为安全起见,最好开启喷淋水和水雾系统对货物区域进行保护。

(5)甲板区域火灾

甲板区域火灾的特点是向上部和水平方向蔓延很快,应立即切断燃烧源,隔离易燃物,确认货物系统各阀门是否处于关闭状况(切断气源);开启消防水,用强大水流进行灭火,如果火灾威胁到货物区域,应同时启动大型泡沫灭火系统/干粉灭火系统;并采取和货物火灾相同的措施。

(6)机舱火灾

①初期阶段:刚开始燃烧面积不大,发现人员应先用手提式灭火器施救,其他人员迅速启动消防泵用雾状水枪灭火。

②发展阶段:当火势无法控制时,可做好封舱准备;撤离人员,尽快关闭通风机、舱门、天棚舱和烟囱百叶窗;关闭燃油速闭阀,同时启动应急发电机和应急消防泵;封舱灭火;冷却保护;附加灭火,如二氧化碳进舱 2 h 后,经火场侦察,舱内仍有火焰时,可用手提灭火器补充扑救。

(7)室内火灾

①发现失火时可用毯子、水、灭火器或类似就近的工具灭火;

②如不能立即灭火,必须迅速将门窗、通风口及其开口关闭,以免火势扩大,但不要把门锁上。

(8)其他

①如有人在火场受威胁,应立即采取抢救措施,如确定火场无人,应关闭通风口和其他开口,停止通风并切断火场电源,控制火势。

②在港外或航行时,应注意操纵船舶使火区处于下风方向,并按规定显示号灯、号型。

③船长应根据具体情况决定灭火方案,并对是否可能引起爆炸做出判断。

④消防人员应根据应变部署表的分工和船长的指示全力扑救。

⑤如火势严重,有外援帮助救火时,应提供防火控制图,详细介绍火场情况,并予以配合。

⑥如采用封闭窒息法灭火时,应发布警报确认该处所人员已撤离。

⑦施放大型灭火剂后,要保持连续观察。

⑧必须经相当长时间,并组织足够的消防力量做好扑灭再燃的准备,才能逐步打开封闭设施,再视情况缓慢予以通风。

⑨迅速将情况报告公司和附近的主管当局。

第六节 船舶监视、控制和安全体系

为保证燃料使用安全，避免船员和其他作业人员人命安全和船舶安全，本节主要介绍监测与控制要求、安全系统两方面内容。

船舶主要监控系统如图 2-57 所示。

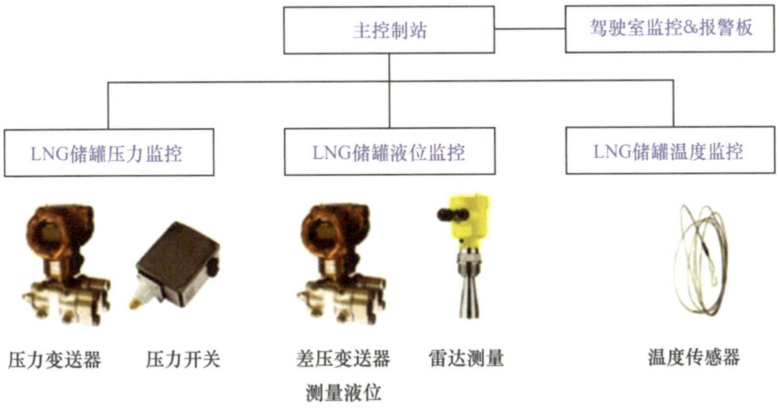

图 2-57 船舶主要监控系统

一、监测与控制要求

1. 燃料舱

燃料舱需要进行液位测量、溢流监控、压力监测、温度监测。

2. 加注

从一个远离加注站的安全位置对加注进行控制。加注管路的双壁管（如设有）通风失效时，应在加注控制位置发出听觉和视觉警报。加注管路的双壁管（如设有）内探测到燃料泄漏，应在加注控制位置发出听觉和视觉警报，并自动切断燃料加注。

3. 气体压缩机

应在驾驶室和机舱集控室设有气体燃料压缩机的听觉和视觉警报。警报项目应至少包括进气压力低、排气压力低、排气压力高和压缩机运行故障。应对舱壁轴填料函和轴承进行温度监控，并在驾驶室或连续有人值班的集中控制站发出连续的听觉和视觉警报。

4. 燃料泵

应在驾驶室、机舱集控室和燃料准备间设有燃料泵的听觉和视觉警报。警报项目应至少包括燃料出口压力低和燃料泵运行故障。

5. 热交换器

应对热交换器传热介质温度和循环流量进行监测，当传热介质实际温度低于设计允许值时应提供低温警报。当传热介质停止循环时应自动关闭相应燃料舱主阀并停止燃料泵运行，以避免传热介质结冰。应对热交换器出口被加热介质温度进行监测，并提供低温警报。当热交换器出口被加热介质温度过低时，应自动切断向热交换器供应燃料的管路上的截止阀。

6. 发动机

除满足《SOLAS 公约》第Ⅱ-1 章 C 部分和 CCS《钢质海船入级规范》(国际航行船舶)或《钢质海船入级规范》和《钢质内河船舶建造规范》(国内航行船舶)对柴油机监控系统的要求外,还应在驾驶室、机舱集控室和机旁设置指示器,以指示发动机运行状态(对单一燃料发动机)、发动机运行状态和运行模式(对双燃料发动机)。

7. 通风监测

当通风能力受到任何影响时,应在驾驶室或连续有人值班的机舱集控室或船舶安全中心发出听觉和视觉报警。对于燃料舱接头处所、燃料准备间和双壁管(通风管道),其内部通风失效时应触发安全系统。

二、安全系统

船用 LNG 燃料供气系统的安全系统主要包括:惰性气体系统、可燃气体探测装置、透气系统、应急切断系统、供气控制系统。

1. 惰性气体系统

惰性气体系统是向装有燃料的舱室、容器或管路输送惰性气体,降低这些处所的环境大气含氧量。使用 LNG 燃料船主要采用的是氮气系统,其功能是对 LNG 储罐及管系系统进行惰化以及在充装结束后对管线进行吹扫。气源标准为氮气,压力一般为 0.3~1.4 MPa。

存放氮气发生器及氮气储罐的舱室,应设置 1 个独立的机械抽吸式通风系统,每小时换气次数不少于 6 次,且应设置 1 个低氧报警装置。氮气管路应仅通过通风良好的处所,围蔽处所内的氮气管路应为全焊接连接,仅具有安装阀所必需的最少法兰接头,且要尽可能短,氮气系统如图 2-58 所示。

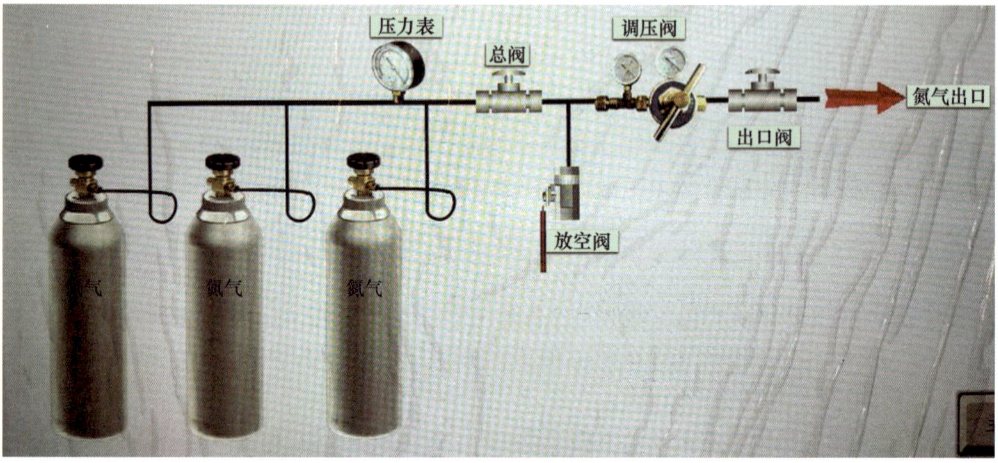

图 2-58　氮气系统

2. 可燃气体探测装置

船上可燃气体探测装置应同时包括固定式气体探测器和便携式气体探测器。对于含有液态或气态天然气管路的处所应设置可燃气体探测装置和报警系统,包括所需的探头和控制柜。控制柜安装在机舱集控室,探头安装位置如下:

(1)加注站;

(2)通风系统；

(3)缓冲罐和主供气阀；

(4)水/乙二醇膨胀罐；

(5)其他位置。

每个处所内气体探测装置的数量应考虑该处所的大小、布置和通风情况等。探头如图 2-59 所示。

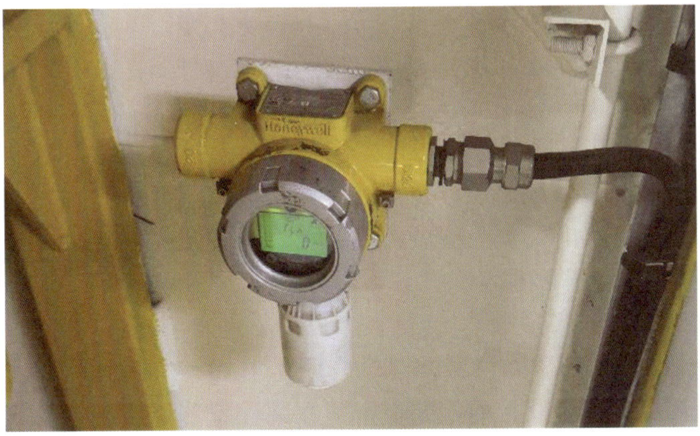

图 2-59 探头

可燃气体浓度达到爆炸下限(LEL)的 20%时，应触发声光报警；两个探测器探测可燃气体浓度达到爆炸下限的 40%时，应激活安全保护系统。此时，应急切断功能激活，主供气阀自动关闭，LNG 泵马上停机。气体探测系统提供两个硬线和一路 RS485 信号给供气控制系统。

对于机舱内气体管路环围的通风导管，报警极限可设定在 30%；两个探测器探测到可燃气体浓度达到 60%时，应触发安全系统，此时燃气主阀应能自动关闭，且该燃气主阀不但可以就地操作，还能够在驾驶室、监视室、主甲板上加注站控制台等区域遥控关闭。

3. 透气系统

存储气体的燃料罐舱室和穿过船上围蔽处所的气体管路双壁管外管，应设有有效的负压式机械通风系统，通风能力应满足至少每小时换气 30 次，通风系统不应存在死角。防火阀布置在每个 TCS 的入口和出口。每个通风系统配备两个风扇，风扇由电动机驱动，自动控制，并配置风压开关，电动机符合防爆要求。风机数量和功率应能确保当独立线路供电的一台风机或共用线路供电的一组风机停止运转时，通风能力的降低不会超过总通风能力的 50%。

4. 应急切断系统

应急切断系统：系指当出现了重大事故时，需要立即执行无延迟的关闭动力装置运行、切断燃料供应及非防爆电气设备供电等安全操作，以避免对周围环境和人员造成损害。应急切断系统是根据《IGF 规则》和船级社要求设计的。其目的是在出现一些安全相关的故障时，保护气罐和供气系统。应急切断系统将启动各 ESD 阀的紧急位置(故障安全)，并停止供气系统。

其包含：

(1)应急切断按钮；

（2）加注站 ESD 连接设备；

（3）ESD 阀关闭系统。

船舶应在下述位置（如适用）布置能进行手动遥控紧急切断的装置，用于切断压缩机、泵和燃料供应阀：

（1）驾驶室；

（2）货物控制室；

（3）船舶安全中心；

（4）机舱集控室；

（5）消防控制站；

（6）燃料准备间出口附近。

对于压缩机还应布置就地手动紧急切断装置。

另外，安全系统的气体探测器、温度传感器、压力传感器、液位指示器和燃料安全系统使用的其他设备，应处于正常的操作状态。

5. 其他要求

（1）当发生燃油加注安全监控和燃油供应安全监控有关故障时，应按规定采取相应的安全措施。燃油加注安全监控的报警应布置在驾驶室和加注控制位置；燃油供应安全监控的报警应布置在驾驶室或连续有人值班的集控室或船舶安全中心。

（2）如果燃料供应由于自动截止阀动作而切断，则在查明切断原因并采取必要的预防措施之后方可重新恢复燃料供应。为此，应在燃料供应管路截止阀的控制位置张贴明显的指示牌。

（3）如果燃料供应由于燃料泄漏而切断时，应在查明泄漏源并进行处理后方可重新恢复燃料供应。为此，应在机器处所和燃料供应控制的位置张贴明显的指示牌。

（4）在含有低闪点燃料发动机的机器处所内，应永久张贴一个警示牌或告示板，示明：发动机在低闪点燃料模式下运行时，不应进行可能对燃料管路造成危险和损伤的起重作业。

（5）对于单一燃料系统，当所要求的通风失效或惰性气体失压时，还应有以下措施：

①对于多机舱的电力推进系统，应启动另一台发动机。当第二台发动机与汇流排连接时，第一台发动机应自动关闭。

②对于多机舱的直接推进系统，如果采用手动停车后仍有至少 40% 的有效推进功率和正常的电力供应以用于航行，则通风失效的机器处所内的发动机应手动停车。

③对于单一机舱，当燃料供应管路双壁管的通风失效或惰性气体失压时，若另一燃料供应管路已准备好，则该燃料供应管路上的主燃料阀和双截止透气阀应自动关闭。

第三章
燃料危害及预防

使用气体和低闪点燃料作为动力的船舶，由于动力燃料的特殊性，对船舶造成了新的安全风险，本章主要介绍燃料危害产生和船上危害及预防控制两部分内容。

第一节 燃料危害产生

各种燃料由于特性不同，在使用过程中存在不同危害，本节主要介绍 LNG 燃料、LPG 燃料、甲醇燃料、氨燃料和氢燃料等燃料的主要危害。

一、LNG 燃料

1. 危险性主要来源

LNG 潜在的危险性来自其三个重要特点：

(1) LNG 温度极低，其沸点在大气压力下约为 -162 ℃；

(2) 1 个单位体积的 LNG 完全汽化可以转变为约 600 个单位体积的气体；

(3) 类似于其他气烃类化合物，天然气是存在爆炸极限的。在常压环境下，其在空气中的含量占 5%～15% 的情况下遇明火会发生爆炸。

熟悉和理解 LNG 的基本特性和基本性质，有利于正确认识来自 LNG 的危险，进行正确、适当的人身安全防护。

2. 主要危险

(1) LNG 的泄漏

由于低温操作，金属部件会出现明显的收缩，在管道系统的任何部位尤其是焊缝，阀门、法兰、罐件、密封及裂缝处都可能出现泄漏和沸腾汽化，如不及时封闭这些蒸气，它就会逐渐上浮，且扩散较远，容易遇到潜在的火源，十分危险。

措施：可以采用围堰和天然屏障对比空气重的低温蒸气进行拦截。

(2)溢出和扩散

LNG 倾倒至地面时,最初会猛烈沸腾汽化,然后汽化率将迅速衰弱至一个固定值,汽化气体沿地面形成一个层流,从环境中吸收热量逐渐上升和扩散,同时,将周围的环境空气冷却至露点以下,形成一个可见的云团,可作为汽化气体移动方向的指南,也可作为气体空气混合物可燃性的指示。

(3)着火和爆炸

LNG 具有天然气的易燃、易爆特性,其体积约占 5%~15%时就可引燃和爆炸。

(4)低温灼伤与冻伤

从 LNG 泄漏出的气体非常冷,LNG 如果接触皮肤表面,会造成类似烧伤的起疱及灼伤。直接接触时,皮肤表面的潮气会凝结,并粘在低温物体表面上。皮肤及皮肤以下组织冻结,很容易撕裂,并留下伤口。如果短时间接触这种气体,是不会对人的面部、手等皮肤造成危害的,但对像眼睛一类脆弱的部位很可能会造成伤害。

(5)低温麻醉

在低于 10 ℃下待久后,就会有低温麻醉的危险产生,随着体温下降,生理功能和智力活动下降,心脏功能衰竭,进一步下降会致人死亡。

(6)窒息

虽然 LNG 蒸气没有毒,但其中的氧含量较低,容易使人窒息。呼吸 LNG 低温蒸气有损健康,如果吸入纯净 LNG 蒸气而不迅速脱离,短时间内导致呼吸困难,时间一长,就会失去知觉,几分钟后人便会死亡。需要注意的是,当空气中的氧含量逐渐降低时,操作人员是不会有感觉的。

(7)冷爆炸

在 LNG 泄漏遇到水情况下(例如集液池中的雨水),水与 LNG 之间存在非常高的热传递速率,LNG 将剧烈地沸腾并伴随有大的响声和喷出水雾,导致 LNG 蒸气爆炸。这个现象类似水落在一块烧红的钢板上发生的情况,可使水立即汽化。

(8)火灾

LNG 蒸气遇到火源着火后,火焰会扩散到氧气所及的地方。游离云团中的天然气处于低速燃烧状态,云团内形成的压力低于 5 kPa,一般不会造成很大的爆炸危害。燃烧的蒸气会阻止蒸气云团的进一步形成,然后形成稳定燃烧。

充分了解和掌握 LNG 的危险性,有利于我们更好地进行自身的安全防护。

二、LPG 燃料

LPG 燃料的主要危险性:

1. 与空气混合能形成爆炸性混合物,遇明火、高热极易燃烧爆炸。

2. 与氧化剂接触发生剧烈的化学反应。

3. 其蒸气比空气重,能在较低处扩散到相当远的地方。遇到明火会引着回燃,若遇高热,容器内压增大,有开裂和爆炸的危险。

三、甲醇燃料

甲醇燃料的主要危险性：

1. 甲醇属于甲类火灾危险性物质，存储不好或发生泄漏都可能发生燃烧、爆炸。气态甲醇与空气混合能形成爆炸性混合气体，一旦遇有明火、高温或静电火花，就有爆炸、燃烧的危险。

2. 健康危害。甲醇的闪点相对较低，与皮肤接触、吸入或摄入后对人体有毒性，其挥发物密度比空气大。工业酒精中大约含有4%的甲醇，若被不法分子当作食用酒精制作假酒，饮用后，会产生甲醇中毒。甲醇的致命剂量大约是70 mL。甲醇的毒性对人体的神经系统和血液系统影响最大，它经消化道、呼吸道或皮肤摄入都会产生毒性反应，甲醇蒸气能损害人的呼吸道黏膜和视力。

四、氨燃料

氨燃料的主要危险性：

1. 易燃气体；

2. 含冷冻液化气体，可引起冻伤；

3. 引起严重的皮肤灼伤和眼睛损伤；

4. 对水生生物毒性非常大；

5. 吸入会中毒。

氨燃料对人体的影响有：

根据氨的特性，氨在空气中的浓度对人体的影响如表3-1所示。

表 3-1　氨在空气中的浓度对人体的影响

氨在空气中的浓度/($\mu L \cdot L^{-1}$)	对人体的影响
20~50	有气味，易于监测
50~100	长时间接触不会损害健康
400~700	严重刺激眼睛、耳朵、鼻子和喉咙，短期暴露无持久性影响
2 000~3 000	危险，暴露半小时内可能致命
5 000~10 000	严重水肿，导致窒息、致命

五、氢燃料

氢燃料的主要危险性：

1. 因为氢气的独特特性：氢是所有原子中最轻的一种，加大了容纳难度，而且会使那些可安全用于天然气的材料发生脆化。例如，氢气需要特定类型的钢材和焊接接头，而不仅仅是配件。氢气也比天然气易燃，其可燃范围更大。

2. 氢气的易燃、易爆以及液氢的低温、氢化等特性，使液氢在使用过程中也面临许多风险。

3. 液氢的加注和汽化也面临泄漏、冻伤、火灾爆炸等危险。

第二节 船上危害及预防控制

由于低闪点燃料使用过程中的风险，需要进一步认清对船员、船舶的危害，并采取相关预防措施予以防范。本节主要介绍船上基本危害、预防控制、燃油安全资料表三方面内容。

一、基本危害

1. 危害警告

危害警告如表3-2所示。

表3-2 危害警告

警告种类	警告的含义
⚠ DANGER	表示处于一种紧急（紧迫）的危险情形，如果处理不当，将导致死亡、严重伤害、严重财产损失或环境破坏
⚠ WARNING	表示危险情形，如果处理不当，可能导致死亡、严重受伤、严重财产损失或环境破坏
⚠ CAUTION	表示一种潜在的危险情形，如果处理不当，可能导致轻度或中度伤害、财产损失或环境破坏
NOTICE	表示要强调重要或有帮助的信息

2. 基本危害内容

（1）健康危害

①缺氧窒息。呼吸LNG低温蒸气有损健康，短时间内，导致呼吸困难，时间一长，就会产生严重的后果。虽然LNG蒸气本身没有毒，但其中的氧含量低，如果大量LNG蒸气泄漏在空气中，容易使人缺氧窒息。如果人吸入纯净的LNG蒸气而不迅速脱离，很快就会失去知觉，几分钟后便会死亡。

②低温麻醉。对明显受到低温影响的人,应迅速将其从寒冷地带转移并用热水洗浴的方式使其体温恢复,不应用干热的方法提升体温。

(2)环境污染

LNG 中的主要成分甲烷是大气中一种温室效应气体,对大气层中的臭氧有破坏作用。

(3)反应性和腐蚀性危害

液化石油气对容器有腐蚀性。由于液化石油气中含有一定数量的硫化物,硫化物能同容器内壁表面的铁原子发生化学作用,生成硫化亚铁,附着于容器内表面,对容器有腐蚀作用。其腐蚀作用可以不断地使容器壁变薄,降低容器的耐压强度,导致容器形成贯穿性缺陷而引起爆炸;同时生成的硫化亚铁粉末,会沉积在容器底部。这种粉末如随残液倒出,或使空气大量进入排空液体容器内,能与空气中的氧气发生氧化反应,放热而发生自燃。

(4)易燃、燃烧和爆炸危险

液化天然气发生泄漏后会立即蒸发,最初液化天然气比空气重,在地面形成一个流动层,随着时间的推移,逐渐地吸收热量,当温度上升到-110 ℃时,蒸气与空气的混合物在温度上升过程中形成一个比空气轻的云团。同时,由于 LNG 温度很低,其周围大气中的水蒸气冷凝成雾团,然后 LNG 再进一步跟空气混合。这个混合气的蒸气云一旦遇到火源就很容易起火爆炸,并且迅速向蒸发的液池回火燃烧。

(5)火源

对于可燃气体空气混合物来说,潜在火源包括明焰、明火、点燃的香烟、电器火花、撞击产生火花或热量、焊接或打磨火花、正常使用手机产生的火花等,还包括静电、热表面、马达和发动机。LNG 被点燃后,火焰会回烧到泄漏点,导致人员严重的伤害。

(6)静电危害

液体或气体在高速下泵送时能产生静电。非传导的液体(静电聚积)、乳状液体、二氧化碳和蒸气通常是静电产生源。静电的产生随流速而增加。如果货物连接软管或硬臂在船舶和码头结构之间提供了一个电的通路,当安装或断开船岸之间的货物连接时,会产生电火花。在船舶装卸纵管至岸上连接中要使用绝缘法兰。

(7)有毒性危害

毒性释放源:通常指压力释放阀、危险区域通风出口、加注站和其他由集液盘保护的潜在释放源。毒性区域如下:

①距离燃料舱透气桅出口 B 或 25 m(取其小者)的区域;

②距离任何燃料舱出口,气体或蒸气出口,其他燃料阀、燃料管法兰、发动机曲轴箱通风出口(奥托循环)和 1 类危险区域通风出口 10 m 以内的开敞甲板上的区域或甲板上的半围蔽处所;

③距离开敞甲板上的包括加注总管阀门的围板 10 m 的区域;

④距离燃料准备间入口、燃料准备间通风进口以及通向 1 类危险区域处所的其他开口 10 m 以内的开敞甲板上的区域或甲板上的半围蔽处所。

天然气无毒。然而,如果天然气置换了受限空间内的空气就有窒息的危险。

(8)蒸气泄漏和积聚

如液化石油气极易汽化,气体又比空气重,因而一旦泄漏,就会迅速在地面、空间与空气混合形成大面积的爆炸性气体,一旦遇到极微小的火花,就可以形成爆炸。

(9)极低的温度

①灼伤。LNG 如果接触皮肤表面,会造成类似烧伤的起疱及灼伤,从 LNG 泄漏出的气体也非常冷,并能造成灼伤。

②冻伤。由于 LNG 是-162 ℃的深冷液体,皮肤直接与低温物体表面接触会造成严重的冻伤。直接接触时,皮肤表面的潮气会凝结,并粘在低温物体表面上。皮肤及皮肤以下组织冻结,很容易撕裂,并留下伤口。

(10)高压危害

LNG 作为一种低温液体,产生了对管道、容器和设备(如果被隔离,例如:使用阀门隔离)过压的潜在可能。LNG 的温度将开始升高。温度越高,压力就越大,因为 LNG 的密度在下降。若有蒸气存在就会减缓压力的上升,因为蒸气能被压缩。然而,充液系统可以使压力很快上升。

(11)LNG 泄漏危害

由于低温操作,金属部件会出现明显的收缩,在管道系统的任何部位尤其是焊缝、阀门、法兰、罐件、密封及裂缝处都可能出现泄漏和沸腾汽化,如不及时封闭这些蒸气,它就会逐渐上浮,且扩散较远,容易遇到潜在的火源,十分危险。

二、预防控制

1. 清空、惰化、干燥

燃油舱一般用氮气进行置换,并用岸上供给的或船上惰性气体发生器产生的氮气进行惰化,同时进行干燥作业。

惰性气体系统是防止爆炸保护船舶安全的关键系统。也就是说,惰性气体系统对于经常运载危险货物的船舶至关重要,尤其是易爆或易燃的高危货物。惰性气体可以通过单独的惰性气体装置或船舶锅炉产生的废气生成。

2. 防静电措施

(1)加强船员培训,普及静电的危害,增强船员防静电意识。

(2)开始装货时,为防止产生静电,应慢速进行(流速不超过 1 m/s),并应密切监视液货舱内的液位、压力和温度的变化,当确认一切正常后,逐渐加速至正常速度。

(3)船员穿好防静电服、防静电鞋。

(4)船员出生活区去甲板,首先消除人体静电。

(5)非经船长许可,谢绝任何客人登轮参观。

(6)访船人员在舷梯口处首先消除静电,才能上船。

3. 通风

设备关闭后室内的 LNG 蒸气泄漏,通风和清除火源是最基本的措施。LNG 设施中,排风扇一般应持续开启,以把 LNG 蒸气排出(如果有泄漏),避免和潜在的火源接触。在导出 LNG 蒸气的作用之外,排风扇也加大了蒸气和周围空气的混合,加快了蒸气的升温和消散。在密闭空间内,如果使用二氧化碳灭火系统,在灭火系统启动期间,排风扇应被自动切断,以免把二氧化碳灭火剂吹散。

为了防止燃料气体进入起居处所、服务处所、控制站和其他非危险处所,上述处所的空气进口/出口或开口的位置应尽量避开毒性区域。

4. 分隔

每个惰化的区域应被分隔布置。每个燃料舱的惰化进气管路应设置隔离装置。隔离装置应位于进入燃料舱的人员易于发现的位置。

5. 抑制

在气体货物中使用的一些抑制剂可能有毒,进行这些经抑制的货物操作或对抑制剂进行操作时,必须采取预防措施。

6. 防火防爆

当 LNG 溢出或检测到溢出之后,启用消防控制设施。使用高倍数低密度的泡沫,能有效降低 LNG 的蒸发速度、减小扩散范围。可燃 LNG 蒸气与空气混合气控制失当,会导致火灾或火势蔓延。消防控制设施除灭火器外,还有用适当的介质来吸收热量,通常使用水。

7. 大气控制

国际海事组织(IMO)于 2008 年 10 月对《MARPOL 公约》附则Ⅵ中关于船舶的废气排放提出了更苛刻的要求。对于 NO_x 排放的限制,附则要求 2016 年在排放控制区域的英吉利海峡、英国北海、波罗的海、地中海、美国东西海岸以及澳大利亚沿海等区域满足 IMO TIER Ⅲ排放标准。对 SO_x 排放的限制,附则Ⅵ要求,2020 年 1 月 1 日及以后,一般航区船舶使用的含硫量不超过 0.5%;排放控制区内航行时不超过 0.1%。

我国交通运输部在《船舶与港口污染防治专项行动实施方案(2015—2020 年)》中提出,与 2015 年相比,长三角、珠三角及环渤海水域船舶到 2020 年的 NO_x 应减少 20%、SO_x 应减少 65%、颗粒物排放量应减少 30%。为了满足最新排放要求,采用高效、安全、清洁和方便的天然气作为发动机的能源是最优选择。

8. 气体测试

液化天然气检测系统在天然气达到 20%的临界范围时能够启动警报。探测器还可以被设置提示更低的探测报警范围。区域内安装探测器的活动一定程度上决定了气体探测器的敏感度。在正常操作下,按活动区域和相应的探测器敏感度通常情况可以将区域分为以下几种:

(1)从来没有可探测气体的区域:探测器在这个区域应十分敏感,当探测到微量气体时就会发出警报。类似的区域可以是液化天然气装置区域中的办公室。

(2)可能存在可探测气体的区域:这个区域的探测器在低浓度下会发出警报(最低可燃极限的 10%~20%)。这种类似的区域可能是交通工具中的客厢。

(3)极有可能存在可燃气体的区域:在这些区域里的探测器应对气体的危险层次警觉(如最低可燃极限的 10%~20%),装置有自动关停系统。或者,探测器设定为响铃一段时间(如:30 s)后启动自动关停系统,或响铃警示工作人员采取行动。这种区域包括压缩机和燃气轮机房,LNG 运输工具补给口岸和发动机间。

气体探测器的安装位置,对潜在的危险气体及危害程度提供及时的警报至关重要。

9. 防低温损伤

(1)如果工作有可能接触冰冷蒸气、液体、酸性或腐蚀性液体

必须戴面罩或连着头部的面罩。选择眼镜和面罩的时候,应注意材料在接触低温液体时不会发生损坏或碎裂。使用面罩时,应注意防止较轻天然气蒸气进入面罩而导致窒息。除了保护眼睛和面部外,还要注意保护头部和颈部的暴露部分。

(2)发生 LNG 泄漏后(未被点燃)行动

任何需要进入的应急人员需穿防护服和戴呼吸保护装备,包括:消防员的防护服、安全帽、面罩、手套、靴子与空气袋。这些防护装备(如服装的绝缘效果)可以在短时间内保护人员不受低温蒸气云的伤害。人员如果没有充分保护好,绝对不可进入有 LNG 泄漏的水面或其他泄漏区。对于蒸气云来说,只有隔离火种,并且是在情况十分危急需要采取紧急措施的时候,人员方可进入。

(3)如发生冻伤时

如有 LNG 附着在皮肤表面,可用加热的方法使皮肉解冻,然后再揭开。这时候如用力将皮肤从低温表面撕开,将造成这部分皮肤撕裂,当戴湿手套工作时应特别注意。低温液体黏度较低,它们会比其他液体(如水)更快地渗进纺织物或其他多孔的衣料里去。在处理与低温液体或蒸气相接触或接触过的任何东西时,都应戴上无吸收性的手套(PVC 或皮革制造),手套应宽松,这样如发生液体溅到手套上或渗入手套里面时,就可容易地将手套脱下。如有可能发生激烈的喷射或飞溅,应使用面罩或护目镜保护眼睛。

如发生冻伤时,应该用大量温水(41~46 ℃)冲洗皮肤冻伤处,不可使用干燥加热的方法,应将伤员移至温暖的地方(约 22 ℃)。如果不能得到及时救治,应立即将伤者送至医院。

三、燃油安全资料表

燃油安全资料表是化学品生产或销售企业按法律要求向客户提供的有关化学品特征的一份综合性法律文件。它提供化学品的理化参数、燃爆性能、对健康的危害、安全使用贮存、泄漏处置、急救措施以及有关的法律法规等十六项内容。

第四章 职业健康和安全防范措施

船舶工作的职业健康和安全防范措施是涉及船员利益的重要内容,也是有效保障国际劳工组织《2006 年国际海事公约》落实的重要内容。本章主要介绍职业健康、气体探测及测量仪器、特殊安全设备和防护装备的合理运用、安全工作准则和程序四部分内容。

第一节 职业健康

职业健康是研究并预防因工作导致的疾病,防止原有疾病的恶化。其主要表现为工作中因环境及接触有害因素引起人体生理机能的变化。本节主要介绍职业健康定义、影响因素和《中华人民共和国职业病防治法》三方面内容。

一、定义

1950 年,由国际劳工组织和世界卫生组织的联合职业委员会给出的定义是:职业健康应以促进并维持各行业职工的生理、心理及社交处在最好状态为目的;并防止职工的健康受工作环境影响;保护职工不受健康危害因素伤害;并将职工安排在适合他们的生理和心理的工作环境中。

二、影响因素

1. 化学因素

煤气(主要成分有一氧化碳、甲烷和氢气等)	与血红蛋白结合而造成组织缺氧,导致急性中毒,对人体伤害极大
天然气	有麻醉作用,导致神经功能紊乱,表现为急性中毒与慢性危害
氮气	空气中氮气含量过高,使吸入氧气分压下降,引起缺氧窒息

2. 物理因素

空气质量	在船舶内部空气质量差的环境里，人员会产生皮肤过敏、喉咙痛、呼吸道发干、头晕、易疲劳等症状
	船舶外部空气污染可使易感人群症状轻度加剧，使心脏病和肺病患者症状显著加剧、运动耐受力降低，并出现严重症状

3. 环境危害因素

环境危害因素	工业废料	润滑油：急性吸入可出现头晕、恶心，引起油脂性肺炎，或接触性皮炎
	排放物	生活废水、设备热量等产生危害因素并污染环境、威胁人体健康

三、《中华人民共和国职业病防治法》

1. 目的和内容

为了预防、控制和消除职业病危害，防治职业病，保护劳动者健康及其相关权益，促进经济社会发展，根据《中华人民共和国宪法》制定。职业病防治工作坚持预防为主、防治结合的方针，建立用人单位负责、行政机关监管、行业自律、职工参与和社会监督的机制，实行分类管理、综合治理。

《中华人民共和国职业病防治法》有总则、前期预防、劳动过程中的防护与管理、职业病诊断与职业病病人保障、监督检查、法律责任和附则共 7 章 88 条。2001 年 10 月 27 日，第九届全国人民代表大会常务委员会第二十四次会议通过，2018 年 12 月 29 日，第十三届全国人民代表大会常务委员会第七次会议第四次修改。

2. 劳动者权利

劳动者依法享有职业卫生保护的权利，享有下列职业卫生保护权利：

(1)获得职业卫生教育、培训；

(2)获得职业健康检查、职业病诊疗、康复等职业病防治服务；

(3)了解工作场所产生或者可能产生的职业病危害因素、危害后果和应当采取的职业病防护措施；

(4)要求用人单位提供符合防治职业病要求的职业病防护设施和个人使用的职业病防护用品，改善工作条件；

(5)对违反职业病防治法律、法规以及危及生命健康的行为提出批评、检举和控告；

(6)拒绝违章指挥和强令进行没有职业病防护措施的作业；

(7)参与用人单位职业卫生工作的民主管理，对职业病防治工作提出意见和建议。

3. 对用人单位要求

(1)用人单位应当为劳动者创造符合国家职业卫生标准和卫生要求的工作环境和条件，并为劳动者提供个人使用的职业病防护用品。

(2)产生职业病危害的用人单位,应当在醒目位置设置公告栏,公布有关职业病防治的规章制度、操作规程、职业病危害事故应急救援措施和工作场所职业病危害因素检测结果。

(3)对产生严重职业病危害的作业岗位,应当在其醒目位置,设置警示标志和中文警示说明。警示说明应当载明产生职业病危害的种类、后果、预防以及应急救治措施等内容。

(4)对可能发生急性职业损伤的有毒、有害工作场所,用人单位应当设置报警装置,配置现场急救用品、冲洗设备、应急撤离通道和必要的泄险区。

(5)对职业病防护设备、应急救援设施和个人使用的职业病防护用品,用人单位应当进行经常性的维护、检修,定期检测其性能和效果,确保其处于正常状态,不得擅自拆除或者停止使用。

4. 工会组织维权权利

(1)工会组织依法对职业病防治工作进行监督,维护劳动者的合法权益。

(2)工会组织对用人单位违反职业病防治法律、法规,侵犯劳动者合法权益的行为,有权要求纠正;产生严重职业病危害时,有权要求采取防护措施,或者向政府有关部门建议采取强制性措施;发生职业病危害事故时,有权参与事故调查处理;发现危及劳动者生命健康的情形时,有权向用人单位建议组织劳动者撤离危险现场,用人单位应当立即做出处理。

(3)用人单位制定或者修改有关职业病防治的规章制度,应当听取工会组织的意见。

第二节 气体探测及测量仪器

气体探测设备一般布置于燃料蒸气可能积聚处和/或通风出口处,且设备须按照公认标准设计、安装和测试,当燃料蒸气浓度达到30ppm(双壁管内为150ppm)时,听觉和视觉报警触发。当燃料蒸气浓度达到300ppm时,安全系统触发。气体探测设备分固定式、移动式两种。本节主要介绍固定式、移动式和其他气体探测设备三方面内容。

一、固定式燃料气体探测设备

1. 装设固定式气体探测器区域

(1)双壁管内外层管之间;

(2)压缩机舱和燃料准备舱内;

(3)燃料舱连接接头处所和毗邻燃料舱的隔离舱内;

(4)围绕燃料管道的所有导管;

(5)含燃料管道或其他无导管燃料设备的其他围蔽处所内;

(6)其他含燃气管道,燃气设备或电气设备的机器处所内;

(7)空气闸内;

(8)燃气加热回路膨胀柜内;

(9)围蔽/半围蔽加注站；

(10)氨专用污液存储舱/柜的透气管路内；

(11)含有潜在氨释放源处所的舱底水舱的透气管路内；

(12)可能积聚燃料蒸气的其他围蔽或半围蔽处所，包括屏壁间处所和除 C 型之外的独立燃料舱的燃料存储处所内；

(13)与燃料系统相关的发动机舱；和或，根据风险评估所需，起居和机器处所的通风进口。

除设置固定式气体探测系统外，在机舱/燃料准备间外还设有手动的燃料泄漏报警发送器。冗余瓦斯探测系统安装在每个应急切断保护机器处所。

2. 可燃气体探测器

可燃气体探测器是对单一或多种可燃气体浓度响应的探测器。可燃气体探测器主要用于测有毒、可燃气体两种类型，有毒气体探测器有催化燃烧式、半导体式；有毒气体探测器有电化学式、红外式、光离子式。当可燃气体进入探测器时，在铂丝表面引起氧化反应(无焰燃烧)，其产生的热量使铂丝的温度升高，而铂丝的电阻率便发生变化。红外光学型是利用红外传感器通过红外线光源的吸收原理来检测现场环境的碳氢类可燃气体。固定式和便携式气体探测装置分别如图 4-1、图 4-2 所示。

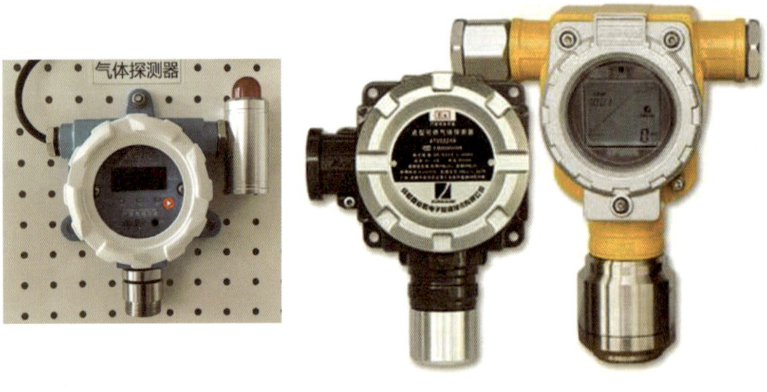

图 4-1　固定式气体探测装置

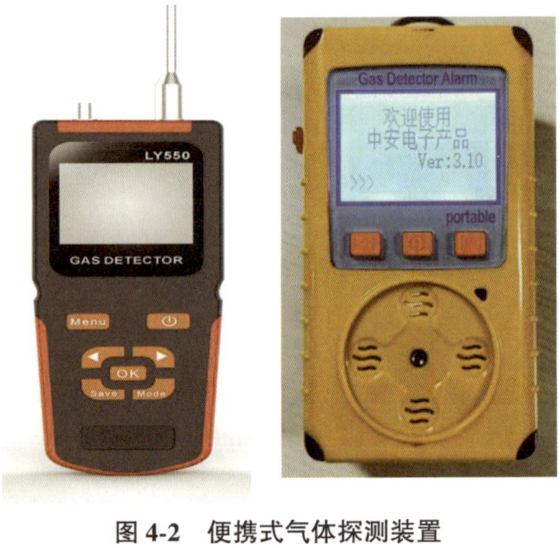

图 4-2　便携式气体探测装置

气体探测装置的听觉和视觉报警一般布置在驾驶室或连续有人值班的机舱集控室、船舶安全中心、加注控制位置以及本地。

3. 报警系统

(1)可燃气体浓度达到 20%LEL(最低爆炸性极限)时,应触发听觉和视觉报警。两个探测器探测可燃气体浓度达到 40%LEL 时,应触发安全系统。

(2)对于含燃气发动机的机器处所中有通风的管道或导管,其警报极限可设在最低爆炸性极限的 30%。两个探测器处达到最低爆炸性极限的 60%时,应触发安全系统。

二、移动式燃料气体探测设备

在使用移动式燃料气体探测器进行检测时应在货舱多个甲板开口及货舱深度位(上、中、下等位置)进行检查并注意检查死角和人员需要工作的地方。移动式燃料气体探测器根据燃料的不同特性和风险,主要有气体检测仪、测爆仪。

1. 船用系列气体检测仪

船用系列气体检测仪,综合了准确、灵巧的气体检测仪的优点和有限空间监测器所具有的安全、可靠性,广泛应用于船舶行业:如油船、液化天然气体船、液化石油气船、液体化学品船、渡船、货船等。仪器操作性、维护性更简便,可靠性高,工作性能更好。

2. 测爆仪

空气中可燃气体浓度达到其爆炸下限值时,可燃气环境爆炸危险度为百分之百,即 100%LEL。如果可燃气体含量只达到其爆炸下限的百分之十,可燃气环境爆炸危险度为 10%LEL;对环境空气中可燃气的监测,常常直接给出可燃气环境危险度,即该可燃气在空气中的含量与其爆炸下限的百分比来表示:[LEL%];所以,这种监测被称作“测爆”,所用的监测仪器也称为“测爆仪”。

三、其他气体探测设备

1. 静电检测仪

静电检测仪是一种非接触式手提静电场测试仪,用于简单的带电测定,静电发生场所特定的带电水平调查,静电应对的方案、效果的测定,维持管理等,如图 4-3 所示。

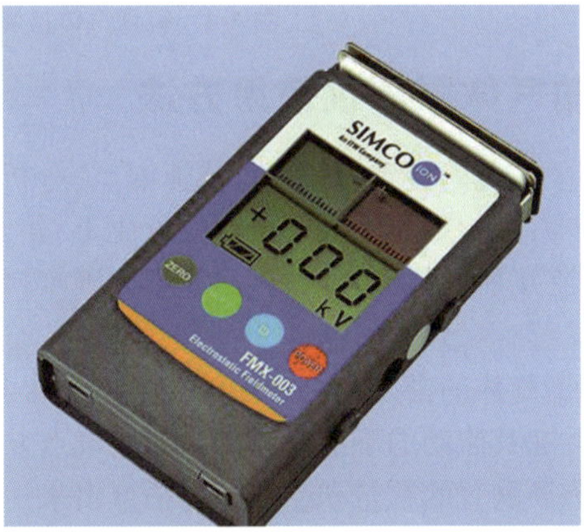

图 4-3 静电检测仪

(1)静电检测仪使用

操作人员穿防静电服可以减少人体静电对测量环境静电的影响。首先,进行仪器外观检查,仪表应外观干净和有无破损。之后,进行电池电量检查,开机显示 LOWBAT,则电池电量不足,需要更换。之后调零,如果开机后显示器显示的数字不是 0,需要将开关关闭,然后再向上推一点(1 mm 左右)。最后进行测量,测量时应由远及近,表头金属板式探头与被测物体距离 20 cm 时,读数乘以 2;表头金属板式探头与被测物体距离 10 cm 时,直接读数;最低显示静电电压值为±0.1 kV,如需检测更小的静电电压值,可将检测距离调整为 1 cm,读数乘以 0.3 即可。

(2)静电检测仪存放要点

在使用过程中不要触碰感应器,仪器不能受到强烈冲击、摇晃或跌落。测量结束关闭电源。将仪表放在室内,要求干燥通风、无毒气、无油气,有必要时放入防潮袋。

2. 有毒、有害气体检测设备

毒气是对生物体有害的气体的统称。毒气有自然界产生和人工制造两种。有些毒气内所含的物质能够附着于红细胞,令红细胞的载氧量减少,越多的毒气吸入,会使得红细胞的载氧量越低。吸入过量的毒气可以令人窒息,甚至死亡。

有毒、有害气体检测设备具有浓度报警与控制功能,当气体浓度超过国标允许的值时自动输出报警信号,有毒气体检测仪包含了电化式、催化燃烧式、红外式、半导体式、热传导、PID 光离子等技术。有毒气体检测仪如图 4-4 所示。

图 4-4　有毒气体检测仪

四、船舶气体探测仪使用方法

1. 弄清所要监测的装置有哪些可能泄漏点,分析它们的泄漏压力、方向等因素,并画出探头位置分布图,根据泄漏的严重程度分成Ⅰ、Ⅱ、Ⅲ三种等级。

2. 根据所在场所的气流方向、风向等具体因素,判断当发生大量泄漏时,可燃气体的泄漏方向。

3. 根据泄漏气体的密度(大于或小于空气),结合空气流动趋势,综合成泄漏的立体流动趋势图,并在其流动的下游位置做出初始设点方案。综合这些状况,拟定出最终设点方案。这样,需要购置的数量和品种即可估算出来。

4. 对于存在含量较大可燃气体泄漏的场所,根据有关规定每相距 10~20 m 应设一个检测点。对于无人值班的小型且不连续运转的泵房,需要注意发生可燃气体泄漏的可能性，一般应在下风口安装一台检测器。

5. 对于有氢气泄漏的场所，应将检测器安装在泄漏点上方平面。

6. 对于气体密度大于空气的介质，应将检测器安装在低于泄漏点的下方平面上，并注意周围环境特点。对于容易积聚可燃气体的场所应特别注意安全监测点的设定。

7. 对于开放式可燃气体扩散逸出环境，如果缺乏良好的通风条件，也很容易使某个部位的空气中的可燃气体含量接近或达到爆炸下限浓度，这些都是不可忽视的安全监测点。

第三节 特殊安全设备和防护装备的合理运用

本节主要介绍特殊安全设备配置要求、自给式正压空气呼吸器、防护服、氧气复苏器、营救和逃生设备五方面内容。

一、特殊安全设备配置要求

1. 进入封闭舱室安全设备要求

每套安全设备应提供足够的人员保护以允许进入充满气体的处所内工作。每整套安全设备应包括：一具自给式正压空气呼吸器（包含整个面罩），但不使用存储的氧气，其容量至少为 1 200 L 的自由空气；符合标准的保护服、长靴和手套；配有腰带的钢芯援救绳；防爆灯。

2. 呼吸器要求

空气呼吸器的工作时间一般为 30～360 min，根据呼吸器型号的不同，防护时间的最高限值有所不同。总的来说空气呼吸器的防护时间比氧气呼吸器稍短。

3. 保护设备

船上应为参与危险作业的船员配备适当的保护设备，如大围裙、带有长袖的特制手套、适用的鞋袜、用抗甲醇/乙醇等低燃料材料制成的连衣裤工作服等，至少配备两套适当的保护设备。

二、自给式正压空气呼吸器

1. 适用场合

在船上，呼吸器主要用于火场情况的调查、火场搜索、救助被困人员或用于进入存有大量有毒气体和严重缺氧的舱室。

2. 空气呼吸器组成要件

组成要件包括空气瓶、气瓶阀（高压阀）、压力表和报警器、背托包括腰带及肩带、面罩、供给阀、快速接头、供气管路等，如图 4-5 所示。

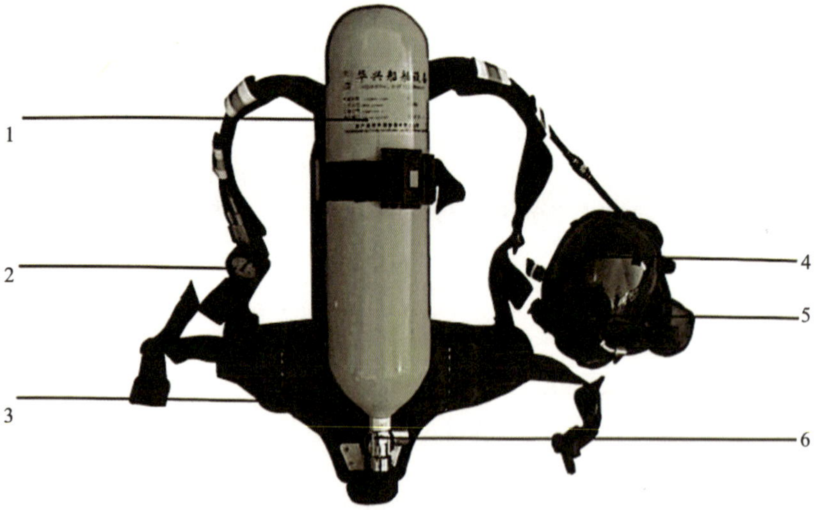

图 4-5　自给式正压空气呼吸器

1—气瓶;2—高压管路及报警器;3—背托;4—全面罩;5—供气阀;6—减压阀

3. 配备要求

每一套近火服需要至少配备一套呼吸器和两个备用空气瓶。在油船和化学品船上,还需配置额外的至少两套呼吸器。

4. 使用前的检查、准备工作

(1)打开空气瓶开关,气瓶内的存储压力一般为 25~30 MPa,随着管路、减压系统中压力的上升,会听到余压报警器报警。

(2)关闭气瓶阀,观察压力表的读数变化,在 5 min 内,压力表读数下降应不超过 2 MPa,表明供气管系高压气密性好;否则,应检查各接头部位的气密性。

(3)通过供给阀的杠杆,轻轻按动供给阀膜片组,使管路中的空气缓慢地排出,当压力下降至 4~6 MPa 时,余压报警器应发出报警声音,并且连续响到压力表指示值接近零时;否则,就要重新校验报警器。

(4)压力表有无损坏,它的连接是否牢固。

(5)中压导管是否老化,有无裂痕,有无漏气处,它和供给阀、快速接头、减压器的连接是否牢固,有无损坏。

(6)供给阀的动作是否灵活,是否缺件,它和中压导管的连接是否牢固,是否损坏。供给阀和呼气阀是否匹配。带上呼气器,打开气瓶开关,按压供给阀杠杆使其处于工作状态。在吸气时,供给阀应供气,有明显的"咝咝"响声。在呼气或屏气时,供给阀停止供气,没有"咝咝"响声,说明匹配良好。如果在呼气或屏气时供给阀仍然供气,可以听到"咝咝"声,说明不匹配,应校验正型式空气呼气阀的通气阻力,或调换全面罩,使其达到匹配要求。

(7)检查全面罩的镜片、系带、环状密封、呼气阀、吸气阀是否完好,有无缺件和供给阀的连接位置是否正确,连接是否牢固。全面罩的镜片及其他部分要清洁、明亮和无污物。检查全面罩与面部贴合是否良好并气密,方法是:关闭空气瓶开关,深吸数次,将空气呼吸器管路系统的余留气体吸尽。全面罩内保持负压,在大气压作用下全面罩应向人体面部移动,感觉呼吸困难,证明全面罩和呼气阀有良好的气密性。

(8)空气瓶的固定是否牢固,它和减压器连接是否牢固、气密。背带、腰带是否完好,有无断裂处等。

5. 佩戴使用

(1)佩戴时,先将快速接头断开(以防在佩戴时损坏全面罩),然后将背托安放在人体背部(空气瓶开关在下方),根据身材调节好肩带、腰带并系紧,以合身、牢靠、舒适为宜。

(2)把全面罩上的长系带套在脖子上,使用前全面罩置于胸前,以便随身佩戴,然后将快速接头接好。

(3)将供给阀的转换开关置于关闭位置,打开空气瓶开关。

(4)戴好全面罩(可不用系带)进行 2~3 次深呼吸,应感觉舒畅。屏气或呼气时,供给阀应停止供气,无"嗞嗞"的响声。用手按压供给阀的杠杆,检查其开启或关闭是否灵活。

(5)一切正常时,将全面罩系带收紧,收紧程度以既要保证气密又感觉舒适、无明显的压痛为宜。

(6)撤离现场到达安全处所后,将全面罩系带卡子松开,摘下全面罩。

(7)关闭气瓶开关,打开供给阀,拔开快速接头,从身上卸下呼吸器。

三、防护服

防护服是消防员进入化学危险物品或腐蚀性生物品等火灾事故现场,以及有毒、有害气体事故现场,寻找火源或事故点,抢救遇险人员,进行灭火战斗和抢险救援时穿着的防护服。适用的防护服主要有防化服、防静电服、防冻服。

1. 标准要求

(1)具备阻燃、耐热老化、耐寒、耐汽油、抗辐射热渗透能力、绝缘、防水、密封性强等性能。

(2)可以有效地抗御芳烃、卤代烃、酸、植物油、动物油的危害。

(3)服装面屏为硬质透明材料,具有防割、防水雾的功能。

(4)胶靴可以防滑、防穿刺、防静电,全套服装为双层缝制,双面热溶胶式连接,无明显接缝,拉锁黏合,完全密封。

(5)在防护服内部具有通风管路以及分配阀。可内置空气呼吸器和无线通信系统。

(6)工作服和保护设备应被保存在易于到达处且具有明显标志的专用存储柜内。新的和没有被用过的设备及经彻底洗净后没有被用过的设备除外,这些设备均不应被存放在起居处所内。

(7)用于保护人身的衣服和设备应围罩人体全身皮肤,使人体全部受到保护。保护服应气密。

2. 防化服

防化服是一种由头罩、连衣裤、防化手套、防化胶靴连为一体的防化服装,使用时与正压式消防空气呼吸器配合使用。防化服适用于有毒、有害的液体和气体环境中。在船上主要场合为装卸货前后拆卸总管,下舱清洗作业以及其他可能出现有毒、有害的液体和气体的环境,如图 4-6 所示。

图 4-6　防化服

(1)分类。根据所载货物种类的不同,对防化服的要求不同。船舶适用防化服主要分两类:全封密防化服(配合呼吸器使用)和半封密防化服。

(2)面料分类。主要有阻燃布双面涂覆 PVC、阻燃布双面涂覆氯丁胶、绸布双面涂覆丁基胶和绸布单面涂覆 PVC 四种。

(3)穿着顺序与要求。检查是否完好无损,先将拉链打开,将腿伸进裤子里面,再穿好上衣,背好呼吸器,最后戴好帽子,做好密封。

(4)防化服存放与保养。每次使用过后需要在清水中彻底冲洗,可以使用中性清洗剂或 0.5%~1%的碳酸钠水溶液冲洗,再用清水冲净,放在阴凉通风处晾干后收存。存放在无毒害气体、干燥阴凉的环境中,避免阳光直射。由专人保养定期检查,做好记录,主要检查清洁度和有无破损。若发现破损,可以参照说明书进行简单的修补,必要时到港口后请专业人员修理或换新。

(5)注意事项

①全封闭式防化服的超压排气阀及阀片应保持清洁,以免异物存在导致漏气。

②全封闭式防护服用前应检查通风系统:将通风系统的进气快速接头插在空气呼吸器的快速插座上,打开气瓶开关,如不按手动按钮,防护服的头、腿、臀部是否都有小流量通气;如按手动按钮,防护服的头、腿、臀部是否都有大流量通气。如是,可以正常使用;如不是,应维修通风系统。

③在穿、脱全封闭式防护服时都要注意,不要弄坏通风管路。

④用前应检查防护服是否有破损及漏气,如有,应修补后再使用。

⑤在穿、脱防化服和佩戴、卸下空气呼吸器以及在工作现场工作时都应有人协助和观察,以保证工作人员穿、脱方便和工作时的安全。

3. 防静电服

防静电服由专用的防静电洁净面料制成,如图 4-7 所示。防静电服适用于比较敏感容易产生静电并可能引起爆炸的场所。防静电服面料采用专用涤纶长丝、经向或纬向嵌织导电纤维。

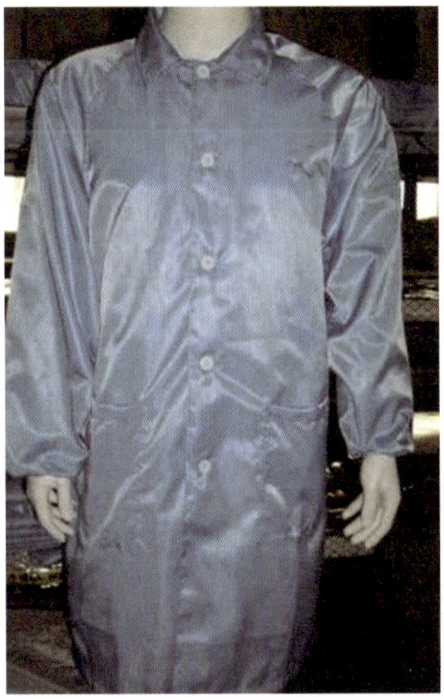

图 4-7　防静电服

(1)优点和缺点。优点是:具有高效、永久的防静电。缺点是:吸汗能力差,穿着不舒服。纯棉工作服穿着舒适,也有一定的防静电作用,但空气干燥(相对湿度降低),纯棉织物带电量会增加。

(2)穿着顺序与要求。需要在干净、干燥的环境下穿着,禁止在易燃、易爆场合穿脱防静电服。穿着前,首先进行外观检查,包括检查衣服和拉链是否有破损、纽扣是否有脱落等。禁止在防静电服上附加或佩戴任何金属物件或易于产生静电的物件。穿用防静电服时,还应与防静电鞋配套。

(3)防静电服存放与保养。专人负责保管,定期检查做好记录。防静电服应放置于干燥、干净的场所,存放处应远离油污和有腐蚀性的液体。应根据生产商的说明在有效使用时间内进行更换。

4. 防冻服

超低温防护服、液氨防化服采用多层复合材质、经过精密的制作工艺加工而成,适合在极端寒冷的环境中工作的人员佩戴,能有效在-160 ℃至-250 ℃的超低温环境下长时间工作,并能有效防御低温气体的飞溅。防冻服、手套如图 4-8 所示。

图 4-8　防冻服、手套

存放要求:液氨防护服应该存储在通风、防霉、防蛀虫、干燥场所。避免与酸、碱、油及其他有腐蚀性物品放在一起。在正常的储藏条件下,可长期保存。

四、氧气复苏器

氧气复苏器可在第一时间进行急救或抢险使用,目的是迅速供给因缺氧或(和)中毒昏迷的人。

1. 氧气复苏器组成要件

钢瓶(含有高压医用氧气)、减压安全阀、流量表、压力表、导管、储气囊(包括储气袋)、面罩、限压阀以及其他附属设备(包括血压计、压舌板、听诊器、吸痰器等附属器械和使用说明书等)如图 4-9 所示。

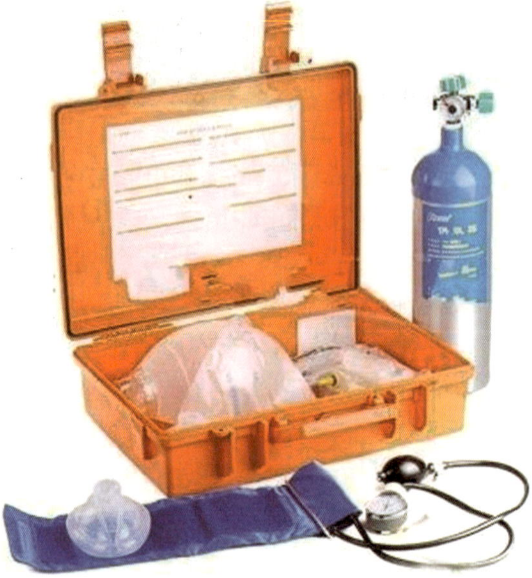

图 4-9　氧气复苏器

2. 配备要求

船上一般配备两套,一套在医务室,另一套在货控室。

3. 操作方法

具体使用应严格遵从说明书的要求,首先,检查所有配件有无破损是否清洁无杂物,再检查被抢救者口鼻内有无杂物,若有,则需取出。连接空气管及面罩,打开氧气瓶阀、减压阀,调整流量至 1.5~2.5 L/min,将面罩罩在被抢救者的口鼻上。调节适当氧气流量至储气袋膨起,正常按压球囊时储气袋不致萎缩。如果被抢救的人没有自主呼吸,应同时进行人工呼吸。正常使用时限压阀应处于开启状态,若需给予患者适当呼吸道压力,则需关闭。通常救助成人时给予呼吸频率为 12~15 次/分。当伤员有自主呼吸时可使用简易导管(使用时,应将被抢救的人移至新鲜空气中,远离火源和有害气体)。

4. 存放要求

存放在干燥、安全的环境内。

5. 保养要点

由专人负责保管和维护。定期检查气瓶压力和外观及附属器械的状况,并记录检查结果。检测日期之前应及时送到有资质的单位拆检和灌装,并取得相应的有效证书。

五、营救和逃生设备

1. 应急设备配置要求

(1)提供适宜于在应急逃生时用的呼吸防毒面具和眼睛保护设备,但需符合下列要求:不能接受过滤式呼吸防毒面具;自给式呼吸器应具有至少能持续工作 15 min 的能力;应急逃生呼吸防毒面具不应用于灭火或货物装卸,且这一要求应予以标注。

(2)根据不同燃料的理化性质配置相应的医疗急救设备。

(3)担架应被放置在易于到达的位置。

(4)根据船舶大小和总体布置,在甲板上设置 1 个或多个标有适当标志的洗除污染的喷淋头和眼睛冲洗设备。喷淋头和眼睛冲洗设备应在所有环境条件下均可以使用。

2. 防毒面具

防毒面具的作用是净化空气中特定的污染物质,如图 4-10 所示。

图 4-10 防毒面具

(1)适用环境。防毒面具有芯式或者罐式面罩,防毒面具在烃气浓度或有毒蒸气浓度超出其设计参数,或者在缺氧状态下不能使用,绝对不能当作呼吸器来使用。

(2)配备要求。船上配备的数量没有最低限度的要求,应根据实际情况而定。

(3)佩戴顺序和要求。首先要检查外观,是否有破损、面罩是否透明,然后检查橡胶的老化程度,如橡胶带老化严重,不应使用。佩戴时首先将皮带松开,用手托住前段,把下巴贴到防毒面具下端,然后戴好带子,最后,收紧所有带子。

(4)使用注意事项。滤毒罐在开始使用时应在上面注明开始使用的日期,一般开封后有效期为 3 个月。滤毒罐只对某一种或一类毒气有效而不是对所有毒气有效。

(5)存放要求。防止强光直射,防潮,最好放在指定的袋子或者盒子中。

(6)保养要点。由专人负责保管和维护。定期检查并做好记录,如果发现破损,及时更换。根据说明书中过滤罐的使用时间,更换过滤罐。

3. 应急逃生呼吸器

应急逃生呼吸器(EEBD)是用来防御缺氧环境或空气中有毒有害物质进入人体呼吸道的保护用具,如图 4-11 所示。

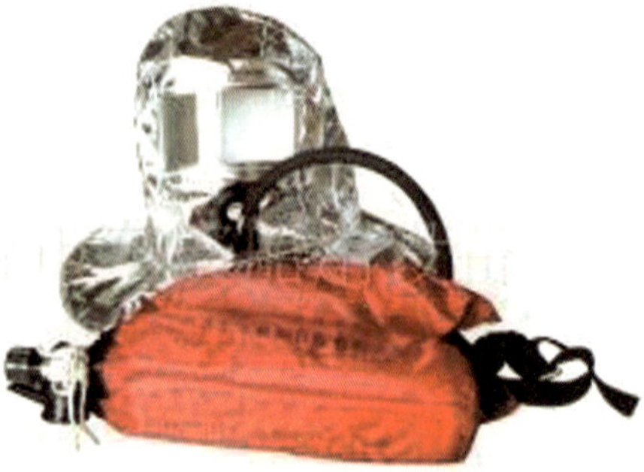

图 4-11　应急逃生呼吸器

(1)适用环境。逃离存在危险舱气的舱室;火灾时逃离机器或生活区处所。EEBD 仅用于个人逃生,不能用于消防。根据《SOLAS 公约》的要求,每套装置的可持续时间应不少于 15 min。

(2)组成要件。由一个气瓶、减压阀、空气软管、面罩以及阻燃高清晰护袋或护套组成。

(3)操作方法。检查气瓶内的气压是否充足;挎上背包,打开包袋;取出保护罩,打开气瓶阀;戴上头罩;迅速逃离危险区。

(4)存放要求。放在干燥、通风、阴凉的环境中,在船上存放于每个船员房间中的指定位置,另外在公共空间如驾驶台、货控室、集控室、机舱也有存放。

(5)保养要点。专人负责,每月检查一次气瓶压力,如发现压力不足,应及时补充。不要轻易拆卸减压器。

(6)EEBD 实操

EEBD 型号为 LJ/EEBD15,属于压缩空气式紧急逃生呼吸装置,由气瓶、瓶头阀、输气管、头罩和口鼻罩所组成。

面罩可以通过适当方式固定就位,并把眼睛、鼻子和嘴全部罩住。气瓶是由 3 L 容量的钢瓶制成的气瓶,内存普通压缩空气。面罩上有一个观察窗,供逃生人员观察用。使用方法如图 4-12、图 4-13、图 4-14、图 4-15 所示。

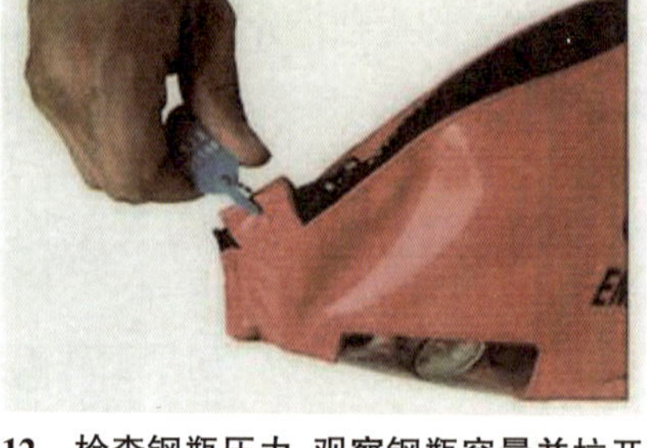

图 4-12　检查钢瓶压力,观察钢瓶容量并拉开封袋

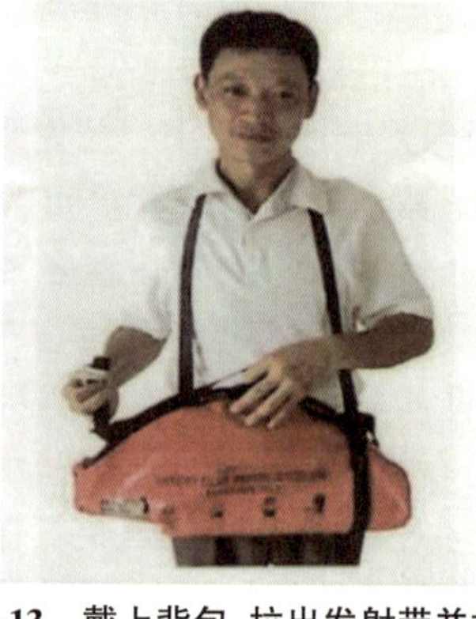

图 4-13　戴上背包,拉出发射带并打开

图 4-14 防护面罩从头朝下戴,披肩盖住肩膀

图 4-15 快速逃离事发现场

注意:紧急逃生呼吸装置仅供遇险人员遭遇烟雾、有害气体威胁人员安全时使用,不得用于救火、进入缺氧空舱或液货舱,也不得供消防员穿着使用。在这些场合,应采用适合这种应用目的的自给式呼吸器。

4. 设备检查要求

(1)呼吸器气瓶

管理人员应每周检查一次所有呼吸器气瓶是否存在泄漏。此项检查可以通过读取气瓶压力数值进行判断,呼吸器气瓶一般最大气压为 30 MPa,在正常情况下,须确保其实际气压值在 27~30 MPa 之间。

对于压缩空气设备,应由负责的高级船员至少每月进行 1 次检查,并将检查结果记录在航行日志内。该设备也应由适任人员至少每年进行 1 次检查和试验。对于已经安装在呼吸器上的气瓶,可直接通过呼吸器的压力表进行测试,压力表指针显示在绿色范围内即为正常。

对于备用气瓶,建议使用专用的测试气压表,如果没有专用气压表,也可以把其连接到呼吸器或空气呼吸器充气泵上利用第三方设备上的气压表进行测试。测试结束后,需要在释放管道和仪表里的高压气体后再断开气瓶与测试设备的连接。

具体做法:先关闭气瓶瓶头阀,然后打开呼吸阀或旁通阀至气压表指针指到零位。在测试过程中如发现气压低于正常值,应对气瓶瓶体及阀门的密封性进行检查,并利用专用充气泵充至正常值。另外,新充满的气瓶需以倒立的姿态向下静置约 24 h,然后将瓶头阀快速打开 1~2 s,以排出沉淀的水/灰尘颗粒。

(2)自给式呼吸器

呼吸器主要用于处理火灾、有害物质泄漏、烟雾、缺氧等恶劣作业现场进行火源侦查、灭火、救灾、抢险和支援。应以不超过 5 年的间隔对所有的自给式呼吸器气瓶进行一次水压试验。

(3)应急逃生呼吸器

每月应对应急逃生呼吸器进行外观检查并核对数量,同时检查气瓶压力,确保压力表指针在绿色范围内。

每年应该安排专业测量机构对呼吸器空气充气泵进行一次空气质量测试,确保通过充气泵加压的空气质量符合相关的质量标准,如果未能通过质量测试,则应该更换空气泵空气滤芯,可由负责管理的实训老师自行更换。一般情况下,空气滤芯的有效期为 2 年。

(4)消防员装备

每月需对消防员装备进行检查,按照《国际消防安全系统规则》第三章的要求,消防员装备包括防护服、手套、长筒靴、硬头盔、安全灯、消防斧、自给式呼吸器和耐火救生绳,每月的主要检查项目为设备的外观、位置、数量以及安全灯的工作状态。

检查时首先进行设备清点,确保防护服及附加设备数量正确,然后检查其状况和摆放位置。

在检查外观和气瓶压力后,还要测试自给式呼吸器的气密性和低压报警,气密性检查要求在瓶头阀和呼吸阀同时关闭的状态下,呼吸器的气压值在 1 min 内降低的数值小于 2 MPa,低压报警则以压力表指针回落至红线以内后,呼吸器能自动发出报警哨声为准。

防护服需处于平铺或者展开状态,以防止长时间折叠导致隔热材料皱褶而产生破损。

应检查安全灯的亮度,如电量明显不足则需更换电池,如果使用充电电池,则应及时充电,并建议以合理的时间间隔进行一次完全的充放电操作,以延长其电池寿命。

要定期整理耐火救生绳,确保不会因绳索打结而影响快速收放。

第四节 安全工作准则和程序

本节主要介绍安全工作准则和程序,包括进入危险空间和区域工作程序、修理和保养工作前和期间预防措施、热工作和冷工作的安全措施三方面内容。

一、进入危险空间和区域工作程序

1. IMO 要求

IMO 对于进入船舶封闭舱室的安全管理工作有着明确的要求。

(1)1997 年,IMO 制定通函《船上进入封闭处所的建议案》[Resolution A. 864(20)],对进入封闭舱室的安全操作给予了具体建议。

(2)2011 年,经修订的《船上进入封闭处所的建议案》[Resolution A. 1050(27)]进一步完善了相关安全建议。通函对进入封闭舱室的安全操作进行了明确要求,其主要内容包括进入封闭舱室的管理、风险评估、进入许可、一般预防措施、空气检测、进入封闭舱室后的预防措施、进入已知或怀疑空气不安全处所的附加注意事项,以及特定类型船舶或货物有关的危险等。同时,该通函还规定了进入封闭舱室的检查单样本,为航运公司和船舶提供参考。

(3)2013 年 6 月 21 日,IMO 通过 MSC. 350(92)号决议,对《SOLAS 公约》第三章“救生设备和装置”中的第 19 条“应急培训与演习”进行了修订,其中第 3. 3 款要求“负有进入封闭舱室或救助职责的船员应参加船上每两个月至少举行一次的进入封闭舱室和应急救助的演习”,第 3. 6 款规定了进入封闭舱室和应急救助演习的基本要求。

2. 我国规定

1997 年，我国制定了国家标准《防止船舶货舱及封闭舱缺氧危险作业安全规程》（GB 16993—1997）；2021 年在原标准基础上进行修订，新制定《防止船舶封闭处所缺氧危险作业安全规程》（GB 16993—2021），用以规范船舶封闭舱室的安全管理工作。该安全规程适用于从事运输、装卸和贮存易造成缺氧窒息事故货物的船舶及封闭舱，规定了作业人员及其他有关人员进入易发生缺氧窒息事故货舱和其他封闭舱室时的安全技术要求，并从空气质量标准、通风换气、空气检测、一般安全防护、作业现场安全防护措施、事故应急措施以及安全教育与培训等方面提出的具体要求。

3. 进入要求

船舶应严格执行进入封闭舱室的相关制度。

（1）正常操作情况

人员不得进入可能有气体聚集的燃料液舱，燃料存储处所、留空处所或其他围蔽处所，液舱连接处所或其他瓦斯或易燃蒸气会积聚的围蔽处所，除非用固定式或便携式设备确定上述处所的空气中具有足够的氧气且不存在有毒气体。也可采用移动式通风装置，在进入此类舱室或处所前，应对其进行通风，且此类舱室或处所外应设有“需要进行通风”的警告牌。移动式通风装置的防爆等级应与气体危险区域的等级相匹配，且持有船用产品证书。

（2）火种携带

人员在进入载有可燃货物船舶的任何被确定的危险区域时，均不得带入任何潜在的着火源，除非经验证，已对该处所进行了除气，且一直保持这种状态。

4. 船员培训

（1）加强船员培训和船上演习，船员应对封闭舱室的风险有足够的认识。

（2）只有接受过培训的人员才能进入封闭舱室或者承担协调员等职能，相关船员应充分了解封闭舱室的危险，明确各项准备工作和注意事项，同时熟练掌握应急反应的各项程序。

5. 船舶封闭作业时注意事项

（1）通向封闭舱室的门和舱口在日常情况下应保持锁闭，防止人员误入。

（2）严格执行准入制度，未经船长或指定负责人员同意，不得擅自进入封闭舱室。

（3）封闭舱室应进行足够的通风，并进行测氧等检测工作，保证舱室内的气体安全。

（4）建立值守制度，如有人员进入封闭舱室，应在舱室外安排专人值守，保持与进入舱室人员的联系，及时对紧急情况做出反应。

（5）设置警示标志，在舱口处设置障碍和禁入告示，防止人员误入舱室。

二、修理和保养工作前和期间预防措施

1. 修理和保养前预防措施

在开工之前，企业和船舶制定了许可程序（如工作许可、高温工作许可、受限空间内工作许可等），应严格执行落实。

固定设备和管道的维护不应该使用电气接地设备。当需要在狭窄的空间或容器内进行维护操作时，必须按照规定进行净化、置换。

吹扫程序可以遵循 API RP2015 标准的有关要求，确保空气对人员呼吸和维护操作是安全的。

2. 修理和保养期间预防措施

维护操作时，要在测定周边大气环境符合安全标准后，方可使用电气或电焊设备和其他点火源，比如加热器。在焊接和切割容器和管道的过程中，会产生易燃或有毒气体，这些必须被净化到安全状态，在焊接和切割的维护操作过程中，要确保火花或金属液不被滴入或流入旁边不安全区域。

为了防止在局部空间或容器内气体或液体溢出而导致事故，在维护操作进行中，需要制订预案并组织演练，救援程序也是必不可少的。设备锁定和贴标签提醒在一定程度预防上述事故的发生。

三、热工作和冷工作的安全措施

1. 热工作的安全措施

易燃的、受碳氢化合物污染或由于燃烧可能释放有毒烟气的燃料舱、燃料管系和绝缘系统附近的热工，须仅在此区域得到保护并证明可以安全进行热工，且得到所有批准之后方可进行。

2. 冷工作的安全措施

在进行指除焊接、切割、打磨等热工作业的其他维护维修作业时，如化学清洗，要加强个人防护。

第五章
消防灭火操作

本章根据使用气体和其他低闪点燃料船舶的特性，主要介绍船舶灭火组织和灭火行动、燃料系统火灾控制和灭火剂，以及船舶消防系统三部分内容。

第一节 灭火组织和灭火行动

本节主要介绍消防控制、灭火组织两方面内容。

一、消防控制

1. 消防控制方法和设备

最基本的消防控制方法就是使可燃性物质保存在容器和管道之中。为实现这种控制，首先要从设计、建造和安全操作可燃气体，如 LNG 设施入手。其次是消防控制设施，当燃料溢出或检测到溢出之后，启用消防控制设施。消防控制设施除灭火器外，还可以用适当的介质来吸收热量，通常使用水。

2. 消防策略

(1)使用高倍数低密度的泡沫，能有效降低可燃气体，如 LNG 的蒸发速度、减小扩散范围。可燃燃料蒸气与空气混合气控制失当，会导致火灾或火势蔓延。

(2)在气源切断之前，火焰(包括 LNG)通常不会熄灭。因此，在着火对人员安全有较严重危险的地方，通常都装有气源切断阀。着火虽然不会直接危害人员，但可能导致着火区域的设备损坏，因此需要立即采取灭火措施。灭火会使火焰及其辐射带来的损害减到最小。如有可能，在确认火焰不会产生其他额外伤害或财产损失时，则应让它燃尽。

(3)灭火可减少火焰带来的损失，火焰持续时间越短，带来的损失就越小。应该在上风向扑打可燃气体，如 LNG 火焰，这既能借助风力把灭火材料(剂)散布到火焰上，又不至于使救火者困于火场中。

（4）设备使用。干粉灭火器及二氧化碳灭火器能熄灭可燃气体，如LNG火焰，泡沫和水则不能。干粉类灭火材料，主要用在灭火器和LNG设施的灭火系统中，是LNG设施的消防系统中的典型灭火剂。对于已安装的一些较大型、固定式系统，通常会配备便携式干粉灭火器。对大型设施，也可能配备带有成卷软管的轮式甚至车载式的干粉灭火系统。

二、灭火组织

1. 职责分配

船长是消防灭火紧急情况应急反应的总指挥，负责发布命令；

大副、轮机长分别是甲板部、轮机部的现场指挥，负责执行船长命令；

各职船员服从命令，听从指挥，按应急部署投入应急反应。

2. 在船舶作业期间，低温燃料船发生初期火灾的灭火组织和行动。

（1）立即关闭接口处阀门和紧急切断阀出货总阀，以防码头栈桥管线泄漏影响装卸臂及作业船只；

（2）立即通知控制室停止作业，启动消防海水泵，切断燃料罐区与码头间的管线阀门；

（3）立即将水炮、干粉炮对准船方泄漏点，并将两边的消火栓接好消防水龙带。

（4）消防海水泵启动后，立即用消防水炮及消防水龙带喷射泄漏源的根部，以驱散燃料蒸气；

（5）立即联系岸方拆开船岸接头，并通知引航员，拖船，以便紧急情况下离船；必要情况下，可启动装卸臂的ERC装置，强行断开船岸接头；

（6）开启手动报警按钮，并向应急指挥中心领导报告泄漏管线、介质、位置等情况，以供决策；

（7）应急指挥中心领导负责拨打119报警，通知周围单位注意险情，并组织公司后备消防力量增援码头；

（8）利用栈桥广播及海事VHF 16频道通知附近船舶注意避让，并通知监护拖船注意协助抢险作业；

（9）通知岸方派人利用船方国际通用消火栓接头接消防水龙带；

（10）应急预备队立即将手提式干粉灭火器及推车式干粉灭火器运抵船方事故现场，一旦起火马上协助扑救；

（11）船岸接头断开后，如有必要，立即执行紧急离船计划；

（12）利用海水驱散燃料蒸气时，要注意码头风向，如有必要，可通知保安封锁罐区前的道路，严禁车辆行驶。

3. 在船舶作业期间，液压装卸臂及阀门管组发生初期的灭火组织和行动。

（1）立即通知船方停止卸货（即停泵、关闭接口处阀门等）；

（2）立即关闭紧急切断阀、出货总阀，以防码头栈桥管线泄漏影响装卸臂及作业船舶；

（3）将干粉炮对准着火点喷射，并利用现场的手提式干粉灭火器及推车式干粉灭火器扑救零星着火点；

（4）通知船方开启消防水炮及干粉炮，协助岸方救火；

(5)通知控制室停止作业,启动消防海水泵;

(6)将水炮对准泄漏部位,并将两边的消火栓接好消防水龙带。消防海水泵启动后,立即用消防水炮喷射着火点,用消防水龙带冷却周围管线及设备,并等待消防部门的到来;

(7)由船岸方协助拆开船岸接头,并通知引航员,拖船准备紧急离船,如船岸接头难以拆除,立即启动装卸臂的 ESD 装置,强行断开船岸接头;

(8)开启手动报警按钮,并向应急指挥中心领导报告泄漏管线、介质、位置等情况,以供决策;

(9)应急指挥中心领导负责拨打 119 报警、通知周围单位注意险情,并组织公司后备消防力量增援码头;

(10)利用栈桥广播及海事 VHF 16 频道通知附近船舶注意避让,并通知监护拖船注意协助抢险作业;

(11)应急预备队立即将手提式干粉灭火器及推车式干粉灭火器运抵事故现场扑火,并须保证消防器材的连续供应;

(12)船岸接头拆开后,如火势难以控制,马上紧急离船;

(13)着火点扑灭后,可停止喷射干粉,但仍需使用水炮及消防水龙带驱散泄漏燃料蒸气;

(14)利用海水驱散燃料蒸气时,要注意码头风向,如有必要,可通知保安封锁罐区前的道路,严禁车辆行驶。

第二节 燃料系统火灾控制和灭火剂

小的燃料火焰(如 LNG 少于 400 L),通常在它被扑灭之前就已燃尽。大一点的火焰首要的目标是控制火势的蔓延。如 LNG 火焰通常在点燃之际最大,在最初的蒸气燃尽之后,由于空气中可燃蒸气含量降低的原因,火势被限制了。本节主要介绍船体各部位火灾特点、燃料系统火灾危险、加注中火灾危险和灭火剂四方面内容。

一、船体各部位火灾特点

1. 货舱火灾特点:阴燃、烟雾浓;火点难以确定;易燃、易爆物品易起火爆炸。
2. 机舱火灾特点:蔓延快,易发生轰爆;烟雾大,能见度低。
3. 船楼火灾特点:火势向上蔓延,火源不明,直接威胁机舱。
4. 油舱火灾特点:先爆炸,后燃烧;易发生沸溢和喷溅;易发生邻舱或隔舱爆炸。
5. 客舱火灾特点:燃烧猛烈,蔓延迅速;烟火夹攻,人难疏散。

二、燃料系统火灾危险

1. 强辐射

尽管泄漏的燃料被点燃后不会在点火的时候发生爆炸，但是它会烧得很彻底，而且任何暴露在附近的物体会受到很强的辐射。

2. 设备损坏

如果带压力的燃料蒸气泄漏被点燃，那将是十分危险的局部起火，靠近火的地方的设备会遭受严重的损坏。

3. 爆炸危险

如天然气或 LNG 蒸气和空气混合浓度达到 5%～15%，且在一个受限的空间内，如在船舶封闭舱室内，就增加了发生爆炸的危险。如果被点燃，快速燃烧的燃料增加了有限空间的压力，如果受限空间内有足够的燃料，那么就会发生爆炸。如果受限空间内安装了通风设备，就可大大降低爆炸风险。

三、加注中火灾危险

1. 溢漏燃烧危险

当燃料溢出或检测到溢出之后，启用消防控制设施。使用高倍数低密度的泡沫，能有效降低燃料的蒸发速度、减小扩散范围。可燃燃料蒸气与空气混合气控制失当，会导致火灾或火势蔓延。

2. 人员伤害

加注期间低闪点燃料发生泄漏，易形成可燃气体，遇到明火发生火灾、爆炸，或由于船舶碰撞等原因导致船舶结构或设备低温损坏，造成人员伤亡。

四、灭火剂

LNG 火焰的灭火材料如表 5-1 所示。

表 5-1　LNG 火焰的灭火材料

灭火材料	等级	使用	注释
干粉（碳酸氢钾）	1	用在火焰底部，绝不能直接对着火焰喷射	阻断燃烧链的化学物质。使用者应熟练操作。如果燃烧区域被障碍物阻挡，无效
干粉（碳酸氢钠）	2	用在火焰底部，绝不能直接对着火焰喷射	阻断燃烧链的化学物质。使用者应熟练操作。如果燃烧区域被障碍物阻挡，无效
Halon（卤代烃）	无	只能在密封空间使用。用在火焰底部，绝不能直接喷入 LNG 中。用在控制室、车辆上等	阻断燃烧链反应过程，如果量足够，可以使火焰窒息。使用者须熟练操作。如果燃烧区域被障碍物阻挡，无效
Novec1230（氟化酮化合物）	无	只能在密封空间使用。用在火焰底部，绝不能直接喷入 LNG 中。用在控制室、车辆上等	Halon 的替代品。阻断燃烧链反应过程。Novec1230 作为液态存储，使用时呈现气态或液态。使用者须熟练操作。如果燃烧区域被障碍物阻挡，无效

（续表）

灭火材料	等级	使用	注释
高倍数泡沫（Hi-Ex）	3	直接覆盖火焰，或覆盖未点燃的LNG溢出液，减少被引燃的机会	把LNG和火焰阻隔开来，减小火势，因此能减缓蒸发速度
二氧化碳（CO_2）	3	用在火焰上部。绝不能直接对着火焰喷射	控制但不能熄灭（限制氧气供给）。直接向LNG喷射会加快LNG蒸发并增大火焰高度。最好用于扑灭气焰之外的火焰
水	3	只能用来保护邻近的财产、设备及人员不被火伤害。绝不能用于LNG。可向LNG蒸气云喷射，为LNG蒸气增温，有利于驱散及减小蒸气云团的漂移	控制火势向非气源方向发展。也用来冷却附近的设备。向LNG溢出喷射会急剧增大LNG的蒸发，增大火焰的高度

备注：等级1指熄灭LNG火焰的最佳器材；等级2指能熄灭LNG火焰；等级3指能控制，但不能熄灭LNG火焰。

第三节 船舶消防系统

本节主要介绍固定式灭火系统、便携式灭火系统两方面内容。

一、固定式灭火系统

灭火系统主要包括水喷淋系统、干粉灭火系统及 CO_2 灭火系统，实现对船舶重要处所的全面覆盖，能够有效地实现灭火的功能，船舶固定式灭火系统及覆盖区域如图5-1所示。

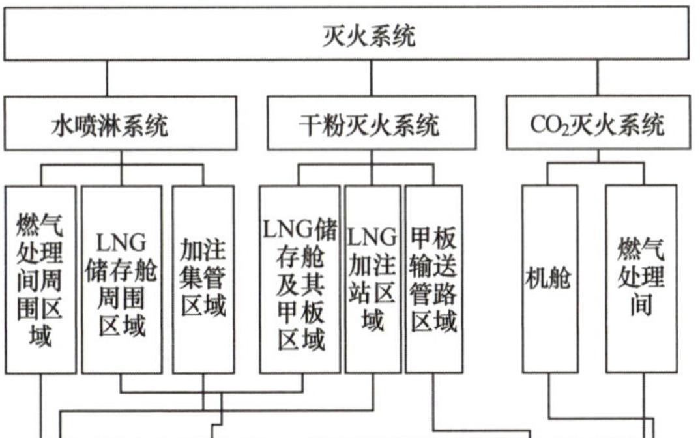

图5-1　船舶固定式灭火系统及覆盖区域

1. 水喷淋系统

水喷淋系统是以特殊的喷嘴，将水转换成具有一定速度和密度的水雾并喷出。水喷淋系统的作用体现在三个方面：

(1)水雾喷出后会吸收周围热量，使得燃烧物温度降低，且水蒸气覆盖在燃烧液体表面可以隔绝空气，起到灭火的作用；

(2)水雾可以控制燃烧，限制火势蔓延；

(3)水雾可以保护暴露在火焰前的物体或人员。考虑到系统的特点及功能，水喷淋系统覆盖的区域包括燃气处理间周围区域、LNG 存储舱周围区域、加注集管区域。

2. 干粉灭火系统

干粉灭火系统主要适用于液化气运输船或动力船的液货相关区域及相应甲板的消防灭火。干粉灭火系统在使用时，将粉末喷洒在着火处。干粉中的化学物质在高温环境下会产生 CO_2 并在燃烧物表面黏附燃烧残留物，起到窒息作用；其干粉的受热分解会吸收热量，起到冷却作用；最重要的是干粉的使用中断了燃烧区域总游离基团的相互作用，能有效中断燃烧过程，实现灭火功能。常用的干粉灭火装置有干粉炮和干粉枪。

3. CO_2 灭火系统

CO_2 灭火系统可以用于液体或可熔固体物质火灾、气体火灾和带电火灾。在船舶领域，CO_2 灭火系统的主要应用场所为各类船舶的机舱、锅炉舱、辅机舱、货舱、货油泵舱等位置。CO_2 灭火系统的灭火作用主要是通过增加空气中不燃烧、不助燃的成分，使空气中的氧气含量减少来实现的。在发生火灾的舱室里，若喷入占舱室容积 28.5%的 CO_2 气体，舱室中的含氧量能立即减少 15%以下，从而有效地控制火势。燃烧区域空气中氧气的浓度小于等于 12%，二氧化碳的浓度为 30%～35%时，绝大多数的燃烧都会熄灭。且 CO_2 密度是空气的 1.5 倍，所以能下沉覆盖在燃烧物的表面，隔绝火焰和空气。此外，二氧化碳灭火剂以高压液态形式存储在灭火器中，喷出后会在很短的时间内汽化，从而吸收大量热量，起到冷却作用。

4. 其他

(1)应急消防泵系统

应急消防泵位于艏侧推室的最底部，其控制面板在艏侧推配电板室的门口，平时在其控制面板上必须把控制权的选择开关打到“REMOTE”位置，除非在应急情况下要求当地启动，需把控制权的选择开关打到“LOCAL”位置，此时在控制面板上按绿色按钮手动启动。

应急消防泵可以在以下任一位置启动：

①驾驶台；

②消防控制站；

③AMS 电脑中(机舱集控室 2 台，货控室 2 台，驾驶台 1 台)；

④应急消防泵控制面板；

⑤应急消防泵当地。

(2)消防泵

应至少安装 2 台消防泵，每台消防泵的排量和压力应确保在任何消火栓处维持至少 2 股水柱，并保证每股水柱的射程不小于 12 m。气罐布置在开敞甲板时，消防总管应安装隔离阀以隔离管内损坏区域。对消防总管破损部分的隔离不应影响被隔离的管段前面的消防管路。所有的消防水枪应为带开关的两用型(水柱/水雾型)。

(3)水幕系统

靠近 LNG 加注区域的舷侧设置水幕系统,当可能发生火灾时用于防护。水幕系统的设置范围应延伸至加注区域两端以外各 5 m。水幕系统形成的水幕高度应足够保护加注操作人员及加注设备。水幕喷头的安装不应影响船舶的系缆和燃料加注作业。水幕系统的控制装置应布置在远离连接设备的适当地点。

二、便携式灭火系统

1. 便携式 CO_2 灭火器

(1)灭火原理:主要依靠窒息作用(CO_2 将燃烧物与周围空气隔绝造成燃烧窒息)和部分冷却作用灭火(液态 CO_2 汽化时,吸收周围热量,使燃烧物降温)。

(2)适用范围:(请参照灭火器上面的说明书上面的“灭火种类”)适用于扑救部分易燃固体和易燃液体、气体的初期火灾,也可以扑救带电设备的火灾。

(3)使用温度范围:−10 ~55 ℃

(4)使用:(详情请参照灭火器上面的说明书)

如图 5-2 所示,在灭火使用时,应首先将灭火器提到起火地点,放下灭火器,拔出保险销,一只手握住喇叭筒根部的手柄,另一只手紧握启闭阀的压把。对准火焰根部,压下压把,CO_2 即喷出灭火,放开压把,可停止喷射,从而实现间隙喷射。

图 5-2 便携式 CO_2 灭火器

对没有喷射软管的 CO_2 灭火器,应把喇叭筒往上扳 70°~90°。在使用 CO_2 灭火器时,在室外使用的,应选择上风方向喷射。

(5)使用时的注意事项

①不宜在室外大风时使用。

②当在狭小空间使用时,使用完后,使用者及所有人员都必须迅速撤离。

③如灭油类火时,喷筒不能距离油面太近,以免把油液面吹散,使火势扩大。

④灭 600 V 以上电器火时,应先切断电源。

⑤不能直接用手抓住喇叭筒外壁或金属连接管,防止手被冻伤。如有提把,可抓住提把。

(6)日常维护和保养

便携式 CO_2 灭火器应放置在干燥、无腐蚀性气体的场所,且不得火烤、暴晒和碰撞。便携式 CO_2 灭火器一经开启,即使喷出不多,也必须按规定由专业维修部门进行再充装。

(7)贮存温度:-10 ~45 ℃。

2. 便携式干粉灭火器

干粉灭火器可以用来扑灭受限空间和敞开区域的 LNG 火焰,如图 5-3 所示。其适用国家标准为 GB 4402—2005《手提式干粉灭火器》。

图 5-3 便携式干粉灭火器

(1)原理

干粉灭火剂的主要成分是碳酸氢钠(或磷酸盐)粉末和少量的防潮剂硬脂酸镁和滑石粉。

喷射的动力是:压缩的 CO_2 或氮气,目前多数用氮气驱动。灭火原理是火焰抑制,通过喷射出的干粉(遇热发生物理、化学反应)以化学方式干扰燃烧过程从而使火焰熄灭,同时,干粉中的碳酸氢钠分解出 CO_2,也起隔离空气的作用。

(2)种类

干粉灭火器分为两种,即储气式和储压式,区别在于储气式有单独的储气瓶;而储压式则没有,但有一只显示筒体内部压力的显示器。

(3)适用范围

干粉灭火器适用于可燃固体、可燃液体、可燃气体、电器着火等引起的火灾。(详情请参照灭火器说明书上面的“灭火种类”)

(4)储气式干粉灭火器的构造组成

船上用的便携式干粉灭火器通常为储气式,主要组件为 5 部分,即瓶体、阀头、内部高压储气瓶、压把、喷管。

(5)使用

灭火时,可手提或肩扛灭火器奔向火场,在燃烧处 5 m 左右,选择上风位置,首先将瓶身上下翻转几次,抖松干粉,然后拔出安全销,伸展软管,按下压把(扑灭固体火时,喷嘴对准着火最旺的地方;扑灭液体火时,禁止直接向火焰喷射,防止液体溅出,应对准火焰根部扫射)。

(6)日常维护和保养

干粉灭火器存放处应保持通风、干燥、阴凉。应避开高温、潮湿和腐蚀性严重的场合,以防干粉灭火剂结块和分解。

(7)存储温度

环境温度应在-20 ~50 ℃(氮气驱动型),-10 ~50 ℃(二氧化碳驱动型)。

高效地使用干粉灭火器需要技巧。应从着上风向使用干粉灭火器，并向下风向连贯地推进。使用顶部或罐侧喷嘴的干粉灭火系统，向受限空间或储罐里喷灌，也能熄灭LNG火焰。用干粉灭火器扑灭LNG火焰时，干粉灭火器要有足够的驱动压力，以保证足够高的喷射速率。

3. 便携式泡沫灭火器（如图5-4所示）

（1）基本原理

泡沫液体在瓶内高压气体的驱使下喷出，覆盖在燃烧物品上，使燃烧的物质与空气隔离，并降低温度，达到灭火的目的，即窒息和部分冷却。

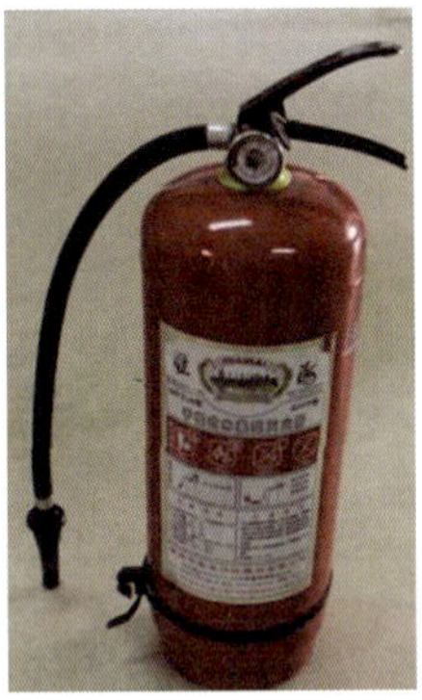

图5-4 便携式泡沫灭火器

（2）适用范围

①适用于扑救一般B类火灾，如油制品、油脂等火灾，但不能扑救B类火灾中的水溶性可燃、易燃液体的火灾，如醇、酯、醚、酮等物质火灾；如果为抗溶性泡沫，则可灭全部B类火。

②适用于A类（固体有机物，木材等）火灾。

③不能扑救带电设备及气体火灾和D类（金属）火灾。

（3）构造组成

筒体、筒盖、压把和喷嘴。

（4）使用

灭火时可手提灭火器，迅速奔赴火场。当距离着火点10 m左右，拉出安全销按下压把，将射流对准燃烧物。

在扑救可燃液体火灾时，如已呈流淌状燃烧，则将泡沫由远而近喷射，使泡沫完全覆盖在燃烧液面上；如在容器内燃烧，应将泡沫射向容器的内壁，使泡沫沿着内壁流淌，逐步覆盖着火液面。切忌直接对准液面喷射，以免由于射流的冲击，反而将燃烧的液体冲散或冲出容器，扩大燃烧范围。

在扑救固体物质火灾时，应将射流对准燃烧最猛烈处。灭火时随着有效喷射距离的缩短，使用者应逐渐向燃烧区靠近，并始终将泡沫喷在燃烧物上，直到扑灭。在使用时，手不能堵住泡沫喷头的进气孔。

（5）日常维护和保养

存放处应保持干燥、阴凉、通风。不可靠近高温或可能受到暴晒的地方。冬季要采取防冻措施。应经常擦除灰尘、疏通喷嘴，使之保持通畅。

4. 高倍数泡沫

高倍数泡沫可用来减少 LNG 泄漏后可燃蒸气扩散的距离，降低 LNG 被点燃后发生的辐射。研究报告表明 600∶1的泡沫最适合这一用途。

如果将泡沫释放到 LNG 池，由于存在较大温差，池表面的蒸发速率因吸收热量而增加。LNG 蒸气在穿越泡沫的过程中升温，最后穿透泡沫向外扩散，在泡沫表面呈羽毛状，而不是沿着地面扩散。因此，释放高倍数泡沫可以减少 LNG 蒸气的扩散范围，从而降低 LNG 泄漏和蒸气扩散造成的危害。

在已着火的 LNG 池内释放泡沫，可以抵挡部分热辐射，因此可降低池中的 LNG 蒸发速度，相应又减少了火势和热辐射，所以火势更容易控制和扑灭。

高倍数泡沫系统必须按规范要求进行设计。高倍数泡沫系统可用来保护 LNG 储罐围堰、集液池、输送管线、泵区、液化及汽化的换热区以及 LNG 装卸区等。

5. 水灭火机

其他能控制但不能熄灭 LNG 火焰的材料有水。直接往 LNG 池喷水会增加 LNG 的蒸发速度使火势更大。水可以用来浇湿火区的材料，但是不推荐直接向 LNG 和 LNG 蒸气喷水。水除了用来吸收热量并因此保护外露的结构外，在控制和灭火的同时，是唯一能够保证人员不受伤害的材料。

6. 检查

手提移动式灭火器每月检查一次。具体内容如下：

(1)保持灭火器外表的清洁。

(2)检查灭火器出口管是否老化、是否畅通。

(3)瓶内压力是否正常。

(4)该灭火器的铅封是否完好。

第六章 应急反应

使用气体或者低闪点燃料作为动力的船舶，主要的事故风险有阀件、接头及附件等由于密封件失效、疲劳失效、强度失效、关阀过快等原因发生泄漏；加注系统及燃料舱超压；船舶关键设备/系统故障和人员操作不当等，由此可能导致的事故后果为 LNG/NG 等燃料发生泄漏；船上形成可燃气体，遇到明火发生火灾、爆炸；船舶结构或设备低温损坏和人员伤亡等。为此，船舶应有相应的应急反应预案，以防止和减少事故对人员、船舶等财产造成损失。本章主要介绍燃料溢漏时的船舶现场的应急组织机构和预案、故障报警和应急行动三部分内容。

第一节 应急组织机构和预案

应急组织机构是有效及时地处理船舶使用、加注气体或者低闪点燃料过程中发生事故的指挥机构。本节主要介绍应急组织机构、应急处置等级、应急处置预案、LNG 加注作业时现场应急处置预案示范案例、应急物资和注意事项六方面内容。

一、应急组织机构

本部分的应急组织机构主要适用于船舶燃料加注作业时的情景。

1. 组织机构

船船岸三方联合成立船舶事故应急指挥组织机构，负责事故发生后的应急处置指挥、资源调配、相互支持与配合等应急措施，原则上总指挥由加注船舶企业方担任。

同时，船船岸三方各自成立应急抢险小组，按应变部署执行。三方单位根据各自的应急响应内容设立必要的工作组，成员数量可根据实际需要时进一步合理设置和调整，现场应急管理系统如图 6-1 所示。

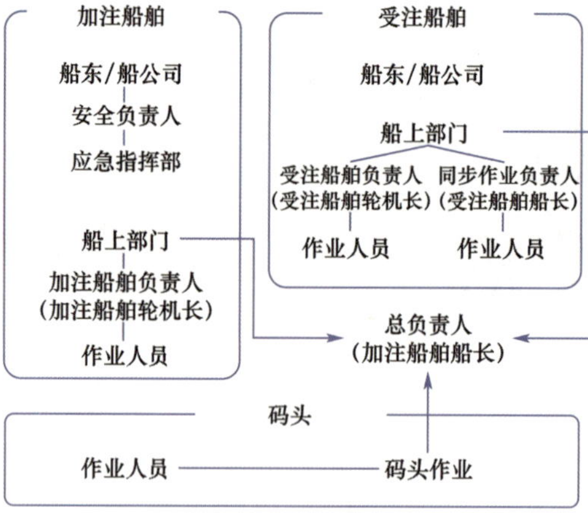

图 6-1　现场应急管理系统图

2. 应急职责分配

（1）当事故影响仅限于单方区域时，以事故发生方应急项目组为总指挥。本方应急人员采取应急措施，必要时及时通知相关方，提出配合和支持需求。

（2）当事故影响可能波及对方时，及时通知对方并提出建议性应急措施，如事故发展有不可控迹象或趋势时，以岸方应急指挥为主，三方协力采取应急措施。

（3）事件发生后现场作业人员第一时间采取应急处置措施，并上报。加注船舶货控室/船长与受注船轮机长保持密切联络。

3. 现场指挥

（1）加注船舶船长为总负责人：作为现场的最高责任人负责现场工作，指挥和管理加注船舶船员，承担加注作业全部责任。

（2）受注船舶船长：负责受注船舶作业的负责人，指挥和管理受注船舶船员，承担受注船舶的受注作业全部责任。

（3）码头公司：负责码头及警戒区范围内的管理和应急响应，必要时提供岸基支持。

（4）加注船舶和受注船舶的应急处理组由船长担任组长，轮机长担任副组长，大副、大管轮、二副、二管轮担任应急处理组成员；具体职责参见船舶应变部署表。

4. 船船岸三方具体职责

（1）三方现场联络组

①由总指挥负责协调加注船舶、受注船舶、码头方形成现场联络组，支持和保障应急联络。

②向上级和当地政府有关部门汇报事故情况，必要时按照总指挥命令向外发出救援请求。

③紧急事故善后处置工作结束后，组织事故调查及时分析总结应急救援工作的经验教训，针对问题组织修订完善应急预案。

（2）应急现场总指挥（加注船舶船长）

①统一指挥和协调事故应急工作。

②组织应急救援队伍，负责发布和解除应急救援命令信号。

③视情况向上级汇报事故及处理情况，必要时向有关单位发出救援请求。

④负责合理调配现场应急资源。

⑤收集现场信息，核实现场情况，针对事态发展制定和调整现场应急抢险方案。

⑥与消防人员、地方政府和政府安全监督人员保持密切联系，对难以解决的紧急情况做出安排。

⑦决定事故调查和善后处理，总结应急救援经验和教训。

(3)加注船舶、受注船舶和码头方应设置的应急小组要求

表6-1列出了三方应设立的应急小组要求。

表6-1　三方应设立的应急小组要求

序号	应急小组	加注船舶	受注船舶	码头方
1	急疏散小组	√	√	√
2	抢险救援小组	√	√	√
3	医疗后勤小组	√	√	√
4	安全监测警戒小组	√	√	√
5	船舶应急组	√	√	/

5. 各应急小组职责分工与具体应急行动

(1)紧急疏散小组

①负责打开各通道及疏散口，利用最近安全通道疏散人员，维护疏散人员秩序，保证人员安全、有序、快速撤离到紧急集合地点；

②阻止员工进入或返回危险区，及时清点人员，将清点结果报告给现场指挥；

③完成总指挥交办的临时任务。

(2)抢险救援小组

①发生火灾时，立即携带消防工具和器材，迅速赶到事故现场确认火情，利用有利地形灭火，保持和火灾现场指挥的不间断联系，随时报告火势情况；根据火场情况和指挥中心指令启动相应的消防设施进行灭火。

②应急状态下，负责消防系统的正常运作，切断电源、气源，组织抢救围困在火场内的人员和重要设备、器材，根据实际情况，启动警铃、启动消防系统。

③负责发生事故的设备设施及场所的应急堵漏工作，控制事故进一步扩大，同时负责事故后的设备检查、维修、复位，制定安全措施并执行落实。

④加强抢险过程中的安全、职业卫生监督，防止次生事故发生，及时收集保存事故发生前后的有关记录。

(3)医疗后勤小组

①负责对抢救出的受伤人员及时转移到安全地带或就诊。

②负责对受伤人员实施抢救及紧急医护，送医院急救等任务。

③负责紧急情况下提供车辆、后勤保障工作。

④确保应急物资(如消防器材、防护用品、医药用品等)的供应及时。

⑤完成总指挥交办的临时任务。

(4)安全监测警戒小组

①按照总指挥指令，联系消防队(火警电话:119，急救电话:120)。

②对事故现场进行可燃气体监测。负责安全警戒，加强外围秩序警戒。

③根据监测组提供的可燃气体浓度数据，及时变化警戒范围。

④疏散围观群众，阻止无关人员接近火场。

⑤除消防车与救护车全部车辆禁止进出，直到接到指示放行。

⑥负责引导消防救援队进入火灾现场施救，引导消防队员使用消防设施，保护火灾现场。

⑦对财产堆放处和伤员集结处进行看护。在事故结束后进行环境监测，及时恢复环境状况。

(5)船舶应急组(加注船舶和受注船舶)

①按船舶应变部署表组织船上开展自救工作。

②与公司或外部救援单位联络，开展船岸协同救助工作。

6. 通信渠道

(1)通信方式

①对讲机：靠泊期间，加注方为岸方提供 1 部对讲机；

②甚高频对讲机 CH 11 频道，三方通信共用频道；

③应急通信与联系人。

(2)事故发生后或有预警信息时，加注方、受注方、岸方三方通过对讲机及时互通信息，向对方进行告知或预警。

二、应急处置等级

燃料加注等作业过程中的燃料泄漏分为轻微泄漏、中度泄漏、严重泄漏三种。处置原则优先控制泄漏危险源，减少泄漏量；降低系统压力，控制泄漏速度；驱散泄漏出来的燃料，防止大量积聚；隔离泄漏设施，降低泄漏引起的损害；如无法控制泄漏，应尽量保证人员的安全，实施有效撤离。具体分类如下：

1. 三级泄漏事件(轻微)

(1)液相管道或焊缝出现裂纹，有渗漏或滴漏现象，气相管道出现少量泄漏。

(2)管道法兰和设备法兰密封面因密封材料损坏，引起的渗漏或滴漏现象，法兰本体出现裂纹，有渗漏或滴漏现象。

(3)阀门内漏，阀体法兰或阀杆填料出现渗漏或滴漏现象。

(4)设备(如潜液泵、汽化器等)和本体、设备法兰出现裂纹，产生渗漏或滴漏现象。

(5)仪表(如温度计、压力表、液位计等)出现裂纹，产生渗漏或滴漏现象。

2. 二级泄漏事件(中度)

(1)储罐安全附件或储罐根部阀出现渗漏。

(2)液相管道出现连续性射流泄漏，气相管道在开放性空间出现大量泄漏。

(3)管道法兰和设备法兰密封面或本体有裂缝，而出现连续性射流泄漏。

(4)阀门阀体法兰或阀杆填料出现连续性射流泄漏。

(5)设备(潜液泵、汽化器等)本体、设备法兰出现裂缝，发生连续性射流泄漏。

(6)仪表(温度计、压力表、液位计等)出现裂缝，发生连续性射流泄漏。

3. 一级泄漏事件(严重)

(1)储罐本体破裂,造成大量燃料泄漏。

(2)液相管道破裂,大量泄漏并产生一定量的液态积聚或产生蒸气云团;气相管道破裂,在密闭空间大量泄漏。

(3)管道法兰和设备法兰密封面或本体有裂缝,而出现大量泄漏并产生一定量的液态积聚或产生蒸气云团。

(4)阀门、阀体、法兰或阀杆填料出现大量泄漏并产生一定量的液态积聚或产生蒸气云团。

(5)设备(潜液泵、汽化器等)本体、设备法兰破裂,出现大量泄漏并产生一定量的液态积聚或产生蒸气云团。

(6)仪表(温度计、压力表、液位计等)出现破裂,出现大量泄漏并产生一定量的液态积聚或产生蒸气云团。

三、应急处置预案

根据发生的泄漏的不同地点、三种等级的不同泄漏的应急预案主要内容如下:

1. 终止作业(加注船舶、受注船舶)

若在作业期间船舶燃料加注发生泄漏,应立即终止作业。

2. 报告(加注船舶、受注船舶)

(1)船长应立即向公司和海事管理部门报告。

(2)通过 VHF、电话和扩音器等通信手段提醒周边人员、船舶和设施注意。

(3)显示相应的号灯、号型。

(4)断开各类燃料设备电源,控制点火源,根据泄漏级别分离受液船,严密监视泄漏部位、泄漏量和泄漏速度,及时汇报泄漏情况。

3. 隔离(安全警戒小组)

应在现场以明显的标示物划分安全警戒区域,设置专门的人员监守,控制人员、车辆和船只的活动:

(1)轻微泄漏后,应在泄漏部位半径不小于 5 m 的区域划定为安全警戒区域。

(2)中等泄漏后,应将燃料加注作业区划定为安全警戒区域。

(3)严重泄漏后,应将整艘船舶划定为安全警戒区域,同时协助港务部门划定安全警戒区域。

4. 轻微泄漏处置(加注船舶、受注船舶)

当加注船舶或受注船舶的管道、阀门、法兰、设备和仪表等部位出现轻微泄漏后,应立即采取措施,关闭泄漏部位上下游阀门,做到可靠切断,将泄漏部位与整个系统隔绝开。打开泄漏部位的放散阀,降低压力,缓慢将燃料汽化到 BOG 系统或者 EAG 系统,待泄漏部位无 LNG 且温度恢复到场常温后,在安全状态下进行维修处理,并按程序进行上报。

5. 中等泄漏处置(加注船舶、受注船舶)

当燃料储罐出现中等泄漏后,应关闭储罐所有进出口阀门,打开 BOG 放散阀,降低储罐压力,逐步释放储罐内燃料或者采取倒罐措施,排空罐内燃料后,进行维修;当管道、阀门、法兰、设备和仪表等部位出现中等泄漏后,应立刻关闭泄漏部位上下游自动切断阀,降低泄漏速度,开启相关消防设施,如消防泡沫,对泄漏处喷射,将泄漏出来的燃料快速挥发掉,待泄漏部位内无燃料并且温度恢复到常温后,在安全状态下进行维修处理。

6. 严重泄漏处置(加注船舶、受注船舶、码头方)

低温储罐发生严重泄漏后,立即关闭储罐所有进出口阀门,启动消防泡沫,对破损罐进行喷淋,控制人员进出,并尽快撤出人员,同时向水面过往船只发出报警信号,要求避让;当管道、阀门、法兰、设备和仪表等部位出现严重泄漏后,应立刻关闭泄漏部位上下游自动切断阀,降低泄漏速度,对泄漏在地面的燃料,可开启相关消防设施,如消防泡沫,对泄漏处和积聚的燃料喷射,将泄漏出来的燃料快速挥发掉,对泄漏产生的蒸气云,可开启消防水枪等消防设施,将蒸气云驱散,同时向水面过往船只发出报警信号,要求避让。待泄漏部位内无燃料并且温度恢复到常温后,在安全状态下进行维修处理;当泄漏终止后,应对泄漏部位做好隔断,置换出燃料,待检测合格、条件具备后,由专业维修人员采用符合规范的工器具,穿戴好防护用品,进行修理,同时现场需配备相关的应急救援器材和保障人员。

7. 驱散泄漏措施(加注船舶、受注船舶)

(1)当出现微量泄漏后,泄漏的 LNG 可以自然蒸发。

(2)当少量的燃料聚集到地面或部件上,可用消防泡沫或灭火器驱散蒸发。

(3)当出现蒸气云时,可采用消防水枪进行驱散。

四、LNG 加注作业时现场应急处置预案示范案例

LNG 是一种易燃、易爆、低温液体,主要事故有火灾、爆炸、冻伤、人员窒息。本预案为确保船舶加注 LNG 燃料的安全和应急救援人员提供技术指导。

1. 加注区域泄漏时现场应急处置方案

(1)事故风险分析

LNG 加注时,加注区域存在泄漏的潜在危险。

①事故类型:LNG 加注区域泄漏。

②事故发生区域:在卸车区、加注站、船岸连接管路。

③事故征兆:加注区域管路、管路接头或管路阀件有天然气喷出或是液态 LNG 外漏出现 LNG 气体烟雾。加注区域便携式或固定式可燃气体探测仪报警。

④主要危害:爆炸、火灾、冻伤、人员窒息危险。

(2)应急工作职责

①船长是 LNG 泄漏事故应急反应的现场总指挥,负责报告、协助和随时提供现场信息。轮机长是现场指挥,负责现场处置。

②船员、提供加注服务方加注人员根据现场指挥指示进行处置。

③船舶专业救援组负责提供必要的岸基支持。

(3)应急处置

应急处置表如表 6-2 所示。

表 6-2 应急处置表

步骤	任务	具体内容
1	报告	加注区域内发生上述事故征兆，现场操作人员发现后应立即报告现场指挥，事故位置、类型、程度
2	宣布启动应急处置预案	进行全船广播。将险情通报公司应急指挥部及报告码头方(如需)，说明事故情况、类型、程度
3	急停	轮机长应立即通知加注方(如槽车操作人员)停止加注，关闭槽车出口阀。若发生通信故障，轮机长应就近按下船方急停按钮，并派人通知加注方
4	人员撤离	加注区域人员听到警报后立即停止作业，先撤退至安全区域
5	应变部署	现场人员根据 LNG 泄漏应变部署表分工组织开展工作
6	断电	按下"舱室风机、空调"应急停止按钮。烟雾已蔓延区域，不得开关区域照明设备电源，以免合闸时产生电火花。机舱切断厨房设备电源
7	防火处理	人员站于上风处使用开花水雾喷洒覆盖泄漏部位，防止气体聚集及火灾发生，同时防火人员还要准备好灭火器随时应对
8	疏散警戒	疏散警戒人员立即疏散区域内无关人员迅速到安全区域，防止无关人员进入警戒区域
9	查验与监测	监测人员戴好呼吸器、相关防护装备，携带防爆对讲机和可燃气体浓度探测器进入现场查验泄漏点(设备核实)，测量现场可燃气体浓度和氧浓度，并报告总指挥
10	警报解除	当现场氧浓度高于 20%，且 CH_4 气体浓度低于 1%，现场总指挥可以宣布解除警报，现场转为抢修阶段
11	岸基支持	船舶专业救援组对船舶提供岸基支持

(4)注意事项

①在正式加注作业开始前，应对槽罐车加注的有关安全装置进行测试。现场操作人员必须正确穿戴防护用品，佩戴防爆对讲机、氧浓度探测器、可燃气体浓度探测器，且两人一组。

②人员冻伤应用大量温水浸泡冻伤部位，严禁搓揉冻伤部位。

③发生人员窒息，抢救人员须穿戴呼吸器方可进入现场抢救。

④人员窒息被救后应抬至通风处。

⑤使用可燃气探测仪监测加注区域可燃气体浓度，当 CH_4 浓度低于 1%，方可转为抢修阶段。

(5)加注区域 LNG 泄漏应急处置流程图

加注区域 LNG 泄漏应急处置流程图如图 6-2 所示。

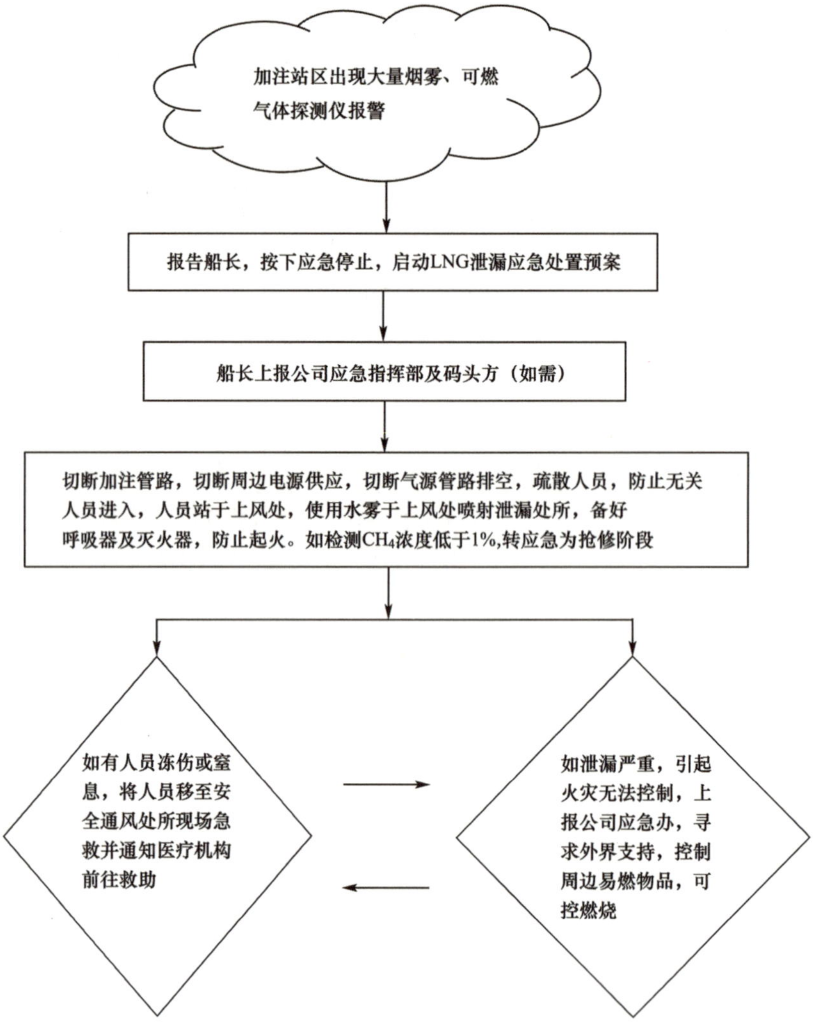

图 6-2　加注区域 LNG 泄漏应急处置流程图

2. 加注区域 LNG 火灾现场应急处置方案

(1)事故风险分析

LNG 加注时,LNG 加注区域存在泄漏火灾的潜在危险。

①事故发生区域:LNG 加注区域及附近链接区域。

②事故类型:火灾。

③主要危害:火灾、爆炸、人员伤亡。

④事故征兆:加注区及附近链接区域出现明火、可燃气体探测仪报警。

(2)应急工作职责

①船长是 LNG 泄漏事故应急反应的现场总指挥,负责报告、协助和随时提供现场信息。轮机长是现场指挥,负责现场处置。

②船员、槽车加注人员根据现场指挥指示进行处置。

③船舶专业救援组负责提供必要的岸基支持。

(3)应急处置

应急处置表如表 6-3 所示。

表 6-3 应急处置表

步骤	任务	具体内容
1	报告	现场加注区发现火情,大声喊话向周边人员发出警告,并向船长报告事故位置、类型、程度。报告公司应急指挥部及码头方,说明事故位置、类型、程度,拉响火灾应急警报并伴随广播
2	宣布启动应急处置预案	进行全船广播。将险情通报公司应急指挥部及报告码头方(如需),说明事故情况、类型、程度
3	急停	就近按下船方急停按钮,并确认急停生效;同时通知加注方(槽车司机)按下槽车出口阀关闭按钮(如船急停失效,迅速关闭控制空气出口阀,并全开控制空气面板上放残阀,释放控制空气压力),断开槽车连接管,如船舶失火,转移槽车至安全处。如槽车失火,转移船舶或协助灭火
4	断电	火势波及区域电气设备须切断电源。加注站区域照明由驾驶台值班人员切断电源。可燃气体探头等其他设备由轮机长切断电源
5	切断气源和管路排空	如速闭阀关不严,再关闭槽车或储罐根部方向手动截止阀,切断气源。另外,需要打开释放排空阀,释放被截止管路残液和压力
6	疏散	立即停止作业,疏散无关人员至安全地点,警戒周边,无关人员严禁进入。隔离周边区域可燃物品,人员站于上风位,使用雾状消防水控制火势燃烧,冷却周边,备好手推式干粉灭火器,做好 LNG 灭火准备
7	灭火	如火势不大,切断气源后冷却,扑灭火灾,注意防止周边易燃物品起火扩散,防止人员窒息事故发生。灭火后,CH_4 浓度低于 1%,转入抢修阶段;如火势较大,组织灭火的同时拨打消防队电话,请求外援支持,以更好地控制火灾。如无法切断气源,使用雾状水控制及保护周边区域,防止爆炸事故发生
8	岸基支持	船舶专业救援组对船舶提供岸基支持

(4)注意事项

①就近按下急停加注按钮,并确认急停生效,同时通知加注方(槽车司机)按下槽车出口阀关闭按钮,并断开加注连接管路。

②应急加注站区域照明设备电源。

③将槽车转移至安全地点的同时疏散无关人员至安全地点。

④初期利用灭火器材、水龙带等配备的消防器材就地灭火,同时报公司消防指挥部及相关部门请求支援。

(5)加注区域 LNG 火灾应急处置流程图

加注区域 LNG 火灾应急处置流程图如图 6-3 所示。

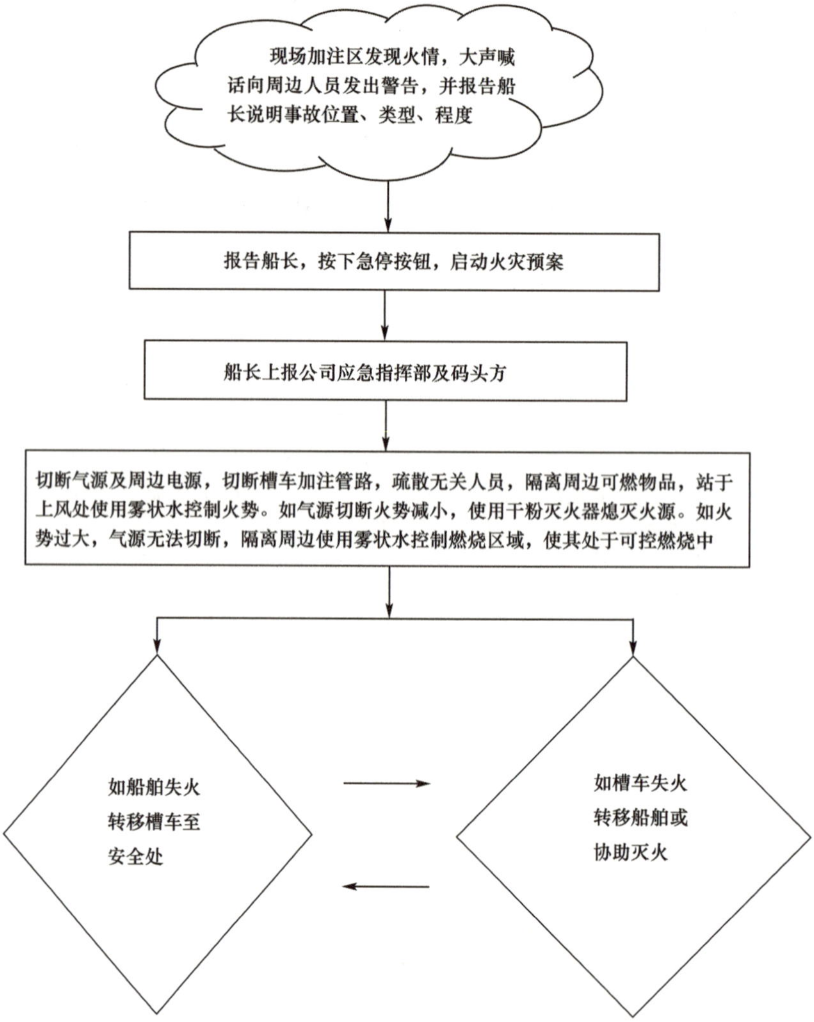

图 6-3　加注区域 LNG 火灾应急处置流程图

五、应急物资

1. 通信设备

防爆型 VHF、手机、手持对讲机、扩音器等；号灯、号旗；汽笛。

2. 消防设备

消防斧；手持式干粉灭火器；固定式甲板泡沫灭火系统；固定式压力水雾灭火系统；应急水灭火系统；透气防火网。

3. 个人防护设备

安全头盔；氧气面罩；应急口哨；手持电筒；连体工作服；反光背心；防冻手套；工作靴；防护腰带。

4. 救生设备

救生筏；救生艇；救生浮；救生圈；救生衣。

5. 泄漏控制设备(材料、工具)

管卡、快装接头、钢带、手动紧带器、防爆工具等。

6. 监测设备

测氧仪、可燃气体检测仪、视频监控设备等。

7. 其他

手持式气体探测器;防爆探照灯;担架;急救医疗箱(纱布、外伤创伤药品、三角巾、血压计、酒精等);警示带。

六、注意事项

1. 佩戴个体防护器具方面的注意事项

(1)确认防护器具是否合格并处于良好状况。

(2)确认防护器具是否适合使用的场所和环境。

(3)要掌握正确佩戴个人防护器具的知识。

(4)应急处置人员应佩戴好个体防护用品(帽子、护目镜、防冻手套、防护服等),做好各项应急措施,并随时注意事故的发展变化,做好自身防护。

2. 使用抢险救援器材方面的注意事项

(1)首先要确认抢险器材处于良好状况。

(2)要掌握各类抢险器材使用范围的相关知识。

(3)根据事故现场情况,要准确断定采用哪种抢险器材,如有火情,应根据着火原因及火情选择正确使用加注船舶配备消防设施。

3. 采取救援对策或措施方面的注意事项

(1)灭火时应站在上风侧,进入密闭空间之前必须先通风。

(2)保证现场通风充足,且使用防爆器具。

(3)现场工作人员遇有火灾发生,一定要保持冷静,危及生命安全时,迅速逃离火场,利用现有条件进行自救或互救。

(4)要加强安全警戒,严格控制火源及危险区域内的人员数量。

(5)火被扑灭后,应安排人员进行监护防止复燃。

(6)所有现场采取的救援对策和措施应经危害辨识和评估确保安全的情况下方可采用,严禁个人未经现场指挥研究同意随意采取救援行动,除非本预案中对事件处置已有明确的指引。

4. 现场自救和互救注意事项

(1)发生严重的火灾事故或爆炸事故时,应第一时间逃离现场,切勿贪恋财物或存侥幸心理延误逃离时机。

(2)逃离时结合同步作业情况,优化合理的逃生路线和应急通道。

(3)当逃生通道被封住时,可以立即返回室内,关闭、堵严门窗,并及时向外界发出求救信号,等待外界救助。

(4)进入现场抢险救人之前,要根据个人自身的能力,在本身能力没有一定把握的情况下和无防护装备的情况下不要贸然行事。

5. 现场应急处置能力确认和人员安全防护等事项

(1)现场应急指挥人员要根据现场事态发展的趋势,判定自身的应急处置能力是否可以满足救援的要求,应急响应级别是否准确,有没有必要提高响应级别。

(2)当事态发展严重时,按照救人重于救物的原则先保护人员安全。

6. 应急救援结束后的注意事项

(1)应急救援结束后,应派专人全面彻底检查,确认危险已经彻底消除,防止其他危险隐患存在。

(2)要设置警戒区,派专人值守,保护事故现场,为事故调查做好现场保护。

(3)要做好现场及周边环境的监测,防止造成环境污染事故。

(4)事故抢险中产生的废物、废水严禁随意排放,危险废物要交由具有环保部门认可资质的单位接收处理。废水须经废水处理设施处理合格后方可排放。

第二节 故障报警

本节主要介绍固定式报警装置、液位异常报警、压力异常报警、温度异常报警四方面内容。

一、固定式报警装置

由于低闪点燃料易燃、易挥发的特殊性,需要安装泄漏报警装置,管道泄漏监测点以及空气低闪点燃料体积分数监测点出现异常情况时会发出警报。

固定式报警装置由报警控制器和探测器组成,控制器一般放置于值班室内,用于对各监测点进行控制,探测器安装于低闪点燃料最易泄漏的地点,探测器内的低闪点燃料传感器检测空气中低闪点燃料的体积分数。当低闪点燃料报警器检测到环境中低闪点燃料的体积分数达到爆炸或中毒临界点时,就会发出报警信号,以提醒工作人员采取安全措施,并启动排风、切断、喷淋系统,防止发生爆炸、火灾、中毒等事故,保障安全生产。甲醇泄漏检测报警仪器如图 6-4 所示。

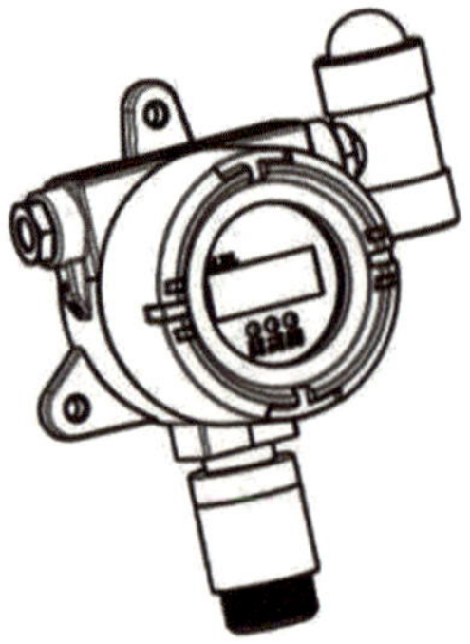

图 6-4　甲醇泄漏检测报警仪器

为了保证储罐的安全，需要为储罐设置安全监控系统，安全监控系统包括采集数据的仪表设备、数据采集模块以及处理采集数据的安全与控制系统。在储罐气穹处加装带有远传信号的电仪表，对储罐的液位、压力、温度进行实时监测，一旦工艺参数出现波动或者不正常的情况，仪表会第一时间发送电信号至气体安全系统或者控制系统，安全系统或者控制系统根据规范的要求判断系统该如何反应动作，最大限度保证系统安全。为了安装方便，将储罐仪表进行模块化组装，作为一个独立的功能单元加装在储罐气穹顶部。

二、液位异常报警

将液位开关连接至安全系统，液位计连接至控制系统，液位开关和液位计均采用雷达型，加注过程中，若液位过高，超过储罐最高液位设定值，则触发声光报警，并将加注总管截止阀自动关闭。在供气系统工作过程中，当燃料消耗过大，燃料液位高度低于储罐最低液位设定值，则安装在储罐底部的潜液泵本体无法完全浸没在液态燃料之中，潜液泵无法正常工作，故需触发声光报警，并停止潜液泵工作，保证系统安全。

三、压力异常报警

压力变送器的变送信号分别连接至气体安全系统与控制系统，若储罐压力值过大时，压力变送器反馈的信号触发安全与控制系统，进行声光报警，提醒船员进行必要的保护措施；当储罐压力值达到安全阀起跳压力值时供气系统自动启动安全阀，对储罐进行紧急泄压操作。在正常的供气过程中，储罐的压力通过压缩机进行调控，当储罐内的 BOG 增多导致储罐压力升高时，通过压缩机将多余的 BOG 进行增压升温，以满足发动机的供气需求进行燃烧消耗，一方面回收利用 BOG 燃料，另一方面降低储罐压力值，保证了储罐的安全。

四、温度异常报警

在储罐内部设置温度传感器，监测储罐内部温度，温度传感器连接至气体控制系统，当储罐第一次加注进行预冷操作时，通过温度传感器实时监控储罐内部温度。同时在储罐绝热层及 TCS 内设置 Pt100 型温度传感器，并将其连接至气体控制系统和安全系统，当温度传感器检测到温度过低时，说明储罐可能发生泄漏，系统需要触发声光报警，必要时关闭燃料舱主阀，停止对发动机供气。

第三节 应急行动

一旦发现充装接头处发生轻微泄漏时，可迅速关闭充装站上的紧急切断阀，同时通知供气方关闭出液阀，打开充装管路上的残液排放阀，残液排放干冷之后，对充装接头处进行检查和紧固。本节主要介绍应急反应措施和应急管理。

一、应急反应措施

处置 LNG 泄漏和火灾有四个主要的应急反应措施:发现、设备停车、控制、火灾扑救。具体如下:

1. 发现

快速认定 LNG 泄漏的类型(液态或蒸气)、来源、范围和起火的可能性是至关重要的。泄漏和火灾可以被人发现或被危险探测器检测到。下列异常可以帮助人们判断是否发生了泄漏:声音(如液体和气体流动的声音)、沸腾、出现霜冻或气味(若添加了臭味剂)。参见第六章"危险探测"的讨论。

2. 设备停车

为防止 LNG 泄漏的进一步扩大,LNG 设备的停车是必要的。设备可以通过报警系统自动停车,也可以通过人工操作关闭。停车程序还应包括事故区域的隔离、人员撤离和一定范围的通报。停车和控制 LNG 泄漏必须同时进行。

3. 控制

LNG 释放和火灾控制,需要最大限度减少人员伤亡和财产损失。最好的控制方法是把要释放的 LNG 导向不易起火和不易引发低温伤害的区域,最好是导向围堰、封闭槽池或者其他装置,也可以用高倍数泡沫等系统。

4. 火灾扑救

救火首要的目标是阻止火势蔓延,灭火人员应穿着防火保护服。救火设备应包括干粉(干粉灭火器)和高倍数泡沫灭火等系统。

二、应急管理

双燃料船用发动机在安全管理的过程中,需要相关管理人员,结合实际情况,制定翔实的安全管控制度,逐步细化责任,明确工作分工,形成完备的管控制度框架,引导相关管理人员有序参与到双燃料船用发动机的安全管控工作之中。

做好培训工作,在系统化培训的基础上,有序增强工作人员对于安全管控举措的落实能力。

加大控制系统完善的力度,通过必要的系统完善与优化,使得控制系统能够识别双燃料船用发动机存在的安全风险,并进行必要的压力保护、排温保护、安全预警等工作,实现双燃料发动机运行平稳化与安全化,降低发动机内部组件发生安全事故的概率,例如燃气泄漏的监测,惰性气体安全吹扫,还有一些防爆设计。同时火灾声光报警以及一些消防系统在预警机制的支持下,工作人员能够快速做出反应,应对各类突发状况。

第二篇

使用气体或其他低闪点燃料船舶船员高级培训

第七章 绪 言

2017 年 1 月 1 日，《IGF 规则》正式生效，规则规定航运公司须确保使用气体或其他低闪点燃料的船舶上的海员须已完成培训，获得与要承担的职务和职责与责任相应的能力。另外，还须对高级船员进行应急程序培训，以处理货物泄漏、溢出或火灾事故，对其中相关人员进行适于所载货物的急救措施的讲授和训练。本章主要介绍低闪点燃料船舶技术发展、船舶应用情况和高级培训要求三部分内容。

第一节 低闪点燃料船舶技术发展

本节主要介绍使用气体或其他低闪点燃料船舶在船舶设计、主机技术等技术发展情况、术语两方面内容。

一、技术发展情况

1. 中国对使用各种低闪点燃料船舶建造的指南

2022 年，中国船级社已在原 LNG 动力船规范基础上，根据低闪点燃料在船舶应用需求，专门制定了《船舶应用天然气燃料规范》(2021)、《液化天然气燃料加注作业指南》(2021)、《船舶应用甲醇/乙醇燃料指南》(2022)、《船舶应用氨燃料指南》(2022)，以满足航运业对零碳燃料的应用。

2. 对使用气体和其他低闪点燃料船舶技术研究

(1) 氢燃料

挪威清洁技术公司 TECO 2030 与其合作伙伴 EKTANK AB、売牌航运以及 DNV 共同提出氢燃料概念船，即 HY-EKOTANK，如图 7-1 所示。

图 7-1　氢燃料概念船（图片来源：TECO 2030）

荷兰航运公司 VAN DAM SHIPPING 与印度钢铁公司 TATA STEEL 的欧洲分部合作，宣布了短途海运的下一步计划，即用氢动力、零排放的船舶来运输钢铁产品，如图 7-2 所示。

图 7-2　氢燃料动力船舶（图片来源：TATA STEEL）

（2）双燃料主机

中国船舶集团在 2020 年 5 月 26 日正式向全球发布船用双燃料低速机 WINGD X92DF，如图 7-3 所示。这是目前世界最大的船用双燃料低速机。WINGD X92DF 由中国船舶旗下温特图尔发动机有限公司（WINGD）自主研发，上海中船三井造船柴油机有限公司建造，中船海洋动力技术服务有限公司保障。WINGD X92DF 集超大功率、智能控制、绿色环保于一体，低速机在燃气模式下，采用奥拓循环原理，低压燃气进气技术，满足目前最严苛的 IMO TIER Ⅲ 排放标准。该机型配备的远程智能监控平台通过有效预判，实现远程支持，为其运行维护提供更加专业、智能、便捷、高效、可靠的用户体验。

图 7-3 双燃料低速机 WINGD X92DF

(3)LPG 燃料喷射阀

2022 年 2 月 25 日,国内首台 6G50ME-LGIP 液化石油气燃料喷射阀在中国船舶集团旗下中国重工子公司重庆红江成功下线,在船用双燃料低速机核心零部件研制能力上再获重大突破,如图 7-4 所示。

图 7-4 LPG 燃料喷射阀

其他各种新技术也在不断研发中。

二、术语

1. 充装极限(FL):系指当液体燃料达到基准温度时,燃料舱内最大液体体积与整个燃料舱容积之比。

2. 装载极限(LL):系指最大许可的液体体积与燃料舱可装载容积之比。

3. 高压燃料管系:系指最高工作压力高于 1 MPa 的燃料管系。

4. 单一气体燃料发动机(Gas Fuel Only Engine)(以下简称 GF 发动机):系指只能以气体燃料运行而不能转换到燃油燃料运行的发动机。

5. 气体燃料发动机舱室(Gas Fuel Engine Room):系指设有气体燃料发动机的机器处所或围蔽处所。

6. 气体喷射阀(Gas Fuel Injection Valve):系指发动机上,可根据气缸实际的气体燃料需要控制气缸燃气供应的阀或喷嘴。

7. 气体阀件单元(Gas Valve Unit,GVU):系指用来控制每台用气设备气体燃料供应的一组阀和附件,包括手动截止阀、控制截止阀和透气阀、压力传感器和变送器、温度传感器和变送器、压力控制阀、滤器等,还包括一个惰性气体扫气接口。

8. 气体阀件单元室(GVU Room):系指设有气体阀件单元的气密舱室或罩壳。

9. 双截止透气阀(Double Block and Bleed Valve):系指安装在每台发动机气体燃料供应管路上的 1 套自动阀(3 只),其中 2 只截止阀串接在通向发动机的气体燃料管路上,第 3 只安装在处于 2 只串接截止阀之间的气体燃料透气管上,该透气管应通向露天的安全位置。

10. 引燃油(Pilot Fuel):系指喷入气缸用于点燃主气体/空气混合物的燃油(DF 发动机)。

11. 紧急释放装置(联轴器)(Emergency Release Coupling,简称 ERC):系指通过在预设截面施加外力,或在紧急情况下手动/自动激活以实现加注臂(加注软管)与船舶连接管路脱离的装置。该装置为紧急脱离系统的主要部件。除另有说明外,其系指干式破断耦合装置,采用两个耦合阀组成,其中一个阀连接在上游端,另一个阀连接在下游端。在过驳作业时,紧急释放接头布置在两船中的某一船上的接管法兰和货物软管之间,这种设计是便于过驳中出现紧急情况时能用它来断开货物软管而无须从接管法兰处拆卸。紧急释放接头既可以从紧急释放系统激活,也可以手动激活。当被激活时,紧急释放接头阀体被分为两个独立的部分,上端阀和下端阀都关闭,以防止或减少货物软管和船舶货物管路里的货物损失,以及货物泄漏造成对船体和环境的损害。紧急释放装置示意图如图 7-5 所示。

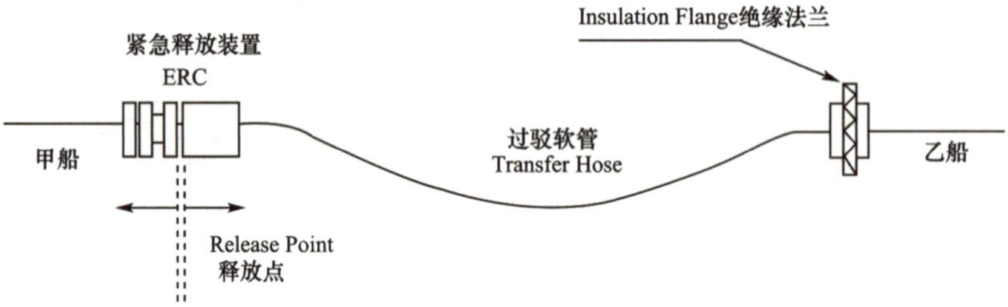

图 7-5 紧急释放装置示意图

12. 紧急释放系统(Emergency Release System,简称 ERS):系指在紧急情况下(如当船舶与过驳作业中另一艘船舶断开分离时),能够通过激活紧急释放接头/装置释放所有货物过驳软管的系统,主动实现使受注船与加注设施连接管路安全快速分离的系统,该系统在船舶发生断电的情况下也能运行。

13. 应急切断系统(Emergency Shutdown System,简称 ESD):系指在加注作业发生紧急情况下能够按顺序执行切断船舶泵和阀的系统。在进行 LNG 过驳作业时,两船的应急切断系统应该互通互连,以确保在任一艘船舶上激活应急切断系统时,系统也会激活另一艘船舶上的切断系统,并按序列进行关闭动作。应急切断系统可分为两个阶段:

ESD1:以受控的方式通过关闭阀和停止输送泵及其他相关设备,快速中止货物过驳作业;

ESD2:在 ESD1 动作和关闭两个紧急释放接头/装置的隔离阀后,中止过驳作业并脱开连接。

14. 船/岸连接系统(Ship Shore Link,简称 SSL):系指经连接的船/岸系统,在过驳作业时则指经连接的船/船系统。

15. 平舱(Topping Off):系指当液货舱接近计划装载的液位时进行的装载操作。液货舱平舱应按照在过驳前讨论中约定的较低过驳速率和舱室顺序逐个进行充装。接收船应要求卸货船降低过驳速率。

16. 拉断阀:系指当受到一定的外力作用时,能安全断开,并且两端自动封闭的安全装置。该装置通常用于加注软管的保护,为紧急脱离装置的一种。

17. 干式快速接头:系指可在不使用螺栓的情况下,以安全的方式将加注设施的软管加注系统与受注船的汇管快速连接和断开的一种机械装置。该接头由加注端和受注端两部分组成。

18. 缩写

(1)DF(Dual Fuel):系指双燃料;

(2)GF(Gas Fuel only):系指单一气体燃料;

(3)GVU(Gas Valve Unit):系指气体阀件单元;

(4)LEL(Lower Explosive Limit):系指爆炸下限;

(5)LNG(Liquefied Natural Gas):系指液化天然气;

(6)LHV(Lower Heating Value):系指低热值。

(7)PRVs:压力释放阀。

(8)SSL:船岸通信线路。

第二节 船舶应用情况

本节主要介绍各类使用低闪点燃料的船舶应用情况。

一、集装箱船

2020 年 9 月 22 日,全球第一艘 23 000 TEU 双燃料动力集装箱船“达飞雅克 · 萨德号”在上海长兴岛造船基地命名交付。该船采用我国自主研发制造的全球最大功率双燃料动力主机,燃料舱储量 1.86 万立方米,如图 7-6 所示。

图 7-6　23 000 TEU 双燃料动力集装箱船

二、散货船

2022 年 1 月 28 日，我国第一艘以双燃料为动力的 21 万吨级散货船在上海正式交付新加坡船东，如图 7-7 所示，这标志着中国船舶工业在大型散货船设计建造领域正式迈入双燃料时代。该船采用液化天然气和传统燃料油驱动，在液化天然气动力模式下，可一次性满足完成中国至巴西航线的一个来回，同时，二氧化碳等温室气体排放量，比国际标准值还要低 41%。

图 7-7　双燃料动力 21 万吨级散货船

三、液货船

2022 年 6 月 20 日，我国建造的首艘甲醇双燃料动力绿色船舶在广州南沙交付离厂。该船由中国船舶集团旗下广船国际自主研发设计建造，为 4.99 万吨甲醇双燃料化学品/成品油船首制船，船舶配备的甲醇双燃料驱动系统可采用燃油、燃油水合物、甲醇、甲醇水合物 4 种燃料模式驱动，是船舶领域首次应用水合物燃料方案，能够控制燃烧状态以降低废气排放，无须安装废气处理系统即可满足国际海事组织最高等级排放要求。甲醇双燃料动力船舶如图 7-8 所示。

图 7-8　甲醇双燃料动力船

四、其他类型船舶

1. 渡船

比利时海事集团 Compagnie Maritime Belge(CMB)和日本造船厂 Tsuneishi Facilities & Craft(TFC)已完成全球首艘氢燃料小型客运渡船的建造。“HYDRO BINGO”是一艘 19 t 的双层甲板客船，长 19.4 m，宽 5.4 m，深 1.75 m，是一艘铝合金制双体船，重 19 t，配备了 2 台氢气与柴油混合燃料发动机，最大连续输出 441 kW×2 300 min，航速 23 kn，可以运载 80 名乘客和 2 名船员，如图 7-9 所示。

图 7-9　“HYDRO BINGO”氢动力船

2. 汽车船

2021 年 11 月 29 日，欧洲近海滚装船公司 UECC 宣布世界上第一艘 LNG 双燃料电池混合动力汽车卡车运输专用船（PCTC）成功交付，如图 7-10 所示。

图 7-10　世界上第一艘 LNG 双燃料电池混合动力汽车卡车运输专用船

3. 滚装船

2022 年 6 月 21 日，随着一声汽笛长鸣，重庆市属国有重点企业民生集团“民生号”满载商品车，缓缓驶离重庆果园港滚装码头，标志着长江第一艘 LNG（液化天然气）双燃料商品汽车滚装船“民生号”成功首航。

4. 客滚船

2016 年 10 月，广船国际为全球著名客滚船运营公司——瑞典 GOTLAND 航运公司建造的 1 600 客/2 300 米车道双燃料豪华客滚船“VISBO”下水。该船采用天然气/燃油双燃料主机配可调螺距螺旋桨推进，是当今世界上速度最快、性能最优、最节能环保的高端豪华客滚船。

典型船舶见附录 1。

第三节　高级培训要求

本节主要介绍我国海事主管机关对高级培训要求。

一、使用气体或者其他低闪点燃料船舶船员高级培训要求

1. 培训人员要求

（1）参加使用气体或者其他低闪点燃料船舶船员高级培训合格证培训前，应当完成使用气体或者其他低闪点燃料船舶船员基本培训。

（2）办理使用气体或者其他低闪点燃料船舶船员高级培训合格证者，应当具有不少于 1 个月认可的在使用气体或者其他低闪点燃料的船舶上服务的海上资历，包括至少 3 次船上加装燃料操作，3 次加装燃料操作中的 2 次可由认可的加装燃料操作模拟器培训代替。

2. 培训内容

高级培训对熟悉《IGF 规则》船舶的燃料的物理和化学性质、对《IGF 规则》船舶的推进装置和轮机系统和伺服设备、安全设备有关的燃料的操作控制、能够安全进行并监控与《IGF 规则》船舶所使用燃料相关的所有作业、计划和监控《IGF 规则》船舶的燃料安全加注、存放和保护、采取预防措施防止《IGF 规则》船舶的燃料泄漏造成的环境污染、监督和控制对法定要求的遵守、采取预防措施防止危害、《IGF 规则》船舶预防、控制和扑灭火灾八方面提出了适任要求。总课时 22 学时,其中理论 16 课时、实践 6 课时。

二、船舶任职资格

在《IGF 规则》船上的船长、轮机部高级船员和所有对燃料和燃料系统的照管、使用负有直接责任的人员,须持有在适用《IGF 规则》的船舶上服务所要求的船上服务高级培训证书。

第八章 低闪点燃料理化性质

了解低闪点燃料理化性质,可深入掌握各种低闪点燃料的危险特性。本章主要介绍低闪点燃料化学结构、低闪点燃料理化特性、低闪点燃料热力学知识、船用材料特性、低闪点燃料低温对船舶影响和船舶安全资料表六部分内容。

第一节 低闪点燃料化学结构

本节主要介绍低闪点燃料中液化天然气燃料、液化石油气燃料、甲醇燃料、氨燃料和氢燃料的化学结构五方面内容。

一、液化天然气燃料

液化天然气(LNG)是由天然气转变的另一种能源形式,主要成分是甲烷(96%以上)、乙烷(4%以下)、氮气(0.5%~1%)及少量 C_3~C_5 烷烃的低温液体。LNG 的主要成分甲烷的化学结构如图 8-1 所示。

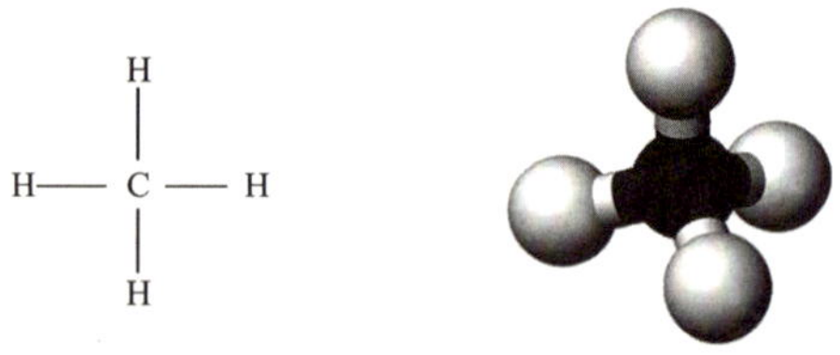

图 8-1 LNG 的主要成分甲烷的化学结构

二、液化石油气燃料

液化石油气(LPG)是碳氢化合物的混合物,其主要成分包括丙烷(C_3H_8)、丙烯

(C_3H_6)、丁烷(C_4H_{10})、丁烯(C_4H_8)和丁二烯(C_4H_6),同时还含有少量的甲烷(CH_4)、乙烷(C_2H_6)、戊烷(C_5H_{12})等成分。LPG 的主要成分丙烷的化学结构如图 8-2 所示。

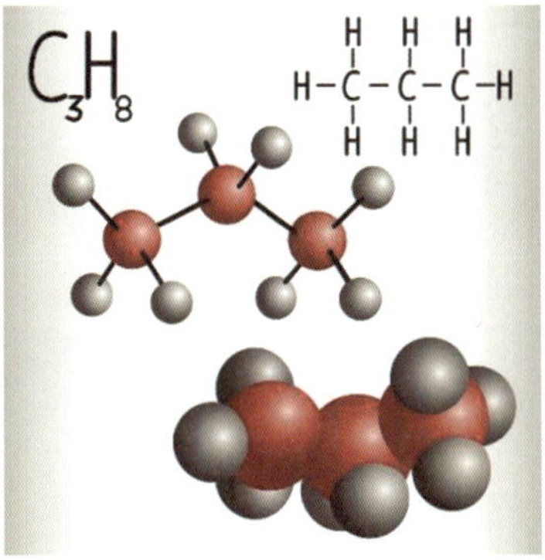

图 8-2 LPG 的主要成分丙烷的化学结构

三、甲醇燃料

甲醇(Methanol),分子式 CH_3OH,是无色、有酒精气味、易挥发的液体,在常温下为液态。甲醇化学结构如图 8-3 所示。

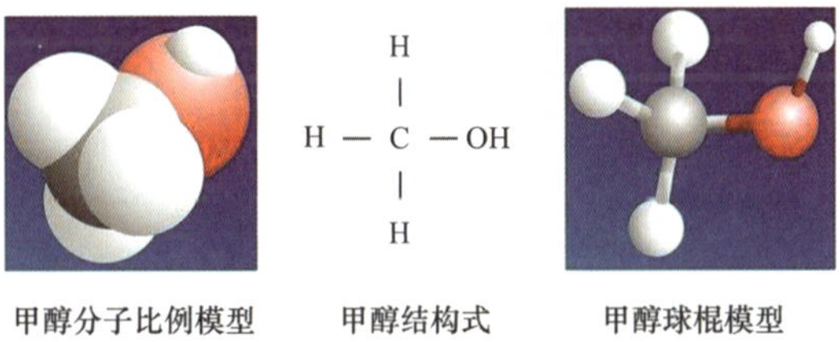

图 8-3 甲醇化学结构

四、氨燃料

氨气(Ammonia),分子式 NH_3,氨气为无色气体,有强烈的刺激气味。氮原子有 5 个价电子,其中有 3 个未成对,当它与氢原子化合时,每个氮原子可以和 3 个氢原子通过极性共价键结合成氨分子。氨燃料化学结构如图 8-4 所示。

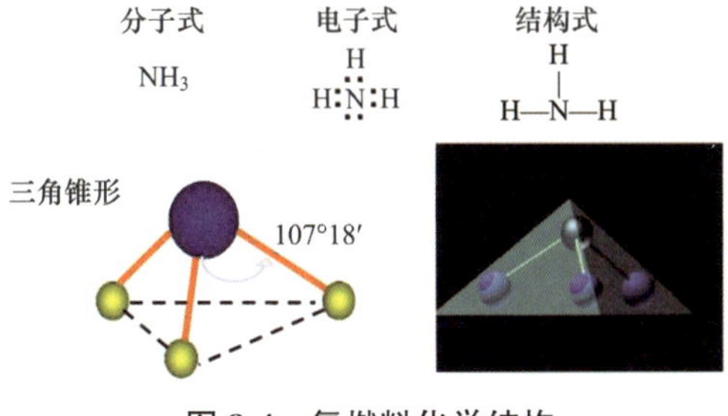

图 8-4 氨燃料化学结构

五、氢燃料

氢气(Hydrogen)是氢元素形成的一种单质,常温常压下氢气是一种无色无味极易燃烧且难溶于水的气体。氢气分子式：H_2；氢气电子式：H∶H；氢气结构式：H—H。氢燃料化学结构如图 8-5 所示。

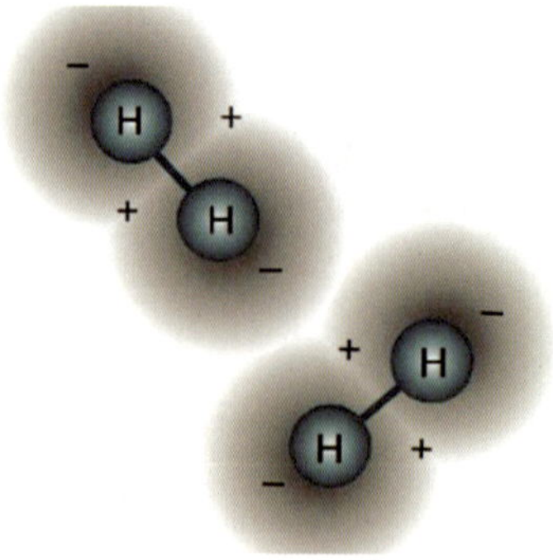

图 8-5　氢燃料化学结构

第二节
低闪点燃料理化特性

本节主要介绍液化天然气燃料、液化石油气燃料、甲醇燃料、氨燃料、氢燃料五种燃料理化特性。

一、液化天然气燃料

表 8-1 为液化天然气的理化特性。

表 8-1　液化天然气的理化特性

序号	理化特性	内容
1	简单物理定义	液化天然气是天然气经过低温冷凝等一系列处理，使天然气在超低温（-162 ℃）常压状态下液化，成为液化天然气
2	物质状态	无色无味气体
3	液体和蒸气密度	液态密度为 0.42~0.46 t/m^3，气态密度为 0.68~0.75 kg/m^3
4	低温燃料的蒸发和汽化	任何传导至储罐中的热量都会导致一些液体蒸发和汽化，蒸发和汽化会吸热
5	气体的压缩和膨胀	气体压缩至储罐中，一定压力下会压缩成液态，若受热温度升高，罐内膨胀压力越大
6	气体的临界压力和临界温度	临界压力（MPa）：4.59 临界温度（℃）：-82.25
7	闪点；可燃上限和可燃下限；自燃温度	-218 ℃；上限为 15%，下限为 5%；650 ℃

（续表）

序号	理化特性	内容
8	饱和蒸气压力/参考温度	53.32 kPa/-168.8 ℃
9	露点和始沸点	-161.5 ℃
10	水合物的形成	一氧化碳、二氧化碳、水等
11	燃烧性能:发热值	37.62 MJ/m^3
12	甲烷值/爆震	96%/5%~15%
13	《IGF 规则》所指燃料的污染特性	

二、液化石油气燃料

表 8-2 为液化石油气的理化特性。

表 8-2　液化石油气的理化特性

序号	理化特性	内容
1	简单物理定义	液化石油气是在炼油厂内，由天然气或者石油进行加压降温液化所得到的一种无色挥发性液体
2	物质状态	无色气体
3	液体和蒸气密度	580 kg/m^3;2.35 kg/m^3
4	低温燃料的蒸发和汽化	吸热过程
5	气体的压缩和膨胀	液化石油气的体积因温度升高而膨胀。在装满液化石油气的密闭容器中，随温度的升高，其体积迅速膨胀使压力很快升高到将容器爆破
6	气体的临界压力和临界温度	3.53~4.45 MPa 和 92~162 ℃
7	闪点;可燃上限和可燃下限;自燃温度	-74 ℃;下限 1.5%、上限 9.5%;490 ℃
8	饱和蒸气压力/参考温度	1.57 MPa/60 ℃
9	露点和始沸点	一个大气压下 42 ℃
10	水合物的形成	硫化物、二氧化碳、水等
11	燃烧性能:发热值	45.22~50.23 MJ/kg
12	甲烷值/爆震	不含甲烷/1.5%~9.5%
13	《IGF 规则》所指燃料的污染特性	

三、甲醇燃料

表 8-3 为甲醇的理化特性。

表 8-3　甲醇的理化特性

序号	理化特性	内容
1	简单物理定义	甲醇又称羟基甲烷，是一种有机化合物，用于制造甲醛和农药等，并用作有机物的萃取剂和酒精的变性剂等
2	物质状态	无色刺激液体
3	液体和蒸气密度	0.79 g/mL；1.419 g/mL
4	低温燃料的蒸发和汽化	吸热过程
5	气体的压缩和膨胀	放热过程
6	气体的临界压力和临界温度	7.95 MPa；240 ℃
7	闪点；可燃上限和可燃下限；自燃温度	11 ℃；上限 44%、下限 5.5%；385 ℃
8	饱和蒸气压力/参考温度	12.3 kPa/20 ℃
9	露点和始沸点	64.5 ℃
10	水合物的形成	水、二氧化碳等
11	燃烧性能：发热值	723 kJ/mol
12	甲烷值/爆震	不含甲烷/5.5%～44%
13	《IGF 规则》所指燃料的污染特性	

四、氨燃料

表 8-4 为氨的理化特性。

表 8-4　氨的理化特性

序号	理化特性	内容
1	简单物理定义	一种无机化合物，可制人造冰，亦可制硝酸、肥料和炸药，医药上用来做兴奋剂
2	物质状态	无色刺激性气体
3	液体和蒸气密度	1.023 g/mL；0.77 g/L
4	低温燃料的蒸发和汽化	吸收通过氨蒸发器的水热量，液氨由液态变成气态（而水的温度被降低）
5	气体的压缩和膨胀	氨液在高压常温下通过膨胀阀时，由于节流导致降压，并且在压力降低的同时，其因沸腾蒸发通过吸热使其本身温度相应下降，从而形成低温低压的氨液

（续表）

序号	理化特性	内容
6	气体的临界压力和临界温度	11.2 MPa;132.4 ℃
7	闪点;可燃上限和可燃下限;自燃温度	-54;上限 28%、下限 15%;651 ℃
8	饱和蒸气压力/参考温度	506.62/4.7 ℃
9	露点和始沸点	-60 ℃;-33.5 ℃
10	水合物的形成	一水合氨、氮气、水、一氧化氮等
11	燃烧性能:发热值	-316.25 kJ/mol
12	甲烷值/爆震	不含甲烷/15%~28%
13	《IGF 规则》所指燃料的污染特性	

五、氢燃料

表 8-5 为氢的理化特性。

表 8-5 氢的理化特性

序号	理化特性	内容
1	简单物理定义	氢是一种无色的气体。燃烧 1 g 氢能释放出 142 kJ 的热量，是汽油发热量的 3 倍。它燃烧的产物是水，没有灰渣和废气，不会污染环境
2	物质状态	无色无臭气体
3	液体和蒸气密度	70.8 kg/m^3;0.089 g/L
4	低温燃料的蒸发和汽化	吸热过程
5	气体的压缩和膨胀	放热过程
6	气体的临界压力和临界温度	1.313 MPa;-239.97 ℃
7	闪点;可燃上限和可燃下限;自燃温度	闪点无意义;上限 74.1%、下限 4.1%;574 ℃
8	饱和蒸气压力/参考温度	0.009 8 MP/45.45 ℃
9	露点和始沸点	-259.2 ℃;-252.8 ℃(101 kPa)
10	水合物的形成	水
11	燃烧性能:发热值	1.4×10^8 J/kg(2.82×10^5 J/mol)
12	甲烷值/爆震	不含甲烷/4.1%~74.1%
13	《IGF 规则》所指燃料的污染特性	

氢气的特性需要特别关注:氢是所有原子中最轻的一种,加大了容纳难度,而且会使那些可安全用于天然气的材料发生脆化。例如,氢气需要特定类型的钢材和焊接接头,而不仅仅是配件。氢气也比天然气易燃,其可燃范围更大。

各种替代燃料能量密度/舱容对比如图 8-6 所示。

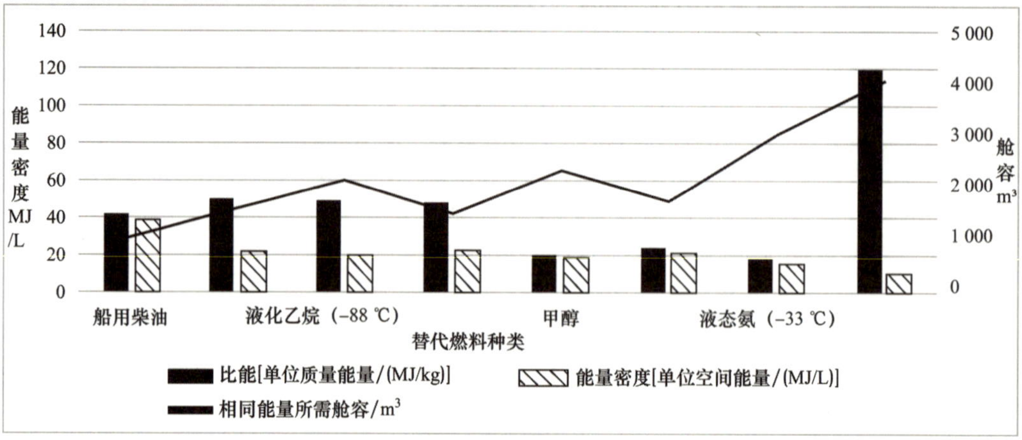

图 8-6　各种替代燃料能量密度/舱容对比

第三节　低闪点燃料热力学知识

本节主要介绍低闪点燃料热力学基础知识和热力学两方面内容。

一、基础知识

1. 闪点

闪点温度比着火点温度低些。从消防观点来说,液体闪点就是可能引起火灾的最低温度。闪点越低,引起火灾的危险性越大。

2. 燃点

燃点又叫着火点,是指可燃性液体表面上的蒸气和空气的混合物与火接触而发生火焰能继续燃烧不少于 5 s 时的温度。可在测定闪点后继续在同一标准仪器中测定。

可燃性液体的闪点和燃点表明其发生爆炸或火灾的可能性的大小,与运输、存储和使用的安全有极大关系。

3. 沸腾

沸腾是在一定温度下液体内部和表面同时发生的剧烈汽化现象,沸点是液体沸腾的温度,沸点与物体自身性质以及所处地区的气压有关。

二、热力学

低闪点燃料的热力学性质主要包括密度或比体积、压缩因子、比热容、焓、熵、亥姆霍兹自由能、生成热、反应热，以及进行气液平衡常数计算所需的逸度系数、活度系数等。低闪点燃料在不同温度和压力范围内，分别呈气态、气液平衡态和液态。

1. 热力单位

热力单位目前主要有两种：

（1）焦耳（J）、千焦（kJ）、吉焦（GJ），工程计算广为采用国际单位制。热力计算、热计量、热量化验等实际操作中常见，是国家标准及图表、线图查询等规范性技术文件中主要表达的单位，用途有限。

（2）瓦特（W）、千瓦（kW）、兆瓦（MW），工程导出单位，是供热工程常用单位，用途广泛。

开尔文（Kelvins），为热力学温标或称绝对温标，是国际单位制中的温度单位。开尔文温度常用符号 K 表示，其单位为开。

2. 热力学基本定律

热力学基本定律是热力学第一定律，能量转化和守恒定律，即能量既不能凭空产生，也不能凭空消灭，它只能从一种形式转化为另一种形式，或者从一个物体转移到另一个物体，在转移和转化的过程中，能量的总量不变。其表示在热现象过程中，内能和其他形式的能相互转化的数量关系。

3. LNG 热力学现象

（1）LNG 的蒸发。LNG 存储在绝热储罐中，任何热量渗漏到罐中，都会导致一定量的 LNG 汽化为气体，这种气体被称为蒸发气。LNG 蒸发气的组成主要取决于液体的组成，它一般含氮气 20%（约为 LNG 中氮气含量的 20 倍），甲烷 80%及微量乙烷。

（2）LNG 的溢出与扩散。LNG 倾倒至地面上时，最初会猛烈沸腾蒸发，其蒸发率将迅速衰减至一个固定值。蒸发气沿地面形成一个层流，从环境中吸收热量逐渐上升和扩散，同时，将周围的环境空气冷却至露点以下，形成一个可见的云团。这可作为蒸发气移动方向的 LNG 指南，也可作为蒸发气-空气混合物可燃性的指示。

（3）LNG 的燃烧与爆炸。LNG 具有天然气易燃、易爆特性，在-162 ℃低温条件下其爆炸范围为 5%～15%（体积百分比）；LNG 着火温度即燃点随组分的变化而变化，其燃点随重烃含量的增加而降低，纯甲烷的着火温度为 650 ℃。

第四节 船用材料特性

本节主要介绍船用材料特性的一般要求和特殊要求两方面内容。

一、一般要求

1. 用于燃料舱和管系的材料

用于燃料舱和管系的材料应考虑燃料的腐蚀性，并与其最大工作压力和温度相适应。其材料除满足该燃料指南要求外，尚应满足 CCS《材料与焊接规范》的有关要求。若采用新型钢材,应提交相关资料批准,必要时可要求进行特殊的试验。

2. 与燃料接触的管路、阀件、附件和其他设备

与燃料接触的管路、阀件、附件和其他设备不得使用相关金属,如甲醇燃料不能使用铝合金、镀锌钢、铅合金等;如氨燃料不能使用铜、含铜合金、锌、含锌合金、含镉和含汞等易受氨腐蚀的材料。且氨是碱性还原剂,可与酸、卤素和氧化剂反应。另外,氨可能会在碳锰钢或镍钢制成的燃料舱和管路系统中引起应力腐蚀开裂,应根据所选材质、设计条件等因素将发生该危险的风险降至最低。

3. 其他

当燃料舱、燃料管路和容纳燃料其他舱/柜使用碳锰钢时,应采用细晶粒钢。垫片和密封件应由与燃料相容的金属、橡胶、聚合物等材料制成,如氨燃料可使用金属缠绕垫片、聚四氟乙烯。

二、特殊要求

1. 焊接、焊后热处理和无损检测应按照 CCS 接受的标准来执行。

2. 为尽量减少氨应力腐蚀开裂的风险,应采取措施使氨燃料中溶解氧质量分数保持在 2.5ppm 以下。

3. 含镍超过 5%的镍钢和不符合要求的碳锰钢,不应用于氨的容器和管路系统。

4. 对材料具体要求可参阅中国船级社《材料与焊接规范》(2022)或最新版要求。

第五节

低闪点燃料低温对船舶影响

本节主要介绍气体及其他低闪点燃料的运输温度、材料低温脆性、零件操作、泄漏影响和提高船舶燃料存储舱技术标准五方面内容。

一、气体及其他低闪点燃料的运输温度

由于使用气体及其他低闪点燃料的船舶燃料的特性,燃料的存储方式与常规燃油不同,而且一般均为低温液体存储,使得燃料舱的结构、位置和供给系统均需特别设计,主要燃料存储的温度如表 8-6 所示。

表 8-6 主要燃料存储的温度

序号	气体及其他低闪点燃料名称	存储的温度
1	LNG 燃料	-162 ℃
2	LPG 燃料	-30 ℃
3	氨燃料	-33 ℃
4	氢燃料	-253 ℃

二、材料低温脆性

低温对各种金属材料的性质有很大的影响。各种软钢会或多或少地失去它原有的延性，有的甚至变脆。温度的突然改变亦会使各种金属材料产生应力集中。

三、零件操作

低温会使管路系统中的某些接头丧失其原有的灵活性，从而将增加这些接头泄漏液氢的危险。

四、泄漏影响

燃料泄漏的低温液体易对船体造成低温伤害，使钢板脆化，因此，加注燃料中需要在加注臂或软管附近的舷侧设置水帘、水幕、防护罩保护，以加快泄漏液体的蒸发，并将低温液体传递到船体上的冷能带走。

五、提高船舶燃料存储舱技术标准

1. 燃料液态温度低。如氢气在-253 ℃时呈液态，保持氢气的液体状态需要非常好的绝缘隔热系统，这将进一步加大存储液态氢需要的舱容体积。

2. 存储空间需要大。如液态氢的单位质量能量密度很高，但是由于其分子量小，密度很低，导致液态氢所需空间较大。与燃料油相比，相同能量时液氢所需体积是燃料油的4.2倍，这意味着船上必须留出更大的空间来存储燃料。

第六节 船舶安全资料表

本节主要介绍SDS作用和内容、各燃料SDS信息两方面内容。

一、SDS作用和内容

1. 作用

MSDS(Material Safety Data Sheet)即化学品安全技术说明书，亦可译为化学品安全说明书或化学品安全数据说明书，是化学品生产商和进口商用来阐明化学品的理化特性(如pH值、闪点、易燃度、反应活性等)以及对使用者的健康(如致癌、致畸等)可能产生的危害的一份文件。

在欧洲国家，材料安全技术/数据说明书MSDS也被称为安全技术/数据说明书SDS(Safety Data Sheet)。国际标准化组织(ISO)采用SDS术语，然而美国、加拿大、澳大利亚以及亚洲许多国家则采用MSDS术语。

2. 内容

MSDS可由生产厂家按照相关规则自行编写。但为了保证报告的准确规范性，可向专业第三方检测机构申请编制。我国《化学品安全技术说明书内容和项目顺序》(GB/T 16483—2008)中规定,SDS要有十六部分的内容:

(1)化学品及企业标识(Chemical Product and Company Identification)。主要标明化学品名称、生产企业名称、地址、邮编、电话、应急电话、传真和电子邮箱等信息。

(2)危险性概述(Hazards Summarizing)。简要概述本化学品最重要的危害和效应,主要包括危害类别、侵入途径、健康危害、环境危害、燃爆危险等信息。

(3)成分/组成信息(Composition/Information on Ingredients)。标明该化学品是纯化学品还是混合物。纯化学品,应给出其化学品名称或商品名和通用名。混合物,应给出危害性组分的浓度或浓度范围。无论是纯化学品还是混合物,如果其中包含有害性组分,则应给出化学文摘索引登记号(CAS号)。

(4)急救措施(First-aid Measures)。指作业人员意外地受到伤害时,所需采取的现场自救或互救的简要处理方法,包括眼睛接触、皮肤接触、吸入、食入的急救措施。

(5)消防措施(Firefighting Measures)。主要表示化学品的物理和化学特殊危险性,适合灭火介质,不合适的灭火介质以及消防人员个体防护等方面的信息,包括危险特性、灭火介质和方法、灭火注意事项等。

(6)泄漏应急处理(Accidental Release Measures)。指化学品泄漏后现场可采用的简单有效的应急措施、注意事项和消除方法,包括应急行动、应急人员防护、环保措施、消除方法等内容。

(7)操作处置与存储(Handling and Storage)。主要是指化学品操作处置和安全存储方面的信息资料,包括操作处置作业中的安全注意事项、安全存储条件和注意事项。

(8)接触控制/个体防护(Exposure Controls/Personal Protection)。在生产、操作处置、搬运和使用化学品的作业过程中,为保护作业人员免受化学品危害而采取的防护方法和手段,包括最高容许浓度、工程控制、呼吸系统防护、眼睛防护、身体防护、手防护、其他防护要求。

(9)理化特性(Physical and Chemical Properties)。主要描述化学品的外观及理化性质等方面的信息,包括外观与性状、pH值、沸点、熔点、相对密度(水为1)、相对蒸气密度(空气为1)、饱和蒸气压、燃烧热、临界温度、临界压力、辛醇/水分配系数、闪点、引燃温度、爆炸极限、溶解性、主要用途和其他一些特殊理化性质。

(10)稳定性和反应性(Stability and Reactivity)。主要叙述化学品的稳定性和反应活性方面的信息,包括稳定性、禁配物、应避免接触的条件、聚合危害、分解产物。

(11)毒理学资料(Toxicological Information)。提供化学品的毒理学信息,包括不同接触方式的急性毒性(LD50、LC50),刺激性,致敏性,亚急性和慢性毒性,致突变性,致畸性,致癌性等。

(12)生态学资料(Ecological Information)。主要陈述化学品的环境生态效应、行为和转归,包括生物效应(如LD50、LC50),生物降解性,生物富集,环境迁移及其他有害的环境影响等。

(13)废弃处置(Disposal)。是指对被化学品污染的包装和无使用价值的化学品的安全处理方法,包括废弃处置方法和注意事项。

(14)运输信息(Transport Information)。主要是指国内、国际化学品包装、运输的要求及运输规定的分类和编号，包括：危险货物编号、包装类别、包装标志、包装方法、UN 编号及运输注意事项等。

（15）法规信息（Regulatory Information）。主要是化学品管理方面的法律条款和标准。

（16）其他信息（Other Information）。主要提供其他对安全有重要意义的信息，包括参考文献、填表时间、填表部门、数据审核单位等。

二、各燃料 SDS 信息

1. 液化天然气燃料

MSDS 编号：2020L　　　　发布日期：2020 年 2 月

<table>
<tr><td colspan="2">第一部分　　　名称</td><td colspan="7">24 小时紧急援助</td></tr>
<tr><td colspan="2">品名　　液化天然气（LNG）</td><td colspan="6">化学品运输应急中心 800-424-9300 健康</td><td>1</td></tr>
<tr><td colspan="2">化学品/代号 冷冻液态甲烷 GNL</td><td colspan="4">NFPA 危害等级</td><td>起火</td><td colspan="2">4</td></tr>
<tr><td>化学品/族 石蜡烃（碳氢化合物）</td><td>CAS 登记号 74-82-8</td><td>最小 0</td><td>轻微 1</td><td>中 2</td><td>高 3</td><td>极高 4</td><td>反应</td><td>0</td></tr>
<tr><td colspan="2">分子式 $CH_4+C_2H_6+C_3H_8+N_2$</td><td colspan="7">危险物质鉴别系统（HMIS）代码：（健康 1）（起火 4）（反应 0）</td></tr>
<tr><td colspan="9">第二部分　　危险性概述</td></tr>
<tr><td colspan="9">紧急情况概述：极易燃压力下气体。高浓度能引起快速窒息。
GHS 危险性类别：根据化学品分类、警示标签和警示性说明规范系列标准，该产品属于易燃气体，类别 2；高压气体/压力下气体，类别液化气体</td></tr>
<tr><td>象形图</td><td colspan="8"></td></tr>
<tr><td colspan="9">警示词：警告</td></tr>
<tr><td colspan="9">危险信息：易燃气体，内装高压气体：遇热可能爆炸</td></tr>
<tr><td rowspan="4">防范说明</td><td>预防措施</td><td colspan="7">远离热源、明火、热表面。禁止吸烟。保持容器密闭。使用防爆电器、通风和照明设备，使用无火花工具。得到专门指导后操作。阅读并了解所有安全预防措施。按要求使用个体防护装备。避免吸入气体</td></tr>
<tr><td>事故响应</td><td colspan="7">火灾发生时，切断气源，用雾状水、泡沫、二氧化碳、干粉灭火。如吸入，迅速脱离现场至空气新鲜处。保持呼吸道通畅。如呼吸困难，输氧。如呼吸停止，立即进行人工呼吸。就医</td></tr>
<tr><td>安全存储</td><td colspan="7">存储于阴凉、通风的易燃气体专用库房。保持容器密闭。远离火种、热源。禁止与氧化剂等混合存储。</td></tr>
<tr><td>废弃处置</td><td colspan="7">建议使用控制焚烧法处置</td></tr>
<tr><td colspan="9">物理化学危险：极易燃气体。能与空气形成爆炸性混合物，遇明火、高热引起燃烧爆炸。与五氧化二溴、氯气、次氯酸、三氟化氮、二氟化氧及其他强氧化剂接触剧烈反应</td></tr>
<tr><td colspan="9">健康危害：该物质能通过置换空气引起窒息，症状有呼吸加速、肌肉失调、疲劳、头昏、恶心、呕吐、意识丧失和死亡，接触会引起冻伤或冻灼伤</td></tr>
</table>

（续表）

第三部分　成分/组成信息				
组分		摩尔分数/%	说明	
			液化天然气主要由甲烷组成，很多情况下可以净化100%的甲烷	
成分	CAS 编号		OSHA 接触极限	ACGIH 阈限值
甲烷	74-82-8	88～99.5	ND	简单窒息
乙烷	74-84-0	<0.5～8	ND	简单窒息
丙烷	74-96-6	<Tr～3	1.964 mg/m^3	简单窒息
氮气	77-27-37-9	<Tr～1.5	ND	简单窒息
二氧化碳	124-38-9	<100ppm	9.821 mg/m^3	9.821 mg/m^3
危险组分	浓度或浓度范围	CAS NO.		
甲烷	>98%	74-82-8		

第四部分　紧急和急救程序
皮肤接触：皮肤接触导致冻伤或冻灼伤，不可用手揉搓冻伤的部位，如果大面积冻伤，需要用温水冲洗，不要用超过41 ℃的热水洗，同时脱去衣物，立即就医
眼睛接触：眼睛接触导致冻伤或冻灼伤，立即浸入温水中，不要用超过41 ℃的热水洗，如没有浸洗条件，用大量温水至少冲洗15 min。提起眼睑，并充分清洗。如没有医生建议，请勿使用药膏，马上就医
吸入：迅速脱离现场至空气新鲜处。保持呼吸道通畅。如呼吸困难，输氧。如呼吸停止，立即进行人工呼吸。就医
食入：禁止催吐，危险液体进入肺部会致使呼吸不畅甚至窒息。立即就医。用清水漱口。若食入者清醒，可以喝1到2杯清水或牛奶。若摄入者无意识，马上就医
第五部分　消防措施
特别危险性：极易燃压力下气体。能与空气形成爆炸性混合物，遇明火、高热引起燃烧爆炸。与五氧化二溴、氯气、次氯酸、三氟化氮、液氧、二氟化氧及其他强氧化剂接触剧烈反应。在火场中，容器内压增高，有开裂和爆炸的危险
灭火方法和灭火剂：从上风向进入火场，喷水冷却容器，可能的话将容器从火场移至空旷处。如有液体流淌时，应筑堤拦截漂散流淌的易燃液体或挖沟导流。用雾状水、泡沫、二氧化碳、干粉灭火
灭火注意事项及措施：切断气源。若不能切断气源，则不允许熄灭泄漏处的火焰。消防人员必须戴空气呼吸器，穿全身消防服，在上风向灭火。尽可能将容器从火场移至空旷处。喷水冷却容器，直至灭火结束

（续表）

第六部分　　泄漏应急处理		
应急反应： 马上消除燃料源(如:将 LNG 供应阀门关闭)。 必要时,马上疏散群众。 马上通知就近的消防、公安以及其他政府部门。 疏散无关的现场人员,隔离危险,限制人员进入现场。 人员位于上风口,或坡上位置。 给密闭空间通风,检查气体浓度和含氧量。 穿戴呼吸装备(尽可能用自带正压式)和全身式防护服		
溢出或泄漏： 疏散人群,隔离现场,直到气体扩散完毕。 消除火种,清除危险区域的火焰、火星、烟雾和车辆等。 穿戴个人劳保防护用品(如果条件要求必须接触 LNG)。 在没有危险的情况下切断泄漏源(区域)。 不可在 LNG 上直接喷水,这样做会加快 LNG 的沸腾和蒸发。 可用喷水的方法来驱散蒸气云,保护人员、增加蒸发的速度(如果可以控制蒸气云增量)		
处置信息： 按照地方/州/联邦规定报告 LNG 的泄漏。 在一个安全的位置排放蒸气,确保驱散的气体浓度低于爆炸下限		
第七部分　　操作处置与存储		
操作注意事项:密闭操作,全面通风。操作人员必须经过专门培训,严格遵守操作规程。建议操作人员穿防静电工作服。远离火种、热源,工作场所严禁吸烟。使用防爆型的通风系统和设备。防止气体泄漏到工作场所空气中。避免与氧化剂、卤素接触。在传送过程中,钢瓶和容器必须接地和跨接,防止产生静电。搬运时轻装轻卸,防止钢瓶及附件破损。配备相应品种和数量的消防器材及泄漏应急处理设备		
存储注意事项:存储于阴凉、通风的库房。远离火种、热源。库温不宜超过 30 ℃。应与氧化剂、卤素分开存放,切忌混储。采用防爆型照明、通风设施。禁止使用易产生火花的机械设备和工具。储区应备有泄漏应急处理设备		
第八部分　　接触控制/个体防护		
接触限值： TLV-TWA:1 000ppm	生物限值:无资料	监测方法:气相色谱法
工程控制:使用标准的工程控制方法控制爆炸危险(通风、吹扫和监控等)。使用相应的接地或其他方法防止在传送过程中积累静电		
呼吸系统防护:若含量超标,需使用自吸过滤式防毒面具。如果通风不足,或对人员的生命或健康产生危险,需使用正压自带呼吸装置		
眼睛防护:防止不慎进入眼睛,在液体有可能进入眼睛和面部的情况下需使用防溅安全防护镜和面罩		

（续表）

皮肤和身体防护：避免皮肤上的直接接触，穿防静电工作服		
手防护：避免手直接接触液体，戴长橡胶手套或防冻手套		
其他防护：工作现场严禁吸烟。进入罐、限制性空间或其他高浓度区作业，须有人监护。如果人员有可能接触产品，需要在靠近工作区域的地方提供洗眼器，以备紧急需要		
第九部分　　理化特性		
沸点： -162～-160 ℃	溶解点： -182～-178 ℃	蒸气压力： 约 4.72 MPa(-82 ℃) 4.71 MPa(-63 ℃)
相对密度： 0.42～0.455 (-162 ℃) (水=1.0)	挥发量体积百分比(%)： 100.0	蒸气相对密度：0.56～0.62(16 ℃)[空气：1.0(16 ℃)] 说明：当温度约-107 ℃时，蒸气密度比空气密度大
水溶解性： 可忽略(低于 0.1%)	蒸发速度： (丁基醋酸盐=1)NA	分子量： 16.1～18.3
外观：无色(看似沸腾的水)。冰冷的天然气会凝缩或冷冻空气中的任何水蒸气，产生一种看得见的冰粒子(蒸气云)。可燃性的液化天然气并不完全限定在可见蒸气云边界内，处于蒸气云外面的 LNG 也有可燃烧级别，而在蒸气云内部也可能存在没有达到燃烧级别的 LNG。只有使用可燃气体探测器，才能完全限定可燃气体存在的区域。可见蒸气云可以用来确定风向，但是不能用来完全鉴别危险存在区域。 气味：无气味(有可能会有碳氢化合物的气味)，无味道		
第十部分　　稳定性和反应性		
稳定性：不稳定	有害聚合物反应：不可能发生	
状况和需要防范的材料：一释放就马上和空气混合，形成一种易燃、易爆气体(如果是在受限空间就可形成爆炸气体)。同时还要防止强氧化剂，如：氯、溴、五氟化物、氧气、二氟化物、液态氧和氮的三氟化物。如果和二氧化氯混合就会自发着火。远离火源(如：热源、火星和明火等)		
有害分解产物：热分解可能会释放二氧化碳、一氧化碳和其他有害物质。进入受限空间之前，请先穿戴好合适的防护设备，包括呼吸保护设备		
第十一部分　　废弃处置		
废弃处置方法： 产品：建议用焚烧法处置 不洁的包装：将容器返还生产商或按照国家法规和地方规定处置		
第十二部分　　运输信息		
运输：依据美国有害物质运输部门(DOT)的规定。 运输部门的运输包装：天然气、甲烷冷冻液体，2.1 UN 1972 标签：可燃气体 铭牌：可燃气体/1972		

（续表）

搬运和存储防范：不可接触眼睛、皮肤和衣物。不可吸入气泡、气雾和烟尘。使用时，提供充分的通风。空容器内可能含有易燃、易爆物品的残留物或气泡，切割、打磨、钻孔、焊接或重复使用容器之前，必须先采取充分的防范措施。只可将液化天然气存储在特殊设计的低温容器内，存放于凉爽、干燥、独立、通风、远离热源和火源的区域。所有设备需接地。使用便携式易燃气体探测器来探测 LNG 和天然气蒸气的有害级别
其他防范：天然气的浓度在易燃、易爆范围时具有极强的易燃、易爆性，若遇到热源、火星或火焰可发生起火。天然气（蒸气）会移动至火种处导致回烧，因此，应注意工具或其他火种产生的火星，执行动火作业之前必须办好动火作业许可证。若靠近热源或火源，天然气容器将激烈爆炸。室内也存在天然气蒸气爆炸的风险，应防止强氧化物
运输注意事项：采用专用液化天然气低温存储槽车运输。运输车辆应设置导电橡胶材质的静电释放带。运输时运输车辆应配备相应品种和数量的消防器材。装运该物品的车辆排气管必须配备阻火装置，禁止使用易产生火花的机械设备和工具装卸。严禁与氧化剂等混装混运。夏季应早晚运输，防止日光暴晒。中途停留时应远离火种、热源。公路运输时要按规定路线行驶，勿在居民区和人口稠密区停留。
第十三部分　　相关规范信息
CERCLA 部分 102A/103 危险品（40CFR302.4）：依据 40CFR302.4，LNG 可以不报告。 SARA 标题Ⅲ302 极度危险品（40CFR355）：SARA302 以及 40 CFR 335 中，不包含 LNG。 SARA 标题Ⅲ302/312 危险性分类（40CFR370）：依据 OSHA29 CFR1910.1200（d）的规定，LNG 为危险产品。 SARA 标题Ⅲ（40 CFR 370）：SARA 中 313 部分和 40 CFR 372 部分，没有规定该产品。 美国有毒物质目录（TSCA）：清单中列入了 LNG。（TSCA：有毒物质管理法[美]） OSHA 危险品标准：可燃气体、压缩气体、含有 OSHA 及 ACGIH 列入的组分
脚注： （1）参考甲烷说明 （2）国家消防协会（NFPA） （3）ND-不确定 （4）NA-不适用 （5）Tr-微量
申明
本 LNG 安全数据表提供了联邦 OSHA 危险品通报标准 29CFR1910.1200（g）（2）要求的最低信息量。本 LNG 安全数据表及数据表内的信息真实准确。数据表中有些信息是来自公司外部的，我们已经审阅过这些来自公司外部的信息。我们认为这些信息是正确的，但是不能保证精确和完整。本安全数据表提出的安全防范措施也许是不完备的，所以无法在所有情况下完全适合所有人员。用户有义务安全地评估和使用该产品并遵守现行的法律和法规。不可利用本安全数据库表上的内容作为侵犯他人产品专利权许可或建议。本书不做任何的保证，既没有明示也没有暗示这种保证，我们无法控制产品的使用情况，也不承担任何直接或间接使用过程中产生破坏或损失的责任

2. 液化石油气燃料

MSDS 编号:2020L　　　　发布日期:2020 年 2 月

第一部分　危化品及企业标识		24 小时紧急援助						
品名　液化石然气(LPG)		化学品运输应急中心 800-424-9300 健康						1
化学品/代号 液化石油气		NFPA 危害等级				起火		4
化学品/族 石蜡烃(碳氢化合物)	CAS 登记号 68476-85-7	最小 0	轻微 1	中 2	高 3	极高 4	反应	0

分子式 $CH_4+C_2H_6+C_3H_8+N_2$	危险物质鉴别系统(HMIS)代码:(健康 1)(起火 4)(反应 0)

第二部分　危险性概述		
紧急情况概述:气体。极端易燃,有爆炸危险。高压,遇热有爆炸危险		
GHS 危险性类别:根据《危险化学品分类信息表》(2015)危险性类别判定,该产品分类如下:易燃气体,类别 1;高压气体,压缩气体;生殖细胞致突变性,类别 1B		

危险信息:极端易燃气体,内装高压气体;遇热可能爆炸,可能导致遗传性缺陷		
防范说明	预防措施	使用前取得专业说明。在阅读并明了所有安全措施前切勿搬动。远离热源、热表面、火花、明火以及其他点火源。禁止吸烟。戴防护手套/穿防护服/戴防护眼罩/戴防护面具
	事故响应	漏气着火:切勿灭火,除非漏气能够被安全地制止。一旦发生泄漏,除去所有点火源。如接触或有疑虑:求医/就诊
	安全存储	存放在通风良好的地方。存放处须加锁。防日晒。存放于通风良好处
	废弃处置	按照地方/区域/国家/国际规章处置内装物/容器
物理化学危险:极端易燃气体,有爆炸危险。高压压缩气体,遇热有爆炸危险		
健康危害:吸入该物质可能会引起对健康有害的影响或呼吸道不适。由于本品的物理状态,一般没有危害。在商业/工业场合中,认为本品不太可能进入体内。通过割伤、擦伤或病变处进入血液,可能产生全身损伤的有害作用。眼睛直接接触本品可导致暂时不适		
环境危害:对环境有害,应特别注意对水生环境的危害		
第三部分　成分/组成信息		
危险组分	浓度或浓度范围	CAS No.
液化石油气	≥ 99. 0 %	68476-85-7
第四部分　急救措施		
皮肤接触:立即脱去污染的衣物。用大量肥皂水和清水冲洗皮肤。如有不适,就医。 眼睛接触:用大量水彻底冲洗至少 15 min。如有不适,就医。 吸入:立即将患者移到新鲜空气处,保持呼吸畅通。如果呼吸困难,给予吸氧。如患者食入或吸入本物质,不得进行口对口人工呼吸。如果呼吸停止,立即进行心肺复苏术。立即就医。 食入:禁止催吐,切勿给失去知觉者从嘴里喂食任何东西。立即呼叫医生或中毒控制中心		

（续表）

<table>
<tr><td colspan="5">第五部分　消防措施</td></tr>
<tr><td colspan="5">特别危险性：易燃：易被热源、火花或火焰点燃。可与空气形成爆炸性混合物。暴露于火中的容器可能会通过压力安全阀泄漏出内容物，从而增加火势和/或蒸气的浓度。蒸气可能会移动到着火源并回闪。加热时，容器可能爆炸。暴露于火中的容器可能会通过压力安全阀泄漏出内容物。受热或接触火焰可能会产生膨胀或爆炸性分解</td></tr>
<tr><td colspan="5">灭火方法和灭火剂：干粉、二氧化碳或水喷雾。
灭火注意事项及措施：灭火时，应佩戴呼吸面具并穿上全身防护服。在安全距离处、有充足防护的情况下灭火。防止消防水污染地表和地下水系统</td></tr>
<tr><td colspan="5">第六部分　泄漏应急处理</td></tr>
<tr><td colspan="5">作业人员防护措施、防护装备和应急处置程序：避免吸入蒸气、接触皮肤和眼睛。谨防蒸气积累达到可爆炸的浓度。蒸气能在低洼处积聚。建议应急人员戴正压自给式呼吸器，穿防毒、防静电服，戴化学防渗透手套。保证充分的通风。清除所有点火源。迅速将人员撤离到安全区域，远离泄漏区域并处于上风方向。使用个人防护装备。避免吸入蒸气、烟雾、气体或风尘</td></tr>
<tr><td colspan="5">环境保护措施：在确保安全的情况下，采取措施防止进一步的泄漏或溢出。避免排放到周围环境中。
泄漏化学品的收容、清除方法及使用的处置材料：少量泄漏时，可采用干砂或惰性吸附材料吸收泄漏物，大量泄漏时需筑堤控制。附着物或收集物应存放在合适的密闭容器中，并根据当地相关法律法规废弃处置。清除所有点火源，并采用防火花工具和防爆设备</td></tr>
<tr><td colspan="5">第七部分　操作处置与存储</td></tr>
<tr><td colspan="5">操作注意事项：避免吸入蒸气。只能使用不产生火花的工具。为防止静电释放引起的蒸气着火，设备上所有金属部件都要接地。使用防爆设备。在通风良好处进行操作。穿戴合适的个人防护用具。避免接触皮肤和进入眼睛。远离热源、火花、明火和热表面。采取措施防止静电积累</td></tr>
<tr><td colspan="5">存储注意事项：保持容器密闭。存储在干燥、阴凉和通风处。远离热源、火花、明火和热表面。存储于远离不相容材料和食品容器的地方</td></tr>
<tr><td colspan="5">第八部分　接触控制/个体防护</td></tr>
<tr><td colspan="5">接触限制</td></tr>
<tr><td>组分</td><td>标准来源</td><td>类型</td><td>标准值</td><td>备注</td></tr>
<tr><td rowspan="2">液化石油气</td><td rowspan="2">GBZ 2.1-2019</td><td>PC-TWA</td><td>1 000 mg/m^3</td><td rowspan="2"></td></tr>
<tr><td>PC-STEL</td><td>1 500 mg/m^3</td></tr>
<tr><td colspan="5">监测方法：气相色谱法；变色酸分光光度法</td></tr>
<tr><td colspan="5">工程控制：保持充分的通风，特别在封闭区内。确保在工作场所附近有洗眼和淋浴设施。使用防爆电器、通风、照明等设备。设置应急撤离通道和必要的泄险区</td></tr>
<tr><td colspan="5">呼吸系统防护：如果蒸气浓度超过职业接触限值或发生刺激等症状时，请使用全面罩式多功能防毒面具</td></tr>
<tr><td colspan="5">眼睛防护：戴化学防护眼镜</td></tr>
<tr><td colspan="5">皮肤和身体防护：穿防静电工作服</td></tr>
</table>

（续表）

手防护：戴橡胶手套	
其他防护：工作现场禁止吸烟、进食和饮水。工作完毕，淋浴更衣	
第九部分　理化特性	
外观与性状：无色气体或黄棕色油状液体，有特殊臭味	
pH 值（指明浓度）：不适用	气味：无资料
沸点、初沸点和沸程（℃）：>35	熔点/凝固点（℃）：-188
相对蒸气密度（空气=1）：不适用	气味临界值：无资料
饱和蒸气压（kPa）：不适用	相对密度（水=1）：不适用
蒸发速率：不适用	黏度（mm^2/s）：不适用
闪点（℃）：-74	*n*-辛醇/水分配系数：不适用
分解温度（℃）：无资料	引燃温度（℃）：426~537
爆炸上限/下限[%（*V/V*）]：上限：8.5~9.5；下限：1.5	
溶解性：不溶于水	易燃性：无资料
第十部分　稳定性和反应性	
稳定性：在正常使用条件下稳定。 禁配物：不相容物质，热、火焰和火花。 避免接触的条件：高温。 危险反应：无资料。 危险分解产物：一氧化碳、二氧化碳	
第十一部分　废弃处置	
废弃处置方法： 产品：如需就医，随手携带产品容器或标签。 不洁的包装：包装物清空后仍可能存在残留物危害，应远离热和火源，如有可能返还给供应商循环使用。 废弃注意事项：处置前参阅国家和地方有关法规	
第十二部分　运输信息	
联合国危险货物编号（UN 号）：1075	
联合国运输名称： 中文：液化石油气	
联合国危险性分类： 主要危险性：2.1	
包装类别：不适用	
包装标志：易燃液体。毒性物质	

（续表）

<table>
<tr><td colspan="9">包装方法：采用钢质气瓶等压力容器包装。按照生产商推荐的方法进行包装</td></tr>
<tr><td colspan="9">海洋污染物（是/否）：否</td></tr>
<tr><td colspan="9">运输注意事项：装运该物品的车辆排气管必须配备阻火装置，禁止使用易产生火花的机械设备和工具装卸。严禁与氧化剂、卤素等混装混运。高度不得超过车辆的防护栏板，并用三角木垫卡牢，防止滚动。钢瓶一般平放，并应将瓶口朝同一方向，不可交叉。采用钢瓶运输时必须戴好钢瓶上的安全帽。运输时运输车辆应配备相应品种和数量的消防器材及泄漏应急处理设备。运输前应先检查包装容器是否完整、密封。运输工具上应根据相关运输要求张贴危险标志、公告</td></tr>
<tr><td colspan="9">第十三部分　法规信息</td></tr>
<tr><td colspan="9">中国化学品管理名录</td></tr>
<tr><td>组分</td><td>A</td><td>B</td><td>C</td><td>D</td><td>E</td><td>F</td><td>G</td><td>H</td></tr>
<tr><td>液化石油气</td><td>列入</td><td>未列入</td><td>未列入</td><td>未列入</td><td>列入</td><td>未列入</td><td>未列入</td><td>未列入</td></tr>
<tr><td colspan="9">【A】《危险化学品目录》（2015），安监总局 2015 年第 5 号公告
【B】《重点环境管理危险化学品目录》，环保部办公厅 2014 年第 33 号文
【C】《中国严格限制进出口的有毒化学品目录》，环保部 2013 年第 85 号公告
【D】《麻醉药品和精神药品品种目录》（2013），食品总局 2013 年第 230 号通知
【E】《重点监管的危险化学品名录（第 1 和第 2 批）》，安监总局 2011 年第 95 号和 2013 年第 12 号通知
【F】《中国进出口受控消耗臭氧层物质名录（第一到第六批）》，生态环境部办公厅 2021 年第 50 号印发公告
【G】《易制爆危险化学品名录》（2017），公安部 2017 年 5 月 11 日公告
【H】《高毒物品目录》，卫生部 2003 年第 142 号通知</td></tr>
<tr><td colspan="9">第十四部分　其他信息</td></tr>
<tr><td colspan="9">最新修订版日期：2020 年 2 月 22 日修改说明：本说明书以《危险化学品分类信息表》（2015）、《化学品分类和标签规范》（GB 30000.2～29—2013）为依据，根据实验数据和现有知识编写。接受本产品的收货人必须根据 SDS 或产品使用说明书中的要求，结合现场实际情况制定安全作业规程，并应该承担责任遵守现行法规和条例</td></tr>
</table>

3. 甲醇燃料

MSDS 编号：2020L　　　　发布日期：2020 年 2 月

<table>
<tr><td colspan="2">第一部分　危化品及企业标识</td><td colspan="7">24 小时紧急援助</td></tr>
<tr><td colspan="2">品名　　甲醇（Methanol）</td><td colspan="6">化学品运输应急中心 800-424-9300 健康</td><td>1</td></tr>
<tr><td colspan="2">化学品/代号 木酒精、羟基甲烷、木醇</td><td colspan="5">NFPA 危害等级</td><td>起火</td><td>4</td></tr>
<tr><td>化学品/族
羟基甲烷</td><td>CAS 登记号
67-56-1</td><td>最小 0</td><td>轻微 1</td><td>中 2</td><td>高 3</td><td>极高 4</td><td>反应</td><td>0</td></tr>
<tr><td colspan="2">分子式 CH_3OH</td><td colspan="7">危险物质鉴别系统（HMIS）代码：（健康 1）（起火 4）（反应 0）</td></tr>
</table>

（续表）

<table>
<tr><td colspan="3">第二部分　　　　危险性概述</td></tr>
<tr><td colspan="3">紧急情况概述：无色易挥发液体，有微弱白酒气味。低于 500ppm，吸入会引起头疼、呕吐、刺激鼻，咽喉，瞳孔放大，有醉酒感，肌肉失调，多汗，引起支气管炎，惊厥；吸入过量则会导致僵木、痛性痉挛、怕光，甚至失明，病情恢复十分缓慢且不彻底；接触会使皮肤干裂、红肿，并对眼睛有刺激性；食入除吸入产生的症状，还会损伤肝、肾、心脏、神经，甚至死亡</td></tr>
<tr><td rowspan="4">防范说明</td><td>预防措施</td><td>操作之前需经过专业指导，在未了解所有安全措施之前，切勿操作。操作时需远离热源、火花、明火、热表面，使用工具作业时不得产生火花；需采取防止静电措施，容器和接受设备接地、连接；需使用防爆型电器、通风、照明及其他设备；需保持容器密闭，仅在室外或通风良好出操作，以避免操作人员吸入蒸气（或雾）；工作人员需戴防护手套和防护眼镜，且氨气在空气中浓度超标时需戴呼吸防护器具；处于妊娠、哺乳期间的工作人员应避免接触；作业场所不得进食、饮水、吸烟。操作后应彻底清洗身体接触部位，且污染的工作服不得带出工作场所，以免将有毒气体释放到环境中</td></tr>
<tr><td>事故响应</td><td>如食入，立即就医。禁止催吐。
如吸入，立即将患者转移至空气新鲜处，休息，保持有利于呼吸的体位。就医。眼接触后应该用水清洗若干分钟，注意充分清洗。如戴隐形眼镜并可方便取出，应将其取出，继续清洗。就医。皮肤（或头发）接触，立即脱去所有被污染的衣着，用大量肥皂水和水冲洗。如发生皮肤刺激，就医。受污染的衣着在重新穿用前应彻底清洗。
收集泄漏物。
发生火灾时，使用雾状水、干粉、泡沫或二氧化碳灭火</td></tr>
<tr><td>安全存储</td><td>在阴凉、通风良好处存储。专人保管</td></tr>
<tr><td>废弃处置</td><td>本品或其容器采用焚烧法处置</td></tr>
<tr><td colspan="3">GHS 危险性类别：
易燃液体　类别 2
皮肤腐蚀/刺激　类别 2
严重眼睛损伤/眼睛刺激性　类别 2
致癌性　类别 2B
生殖细胞突变性　类别 2B
特异性靶器官系统毒性——一次接触　类别 3
特异性靶器官系统毒性——反复接触　类别 2
吸入危害　类别 2
对水环境危害——急性　类别 3
对水环境危害——慢性　类别 3</td></tr>
<tr><td>象形图</td><td colspan="2"></td></tr>
<tr><td colspan="3">物理和化学危害：易燃，易爆，其蒸气能与空气形成爆炸性混合物，遇明火，高温有燃烧爆炸危险，与铬酸、高氯酸、高氯酸铅反应剧烈，有爆炸危险</td></tr>
</table>

（续表）

健康危害：低于 500ppm，吸入会引起头疼、呕吐，刺激鼻、咽喉，瞳孔放大，有醉酒感，肌肉失调，多汗，引起支气管炎，惊厥；吸入过量则会导致僵木、痛性痉挛、怕光，甚至失明，病情恢复十分缓慢且不彻底；接触会使皮肤干裂、红肿，并对眼睛有刺激性；食入除吸入产生的症状，还会损伤肝、肾、心脏、神经，甚至死亡（内服 10 mL 有失明的危险，30 mL 能致人死亡）		
环境危害：该物质对环境有危害，对水体应给予特别注意。		
第三部分　成分/组成信息		
组分	浓度或浓度范围	CAS No.
甲醇	99%（质量分数）	67-56-1
第四部分　急救措施		
皮肤接触	脱去污染的衣着，用肥皂水和清水彻底冲洗皮肤	
眼睛接触	提起眼睑，用流动清水或生理盐水冲洗。就医	
吸入	迅速脱离现场至空气新鲜处。保持呼吸道通畅。如呼吸困难，输氧。如呼吸停止，立即进行人工呼吸。就医	
食入	饮足量温水，催吐。用清水或 1%硫代硫酸钠溶液洗胃。就医	
第五部分　消防措施		
危险特性	易燃，其蒸气与空气可形成爆炸性混合物，遇明火、高热能引起燃烧爆炸。与氧化剂接触发生化学反应或引起燃烧。在火场中，受热的容器有爆炸危险。其蒸气比空气重，能在较低处扩散到相当远的地方，遇火源会着火回燃	
有害燃烧产物	一氧化碳、二氧化碳	
灭火方法	尽可能将容器从火场移至空旷处。喷水保持火场容器冷却，直至灭火结束。处在火场中的容器若已变色或从安全泄压装置中产生声音，必须马上撤离。灭火剂：抗溶性泡沫、干粉、二氧化碳、沙土	
第六部分　泄漏应急处理		
应急处理	迅速撤离泄漏污染区人员至安全区，并进行隔离，严格限制出入。切断火源。建议应急处理人员戴自给正压式呼吸器，穿防静电工作服。不要直接接触泄漏物。尽可能切断泄漏源。防止流入下水道、排洪沟等限制性空间。小量泄漏：用沙土或其他不燃材料吸附或吸收；也可以用大量水冲洗，洗水稀释后放入废水系统。大量泄漏：构筑围堤或挖坑收容；用泡沫覆盖，降低蒸气灾害；用防爆泵转移至槽车或专用收集器内，回收或运至废物处理场所处置	

（续表）

第七部分　操作处置与存储	
操作注意事项	密闭操作，加强通风。操作人员必须经过专门培训，严格遵守操作规程。建议操作人员佩戴过滤式防毒面具（半面罩），戴化学安全防护眼镜，穿防静电工作服，戴橡胶手套。远离火种、热源，工作场所严禁吸烟。使用防爆型的通风系统和设备。防止蒸气泄漏到工作场所空气中。避免与氧化剂、酸类、碱金属接触。灌装时应控制流速，且有接地装置，防止静电积聚。配备相应品种和数量的消防器材及泄漏应急处理设备。倒空的容器可能残留有害物
存储注意事项	存储于阴凉、通风的库房。远离火种、热源。库温不宜超过 30 ℃。保持容器密封。应与氧化剂、酸类、碱金属等分开存放，切忌混储。采用防爆型照明、通风设施。禁止使用易产生火花的机械设备和工具。储区应备有泄漏应急处理设备和合适的收容材料
第八部分　接触控制/个体防护	
职业接触限值	
中国 MAC（mg/m^3）	50
TLVTN	OSHA 200ppm，262 mg/m^3；ACGIH 200ppm，262 mg/m^3［皮］
TLVWN	ACGIH 250ppm，328 mg/m^3［皮］
监测方法	气相色谱法；变色酸分光光度法
工程控制	生产过程密闭，加强通风。提供安全淋浴和洗眼设备
呼吸系统防护	可能接触其蒸气时，应该佩戴过滤式防毒面具（半面罩）。紧急事态抢救或撤离时，建议佩戴空气呼吸器
眼睛防护	戴化学安全防护眼镜
身体防护	穿防静电工作服
手防护	戴橡胶手套
其他防护	工作现场禁止吸烟、进食和饮水。工作完毕，淋浴更衣。实行就业前和定期的体检
第九部分　理化特性	
主要成分	纯品
外观与性状	无色澄清液体，有刺激性气味
熔点（℃）	-97.8
沸点（℃）	64.8
相对密度（水=1）	0.79
蒸气相对密度（空气=1）	1.11

（续表）

饱和蒸气压（kPa）	13.33（21.2 ℃）
燃烧热（kJ/mol）	727.0
临界温度（℃）	240
临界压力（MPa）	7.95
辛醇/水分配系数的对数值	-0.82/-0.66
闪点（℃）	11
引燃温度（℃）	385
爆炸上限%（*V/V*）	44.0
爆炸下限%（*V/V*）	5.5
溶解性	溶于水，可混溶于醇、醚等多数有机溶剂
主要用途	主要用于制甲醛、香精、染料、医药、火药、防冻剂等
第十部分　稳定特性和反应性	
稳定性	稳定
禁配物	酸类、酸酐、强氧化剂、碱金属
第十一部分　废弃处置	
废弃物性质	危险废物
废弃处置办法	用控制燃烧法处理
废弃注意事项	处置前应参阅国家和地方有关法规。废物存储参见“存储注意事项”。容器处理：在容器未被清洗前不要将标签弄掉。不要在容器和容器的附近切割、刺破和焊接。空的容器也可能含有危险的残余物质，这样的空容器决不能当作普通废物。必须采用适当的方法来清洗，然后再使用或掩埋处理适当焚化。不要焚化密封的容器
第十二部分　运输信息	
危险货物编号	32058
UN 编号	7 易燃液体（主标志），14 有毒品（副标志）
包装类别	Ⅱ类
包装方法	储存在小开口钢桶、螺纹口玻璃瓶、铁盖压口玻璃瓶、塑料瓶或金属桶（罐）外木箱之中。禁止存储于会与铝及其合金、铅、锌、某些橡胶、聚苯乙烯等发生化学反应的容器中
运输注意事项	夏季应早晚运输，停止日光暴晒。运输按规定路线行驶。运输车辆应配备有相应品种的消防器材及泄漏应急处理设备。中途停留时应远离火种、热源。

（续表）

第十三部分　法规信息
《化学危险物品安全管理条例》(1987 年 2 月 17 日国务院发布)，《化学危险物品安全管理条例实施细则》(化劳发[1992]677 号)，《工作场所安全使用化学品规定》([1996]劳部发 423 号)等法规，针对化学危险品的安全使用、生产、存储、运输、装卸等方面均做了相应规定；常用危险化学品的分类及标志(GB 13690—1992)将该物质划为第 3.2 类中闪点易燃液体

4. 氨燃料

MSDS 编号：2020L　　　发布日期：2020 年 2 月

<table>
<tr><td colspan="2">第一部分　危化品及企业标识</td><td colspan="7">24 小时紧急援助</td></tr>
<tr><td colspan="2">品名　　氨气(Ammonia)</td><td colspan="6">化学品运输应急中心 800-424-9300 健康</td><td>1</td></tr>
<tr><td colspan="2">化学品/代号 氨气(液氨)</td><td colspan="5">NFPA 危害等级</td><td>起火</td><td>4</td></tr>
<tr><td>化学品/族
氮氢化合物</td><td>CAS 登记号 7664-41-7</td><td>最小
0</td><td>轻微
1</td><td>中 2</td><td>高 3</td><td>极高
4</td><td>反应</td><td>0</td></tr>
<tr><td>分子式 NH_3</td><td colspan="8">危险物质鉴别系统(HMIS)代码：(健康 1)(起火 4)(反应 0)</td></tr>
<tr><td colspan="9">第二部分　危险性概述</td></tr>
<tr><td colspan="9">GHS 危险性类别：易燃气体，类别 2；加压气体急性毒性—吸入，类别 3；皮肤腐蚀/刺激，类别 1B；严重眼损伤/眼刺激，类别 1；危害水生环境—急性危害，类别 1</td></tr>
<tr><td colspan="9">侵入途径：吸入</td></tr>
<tr><td>象形图</td><td colspan="8"></td></tr>
<tr><td colspan="9">健康危害：低浓度氨对黏膜有刺激作用，高浓度可造成组织溶解坏死。急性中毒：轻度者出现流泪、咽痛、声音嘶哑、咳嗽、咯痰等；眼结膜、鼻黏膜、咽部充血、水肿；胸部 X 线征象符合支气管炎或支气管周围炎。中度中毒上述症状加剧，出现呼吸困难、发绀；胸部 X 线征象符合肺炎或间质性肺炎。严重者可发生中毒性肺水肿，或有呼吸窘迫综合征，患者剧烈咳嗽、咯大量粉红色泡沫痰、呼吸窘迫、谵妄、昏迷、休克等。可发生喉头水肿或支气管黏膜坏死脱落窒息。高浓度氨可引起反射性呼吸停止。液氨或高浓度氨可致眼灼伤；液氨可致皮肤灼伤</td></tr>
<tr><td colspan="9">环境危害：对环境有严重危害，对水体、土壤和大气可造成污染</td></tr>
<tr><td colspan="9">燃爆危险：本品易燃，有毒，具有刺激性</td></tr>
<tr><td colspan="9">第三部分　成分/组成信息</td></tr>
<tr><td>有害物成分</td><td colspan="8">氨</td></tr>
<tr><td>含量</td><td colspan="8">100%</td></tr>
</table>

（续表）

第四部分　急救措施	
皮肤接触	可引起严重疼痛和烧伤，并能发生咖啡样着色；被腐蚀部位呈胶状并发软，可发生深度组织破坏；应立即脱去污染的衣着，用大流量清水或2%硼酸液彻底冲洗，然后立即就医
眼睛接触	高浓度氨对眼睛有强烈刺激，可引起疼痛和烧伤，导致明显炎症并可能发生水肿、上皮组织破坏、眼角膜混浊和虹膜发炎，轻度患者一般会缓解，严重病例可能会长期持续，并发生持续性水肿、疤痕、永久性混浊、眼睛膨出、白内障、眼睑和眼球粘连及失明等并发症。多次或持续接触氨会导致结膜炎；应立即提眼睑，用大量流动清水或生理盐水彻底冲洗至少15 min，立即就医
吸入	可出现流泪、咽痛、嘶哑、咳嗽、咯痰、呼吸窘迫综合征、昏迷、休克等症状；应迅速脱离现场至空气新鲜处，保持呼吸道通畅；如呼吸困难，输氧；如呼吸停止，立即进行人工呼吸
食入	立即就医；勿催吐
第五部分　消防措施	
危险特性	与空气混合能形成爆炸性混合物。遇明火、高热能引起燃烧爆炸。与氟、氯等接触会发生剧烈的化学反应。若遇高热，容器内压增大，有开裂和爆炸的危险
建规火险分级	乙
有害燃烧产物	氧化氮、氨
灭火方法	消防人员必须穿全身防火防毒服，在上风向灭火。切断气源。若不能切断气源，则不允许熄灭泄漏处的火焰。喷水冷却容器，可能的话将容器从火场移至空旷处。灭火剂：雾状水、抗溶性泡沫、二氧化碳、沙土
第六部分　泄漏应急处理	
应急处理：消防人员必须穿全身防火防毒服，在上风向灭火。切断气源。若不能切断气源，则不允许熄灭泄漏处的火焰。喷水冷却容器，可能的话将容器从火场移至空旷处。灭火剂：雾状水、抗溶性泡沫、二氧化碳、沙土	
第七部分　操作处置与存储	
操作注意事项：严加密闭，提供充分的局部排风和全面通风。操作人员必须经过专门培训，严格遵守操作规程。建议操作人员佩戴过滤式防毒面具（半面罩），戴化学安全防护眼镜，穿防静电工作服，戴橡胶手套。远离火种、热源，工作场所严禁吸烟。使用防爆型的通风系统和设备。防止气体泄漏到工作场所空气中。避免与氧化剂、酸类、卤素接触。搬运时轻装轻卸，防止钢瓶及附件破损。配备相应品种和数量的消防器材及泄漏应急处理设备	
存储注意事项：存储于阴凉、通风的库房。远离火种、热源。库温不宜超过30 ℃。应与氧化剂、酸类、卤素、食用化学品分开存放，切忌混储。采用防爆型照明、通风设施。禁止使用易产生火花的机械设备和工具。存储区应备有泄漏应急处理设备	

（续表）

第八部分　接触控制/个体防护			
中国 MAC(mg/m³):30			
TLVTN:OSHA 50ppm,34 mg/m³;ACGIH 25ppm,17 mg/m³			
TLVWN:ACGIH 35ppm,24 mg/m³			
接触限值	美国(ACGIH)TLV-TWA:25ppm		
	中国 PC-TWA(mg/m³):20		
	PC-STEL(mg/m³):30		
	TLV-STEL:35ppm		
监测方法:纳氏试剂比色法			
工程控制:严加密闭,提供充分的局部排风和全面通风。提供安全淋浴和洗眼设备			
呼吸系统防护:空气中浓度超标时,建议佩戴过滤式防毒面具(半面罩)。紧急事态抢救或撤离时,必须佩戴空气呼吸器			
眼睛防护:戴化学安全防护眼镜			
身体防护:穿防静电工作服			
手防护:戴橡胶手套			
其他防护:工作现场禁止吸烟、进食和饮水。工作完毕,淋浴更衣。保持良好的卫生习惯			
第九部分　理化特性			
pH 值	无资料	熔点(℃)	-77.7
沸点(℃)	-33.5	分子式	NH_3
主要成分	纯品	临界温度(℃)	132.5
辛醇/水分配系数的对数值	无资料	饱和蒸气压(kPa)	506.62(4.7 ℃)
引燃温度(℃)	651	自燃温度	651
燃烧性	易燃	溶解性	易溶于水、乙醇、乙醚
相对密度(水=1)	0.82(-79 ℃)	蒸气相对密度(空气=1)	0.6
分子量	17.03	临界压力(MPa)	11.40
外观与性状	无色、有刺激性恶臭的气体		
主要用途	用作制冷剂及制取铵盐和氮肥		
第十部分　稳定性和反应活性			
稳定性:稳定			
禁配物:卤素、酰基氯、酸类、氯仿、强氧化剂 避免接触的条件:高温、高压、烟火、热源 危险反应:与空气形成爆炸性混合物 分解(燃烧)产物:氧化氮			

(续表)

<table>
<tr><td colspan="2">第十一部分　废弃处置</td></tr>
<tr><td colspan="2">废弃物性质:处置前应参阅国家和地方有关法规。建议用焚烧法处置</td></tr>
<tr><td colspan="2">废弃处置方法:先用水稀释,再加盐酸中和,然后放入废水系统</td></tr>
<tr><td colspan="2">第十二部分　运输信息</td></tr>
<tr><td colspan="2">危险货物编号:23003;UN 编号:1005;IMDG 规则页码:2104;包装类别:O52 包装方法:钢质气瓶</td></tr>
<tr><td colspan="2">运输注意事项:本品铁路运输时限使用耐压液化气企业自备罐车装运,装运前须报有关部门批准。采用钢瓶运输时必须戴好钢瓶上的安全帽。钢瓶一般平放,并应将瓶口朝同一方向,不可交叉;高度不得超过车辆的防护栏板,并用三角木垫卡牢,防止滚动。运输时运输车辆应配备相应品种和数量的消防器材。装运该物品的车辆排气管必须配备阻火装置,禁止使用易产生火花的机械设备和工具装卸。严禁与氧化剂、酸类、卤素、食用化学品等混装混运。夏季应早晚运输,防止日光暴晒。中途停留时应远离火种、热源。公路运输时要按规定路线行驶,禁止在居民区和人口稠密区停留</td></tr>
<tr><td colspan="2">第十三部分　法规信息</td></tr>
<tr><td colspan="2">《化学危险物品安全管理条例》(1987 年 2 月 17 日国务院发布),《化学危险物品安全管理条例实施细则》(化劳发[1992]677 号),《工作场所安全使用化学品规定》([1996]劳部发 423 号)等法规,针对化学危险品的安全使用、生产、存储、运输、装卸等方面均做出了相应规定;常用危险化学品的分类及标志(GB 13690—1992)将该物质划为第 2.3 类有毒气体</td></tr>
<tr><td colspan="2">第十四部分　其他信息</td></tr>
<tr><td>常见用途</td><td>①主要用于大规模集成电路减压或等离子体 CVD,以生长二氧化硅膜锅炉给水 pH 值调节剂,氨用来中和给水中的碳酸,提高 pH 值,减缓给水中二氧化碳的腐蚀。其也是锅炉停炉保护剂,对锅炉内有少量存水不能放出的锅炉也有较好的保护效果。②在电子工业中,高纯氨用作化学气相沉积氮化硅的氮源。在化工、科研等领域用作标准气、配制标准混合气、物性测定等。③用作碱性剂、酵母养料、冻豆腐制造用剂、食用色素稀释剂和溶剂,用量参照 WHO 颁布的 GMP 标准。④液氨可用作各种化学反应的溶剂</td></tr>
</table>

5. 氢燃料

MSDS 编号:2020L　　　发布日期:2020 年 2 月

<table>
<tr><td colspan="2">第一部分　危化品及企业标识</td><td colspan="7">24 小时紧急援助</td></tr>
<tr><td colspan="2">品名　　氢气(Hydrogen)</td><td colspan="6">化学品运输应急中心 800-424-9300 健康</td><td>1</td></tr>
<tr><td colspan="2">化学品/代号 氢气</td><td colspan="5">NFPA 危害等级</td><td>起火</td><td>4</td></tr>
<tr><td>化学品/族
高纯氢</td><td>CAS 登记号
133-74-0</td><td>最小
0</td><td>轻微
1</td><td>中
2</td><td>高
3</td><td>极高
4</td><td>反应</td><td>0</td></tr>
<tr><td>分子式 H_2</td><td colspan="8">危险物质鉴别系统(HMIS)代码:(健康 1)(起火 4)(反应 0)</td></tr>
<tr><td colspan="9">第二部分　危险性概述</td></tr>
<tr><td colspan="9">紧急情况概述:无色无味气体,密度比空气小,本品在生理学上是惰性气体,仅在高浓度时,由于空气中氧分压降低才引起窒息。在很高的分压下,可呈现出麻醉作用。易燃,遇热或明火会发生爆炸</td></tr>
</table>

（续表）

<table>
<tr><td rowspan="4">防范说明</td><td colspan="2">预防措施</td><td colspan="2">远离热源、明火，使用不产生火花的工具作业。采取防止静电措施，容器和接收设备接地、连接。使用防爆电器、通风、照明及其他设备，生产和使用装置安装气体探测报警装置</td></tr>
<tr><td colspan="2">事故响应</td><td colspan="2">迅速撤离泄漏污染区人员至安全区，并进行隔离，严格限制出入。建议应急处理人员戴自给正压式呼吸器，穿消防防护服，尽可能切断泄漏源。合理通风，加速扩散。如有可能，将漏出气用排风机送至空旷地方或装设喷头将其烧掉。漏气容器要妥善处理，修复、检验后再用</td></tr>
<tr><td colspan="2">安全存储</td><td colspan="2">易燃压缩气体，存储于阴凉、通风舱间内。舱内温度不宜超过 30 ℃。远离火种、热源。防止阳光直射。应与氧气、压缩空气、卤素（氟、氯、溴）、氧化剂等分开存放。切忌混储混运。存储间内的照明、通风等设施应采用防爆型，开关设在舱外。配备相应品种和数量的消防器材。禁止使用易产生火花的机械设备和工具</td></tr>
<tr><td colspan="2">废弃处置</td><td colspan="2">本品对环境不会造成影响，可直接排入大气。处置前应参照国家和地方有关法规</td></tr>
<tr><td colspan="5">GHS 危险性类别：易燃气体，类别 1；加压气体，类别 2</td></tr>
<tr><td>象形图</td><td colspan="4"></td></tr>
<tr><td colspan="5">物理和化学危害：本品是惰性气体，仅在高浓度时，由于空气中氧分压降低才引起窒息。在很高的分压下，可呈现麻醉作用。易燃，遇热或明火会发生爆炸</td></tr>
<tr><td colspan="5">环境危害：对环境不会造成影响，可直接排入大气</td></tr>
<tr><td rowspan="4">健康危险</td><td>吸入</td><td colspan="3">在高浓度时，由于空气中氧分压降低才引起窒息。在很高的分压下，可呈现出麻醉作用</td></tr>
<tr><td>皮肤接触</td><td colspan="3">无影响</td></tr>
<tr><td>眼睛接触</td><td colspan="3">无影响</td></tr>
<tr><td>食入</td><td colspan="3">无毒</td></tr>
<tr><td colspan="5">第三部分　成分/组成信息</td></tr>
<tr><td colspan="2">组分</td><td colspan="2">浓度或浓度范围</td><td>CAS</td></tr>
<tr><td colspan="2">氢</td><td colspan="2">≥99.99%（质量分数）</td><td>133-74-0</td></tr>
<tr><td colspan="5">第四部分　急救措施</td></tr>
<tr><td colspan="2">急救</td><td colspan="3">吸入：迅速脱离现场至空气新鲜处。保持呼吸道通畅。如呼吸困难，输氧。如呼吸停止，立即进行人工呼吸和就医</td></tr>
<tr><td colspan="5">第五部分　消防措施</td></tr>
<tr><td colspan="2">灭火剂</td><td colspan="3">用雾状水、泡沫、二氧化碳、干粉灭火剂灭火</td></tr>
</table>

（续表）

特别危险性	压缩气体燃烧可导致容器开裂或爆炸
灭火注意事项及防护措施	消防人员必须戴好自给正压式呼吸器，穿消防防护服，在安全距离以外灭火。尽可能切断泄漏源，若不能立即切断气源，则不允许熄灭正在燃烧的气体。喷水冷却容器，可能的话将容器从火场移至空旷处。用水保持火场容器冷却，直至灭火结束。隔离事故现场，禁止无关人员进入
第六部分　泄漏应急处理	
氢气瓶或储罐出现泄漏时	判断漏气部位和漏气程度，在确保人身安全的情况下，切断泄漏源。迅速关闭氢气瓶阀，消除周围明火，并关闭附近的所有发动机和电气设备。停止周围一切可能产生火花的作业疏散人员，避开气流，往上风处迅速撤离。如果漏气无法中止，在确保安全的前提下，将氢气瓶转移到室外安全的地方，让它排空。不得将气体排放到通风条件差、密闭或者具有着火危险的地方。注意：排空氢气瓶或氢气储罐时，应控制氢气流速，避免因氢气流速过快而导致氢气着火事故；排空氢气的过程中，现场应准备适量的灭火器并有人在现场监控，以确保安全。对漏气场所进行隔离，避免无关人员入内。排空后，关上瓶阀，将该氢气瓶退还给林德气体公司，并附上标签，标签上请简要写明本气瓶不能使用的原因。进入漏气地段之前，应事先对该地段进行合理通风，加速扩散，确保人身安全。漏气储罐要妥善处理、修复、检验后再用
环境保护措施	本品燃烧产物是水，对环境无影响
泄漏化学品的收容、清除方法及所用的处理材料	本品对环境无污染，泄漏物可直接排入大气
第七部分　操作处置与存储	

操作使用安全注意事项	操作处置瓶装氢气时应注意的安全事项	a）必须保证工作场所具备良好的通风条件、空气中的氢气含量必须低于1%。 b）应妥善保护氢气瓶和附件，防止破损。 c）任何时候，应将氢气瓶妥善固定，防止倾倒或受到撞击。 d 凡是与氢气接触的部件装置设备，不得沾有油类、灰尘和润滑脂。 e）氢气瓶的最高使用温度为 60 ℃。国产 40 L、公称工作压力为 15 MPa 氢气瓶的最高使用压力为 18 MPa。 f）使用时，不得将氢气瓶靠近热源，距离明火应 10 m 以上。氢气瓶禁止敲击、碰撞或带压紧固/整理。 不得对氢气瓶体施弧引焊。氧气瓶的任何部位禁止挖补、焊接修理。 g）选用减压阀时应注意：减压阀的额定进口压力不得低于氢气瓶压力。 h）氢气瓶中断使用或暂时中断使用时，瓶阀应完全关闭。 i）氢气瓶内气体禁止用尽，必须留有不低于 0.05 MPa 的剩余压力。 j）氢气瓶阀应缓慢打开，且氢气流速不可过快。如果瓶阀损坏或者无法用手打开，不得用扳手等工具强制将它打开，应将氢气瓶退还给林德气体公司，并请附上标签，标签上请简要写明本气瓶不能使用的原因

（续表）

操作使用安全注意事项	搬运、装卸时应注意的安全事项	a)搬运和装卸氢气瓶的人员至少应穿防砸鞋，禁止吸烟。搬运氢气瓶时，应使用叉车或其他合适的工具，禁止使用易产生火花的机械设备和工具。 b)需要人工搬运单个氢气瓶时，应用手扶住瓶肩并缓慢滚动气瓶。不得拖、拽或将气瓶平放在地面上进行滚动。禁止握住瓶阀或瓶阀保护罩来直接滚动气瓶。 c)装卸氢气瓶时，应轻装轻卸，不得采取拖拽、抛、倒置等野蛮行为，禁止将氢气瓶用作搬运其他设备的滚子。装卸现场禁止烟火。 d)吊装时，应将氢气瓶放置在符合安全要求的容器中进行吊运。禁止使用电磁起重机和用链绳捆扎、或将瓶阀作为吊运着力点
	存储氢气瓶时应注意的安全事项	a)氢气瓶应放在干燥、通风良好、凉爽的地方，远离腐蚀性物质，禁止明火及其他热源，防止阳光直射，库房温度不宜超过 30 ℃。禁止将氢气瓶存放在地下室或半地下室内。库房内的照明、通风等设施应采用防爆型，开关设在舱外。配备相应品种和数量的消防器材。 b)空瓶和实瓶应分开放置，并应设置明显标志。应与氧气、压缩空气、卤素（氟、氯、溴）、氧化剂等分开存放。切忌混储混运。 c)应定期（用肥皂水）对氢气瓶进行漏气检查，确保无漏气。 d)气瓶放置应整齐，立放时，应妥善固定；横放时，瓶阀应朝同一方向

第八部分　接触控制/个体防护	
工程控制	密闭操作，提供良好的自然通风条件；防爆电器与照明
呼吸系统防护	一般不需特殊防护，高浓度接触时可佩戴自给式空气呼吸器
眼睛防护	一般不需特殊防护
身体防护	穿防静电工作服和防静电鞋
手防护	一般作业防护手套
其他防护	工作场所禁止烟火，避免高浓度吸入；进入储罐、限制性空间或其他高浓度作业，须有人监护
第九部分　理化特性	
外观与性状	无色无臭气体
熔点（℃）	-259.2
沸点（℃）	-252.77
相对密度（水=1）	0.07（252 ℃）
相对蒸气密度（空气=1）	0.07
饱和蒸气压（kPa）	13.33（-257.9 ℃）
闪点（℃）	无意义
引燃温度（℃）	574
爆炸上限%（*V/V*）	74.1

（续表）

爆炸下限%（V/V）	4.1	
溶解性	溶于水、乙醇	
主要用途	用于切割、焊接金属，制造医药、染料、炸药等	
第十部分　稳定性和反应性		
稳定性	稳定	
避免接触的条件	禁止接触明火	
禁配物	强氧化物、卤素	
分解产物	水	
聚合危害	易燃或可燃物、活性金属粉末、乙炔	
第十一部分　毒理性		
毒理性	急性毒性	LD50
第十二部分　废弃处置		
废弃化学品	本品对环境不会造成影响，可直接排入大气	
废弃注意事项	处置前应参照国家和地方有关法规。处置人员的安全防范措施参见第八部分	
第十三部分　运输信息		
联合国危险货物编号（UN 号）	1049	
联合国运输名称	氢	
包装类别	Ⅱ类包装	
包装标志	易燃气体	
运输注意事项	氧气钢瓶不得沾污油脂。采用钢瓶运输时必须关好钢瓶上的安全帽。钢瓶一般平放，并应将瓶口朝同一方向，不可交叉；高度不得超过车辆的防护栏板，并用三角木垫卡牢，防止滚动。严禁与易燃物或可燃物、活性金属粉末等混装混运。夏季应早晚运输，防止日光暴晒	
第十四部分　法规信息		
有关法律、规章和标准，对该化学品的管理做出了相应的规定	化学品安全技术说明书内容和项目顺序（GB/T 16483—2008）	
	常用危险化学品的分类及标志（GB 13690—2009）	
	危险货物品名表（GB 12268—2012）	
	氢气使用安全技术规程（GB 4962—2008）	
	工业氢气（GB/T 3634.1—2006）	
	危险货物运输包装通用技术条件（GB 12463—2009）	

第九章
低闪点燃料轮机设备操控

从船舶安全操作分析,部分轮机设备使用气体或者低闪点燃料,因此设备构造等方面与原设备有所不同,需要引起重视并熟练操作。本章主要介绍燃料主发动机操控、船舶辅机系统两部分内容。

第一节 燃料主发动机操控

本节主要介绍系统一般知识、气体燃料发动机工作原理、单一燃料发动机操作、气体燃料发动机操作、自动控制系统和工作特点六方面内容。

一、系统一般知识

气体燃料主机有以下三种:蒸汽推进主机、燃气推进主机和双燃料推进主机。

1. 蒸汽推进主机

当前,蒸汽轮机主要应用于大型 LNG 运输船,其主要原理是 LNG 在船舶主锅炉中燃烧,使用蒸汽驱动涡轮机,用以发电和推进。该技术发展历史悠久、成熟可靠,仅需要极低的维护频率和维护成本。但蒸汽轮机热效率非常低,能源消耗是柴油机的两倍多。尽管这一缺点在 LNG 运输船上并不突出,因为 LNG 运输途中有大量的蒸发气(BOG)生成,进而可成为蒸汽轮机的燃料,热效率低的缺点也被掩盖了;但是这一缺点会在续航能力不足的 LNG 燃料普通船舶上被放大,因此,蒸汽轮机应用范围受到了严重的限制。

2. 燃气推进主机

燃气轮机的设计理念源于航空发动机技术,燃气轮机只进行一次能量转换的工作行程,而且能做到能源循环使用,故燃气轮机的热效率比蒸汽轮机要高。燃气轮机的优点还包括工作可靠、运行平稳,但与柴油机相比,其热效率仍然要低得多。另外,船舶续航能力低、系统要求的基础设施复杂等极大地增加舱室布置难度及未来使用的保养成本。对于普通船舶而言，以燃气轮机作为动力来源并不是一个好的选择。

3. 双燃料推进主机

双燃料推进主机的设计理念来自气体发动机的另外一种点火燃烧方式，该方式不需要电火花，在活塞缸内喷入燃气的同时喷入少量雾化柴油，柴油经过压缩后自燃从而引燃天然气。此种燃料主机有非常高的热效率以及经济性，燃气在气缸内因为柴油压燃产生的分散点火源而燃烧得均匀而充分，使得发动机的运转变得非常稳定。目前，大功率低转速柴油机很适合改装成双燃料主机。

二、气体燃料发动机工作原理

LNG 动力船动力系统主要由柴油/天然气双燃料发动机、LNG 储罐、供气系统及动力监控系统四大功能模块组成，如图 9-1 所示。

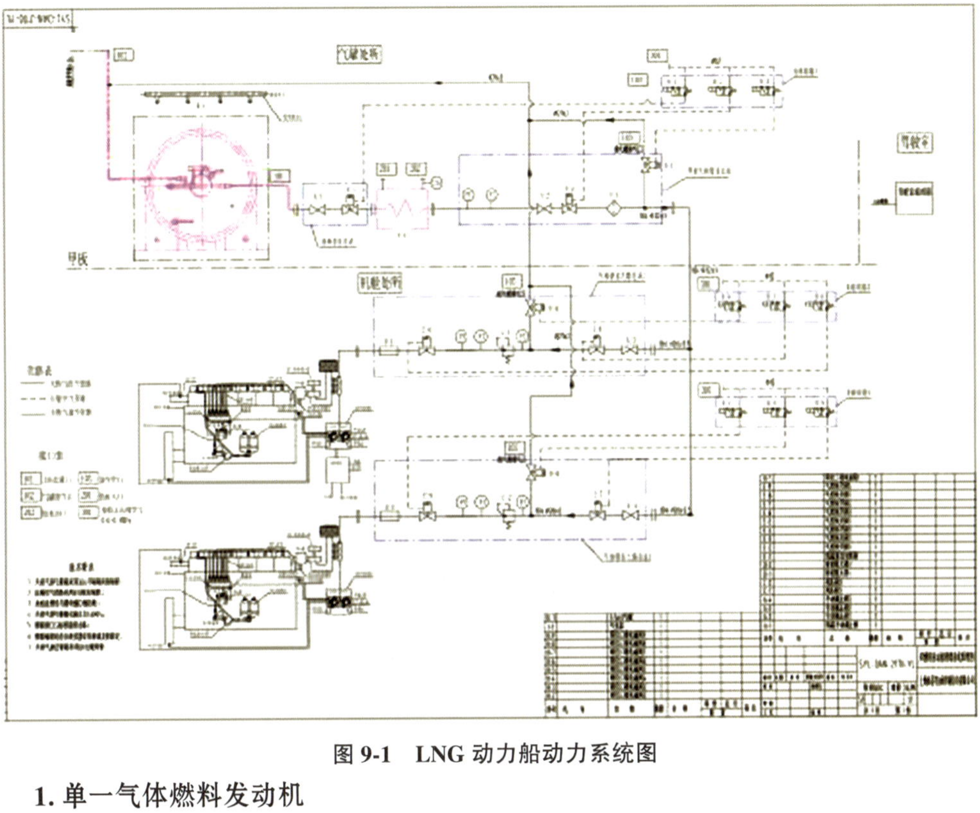

图 9-1 LNG 动力船动力系统图

1. 单一气体燃料发动机

单一气体燃料发动机是针对某种气体燃料的特征而专门设计制造的发动机，可以最大限度地发挥气体燃料发动机的优势，多用于气源供应稳定的固定场所，单一气体燃料发动机外形如图 9-2 所示。

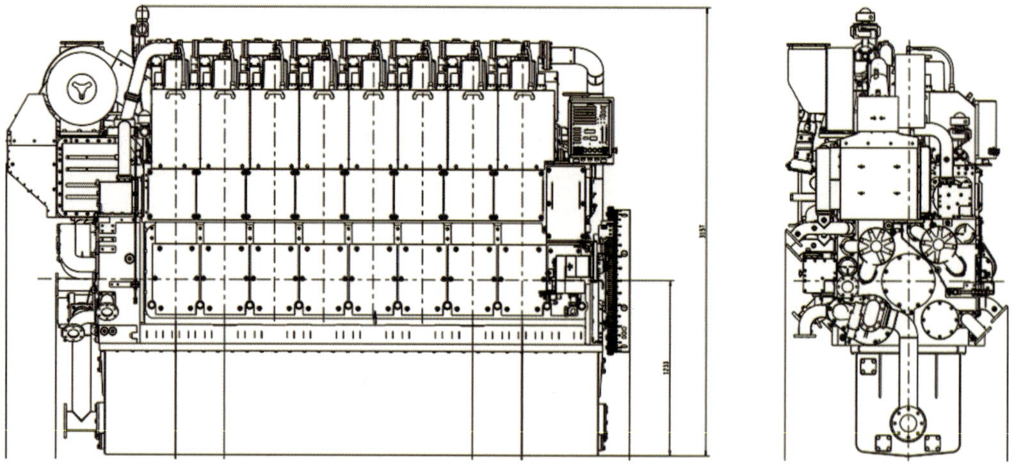

图 9-2　单一气体燃料发动机外形图

2. 低压双燃料发动机

根据研究，低压双燃料发动机比单独使用柴油动力节约燃料费用 25%左右，且其尾气中 CO_2 排放会减少 25%，NO_x 排放减少约 85%，SO_x 减排近 99%，颗粒减排近 98%。低压双燃料发动机在燃气系统压力和 NO_x 排放控制方面具有很大优势。最新的采用 ICER 技术的 WINGD X-DF2.1 发动机如图 9-3 所示。

图 9-3　最新采用 ICER 技术的 WINGD X-DF2.1 发动机

3. 工作原理

某型号低压双燃料发动机工作循环如图 9-4 所示。在燃气运行模式下，活塞上行关闭扫气口并开始压缩行程，在压缩行程过程中，低压天然气通过缸套上的燃气进气阀喷入气缸并与扫气空气以相对较高的空燃比在气缸内进行预混合，活塞继续上行至上止点附近时，极少量引燃柴油通过缸盖上的引燃油头喷入气缸，引燃柴油被压燃后点燃燃气，燃气燃烧产生的能量进行膨胀做功。

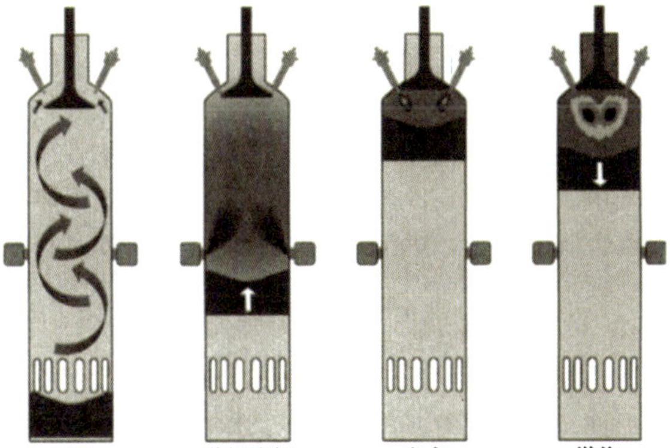

图 9-4 某型号低压双燃料发动机工作循环图

三、单一燃料发动机操作

1. 对于采用火花塞点火的发动机,启动过程中,达到最低点火转速时方可开启点火系统,开始点火后,方可开启燃料喷射装置。

2. 如燃料喷射装置在开启后的规定时间内,发动机监测系统未监测到燃烧,燃料供应装置应能自动切断,并应采取措施将排气系统中未燃烧的可燃混合气驱除。

3. 当发动机启动失败后,应采取措施将排气管中未燃烧的可燃混合气排出,可燃混合气应采取妥善措施进行处理(如采用氨气处理系统)。当排气管中未燃烧的可燃混合气排净后,方可重新启动发动机。

4. 正常停车及紧急停车时,燃料供应的切断不应迟于点火源或引燃介质的切断。切断点火源或引燃介质时,应确保提前或同时切断每个气缸或整台发动机的燃料供应。

四、气体燃料发动机操作

1. 启动前准备

(1)确保主机高温冷水水温在 80 ℃左右,在机舱集控室 AMS(Activity Manager Service,运行管理系统)电脑中停止主机高温水预热泵,关闭蒸汽加热,启动主机高低温冷却水泵,备好冷却水系统。

(2)确保主启动空气瓶和控制空气瓶的压力正常,备好启动空气和控制空气系统。

(3)启动主机滑油泵和十字头滑油泵。

(4)启动主机燃油供给泵和引燃油供给泵。

(5)确保主机燃气系统正常。

(6)打开缸头上所有缸的示工考克。

(7)合上盘车机进行盘车。

(8)如果主机停车超过 5 天,手动启动气缸油润滑以确保主机启动前所有气缸能充分地润滑。

(9)主机盘车至少转动飞轮三转。

(10)如果油或水从示工考克中冒出来,必须查找原因并解除故障。

(11)在盘车时检查所有的运动部件运行情况,确认正常无噪声。

(12)停止盘车,脱开盘车机并锁住。

(13)如果伺服油泵在运行,须停泵并设置在关闭状态。

(14)主机的主启动控制阀的手轮需放在“AUTO”位置。

(15)确保所有的道门和盖板都已上紧。

(16)在当地控制面板上点击“AIR RUN ”进行吹车。

(17)关闭所有的示工考克。

(18)在艉轴当地控制面板上启动艉轴滑油泵。

(19)在机舱集控室“PCS SYSTEM MANOEUVRING PANEL”启动 CPP(可调螺距螺旋桨)液压油泵(如有)。

(20)通知驾驶台主机已经备好。

2. 启动操作

在已经完成准备工作的情况下,选择以下任一位置启动主机:

①驾驶台或机舱集控室遥控面板

——在驾驶台或机舱集控室的“PCS SYSTEM MANOEUVRING PANEL”,按“BRIDGE CTRL”键或“E. C. R CTRL”键,将主机的控制权转到驾驶台或机舱集控室遥控面板。

——按“SELECT”键→通过上下移动键选择“START/STOP SYSTEM” →按“ENT”键→按“START ME”键→启动主机。

——此时主机在“INDIVI-DUAL”模式运行,主机转速 40 r/min。

——按“CONST. RPM”键,主机转速按程序自动加到 93 r/min 或按“COMBI-NATOR”键,主机转速按程序自动加到 60 r/min。

②机舱集控室控制面板

——在机舱集控室主机控制面板→ 按“CTRL. TR”键,现在主机操作由机舱集控室控制面板控制→转动“PUSH SELECT”选择“SPEED SET POINT” →按“PUSH SELECT”键→通过转动 “PUSH SELECT” 将主机最低启动转速设定到 40 r/min→ 按 “START AHD”键启动主机。

③机旁控制面板

在主机机旁控制面板上,操作程序等同机舱集控室控制面板。

备注:主机的临界转速为 49~59 r/min,尽快避开这期间转速。

3. 运行中管理

运行监测与操纵系统具备发动机及安保系统的实时监控功能,对发动机、储罐、甲板、机舱、控制箱进行监测和管理。

4. 停车操作

如是 CPP,将 CPP 负荷降到最小(PITCH 为 0)。

可以选择以下任一位置停止主机:

①驾驶台或机舱集控室遥控面板

——“PCS SYSTEM MANOEUVRING PANEL”控制面板中,主机在“COMBI-NATOR”模式运行时,主机转速 60 r/min,按“INDIVI-DUAL” 模式,主机转速由程序自动控制减到 40 r/min。

——按“SELECT”键→通过上下移动键选择“START/STOP SYSTEM” →按“ENT”键

→按"STOP ME"键→停止主机。

——"PCS SYSTEM MANOEUVRING PANEL"控制面板中,主机在"CONST. RPM"模式运行时,主机转速 93 r/min,按"COMBI-NATOR"模式,主机转速由程序自动控制减到 60 r/min,然后按"INDIVI-DUAL" 模式,主机转速由程序自动控制减到 40 r/min。

——按"SELECT"键→通过上下移动键选择"10 START/STOP SYSTEM" →按"ENT"键→按"STOP ME"键→停止主机。

②机舱集控室控制面板

——在机舱集控室主机控制面板→ 按"CTRL. TR"键,现在主机操作由机舱集控室控制面板控制→转动"PUSH SELECT"选择"SPEED SET POINT" →按"PUSH SELECT"键→通过转动 "PUSH SELECT" 将主机转速分步设定到 40 r/min→ 按 "STOP"键,停止主机。

③机旁控制面板

在主机机旁控制面板上,操作程序等同机舱集控室控制面板。

五、自动控制系统

双燃料船用发动机自动控制系统主要由双燃料发动机控制系统、运行监测与操纵系统和安保控制系统三部分功能,并由双燃料发电机控制器、喷阀、各类传感器、控制执行器等组件构成,气体燃料发电机的控制系统如图 9-5 所示。

在自动控制过程中,针对双燃料船用发动机的不同运行模式,进行不同控制模式的切换,满足差异化的控制需求。如在双燃料模式下,控制系统能够自主检测燃气的压力、流量情况,根据发动机的运行要求,在传感器、执行器的控制下,对燃气流量、气压进行必要的管控,在管控过程中,将燃气与柴油进行充分的混合,为发动机提供更稳定、强劲的动力。

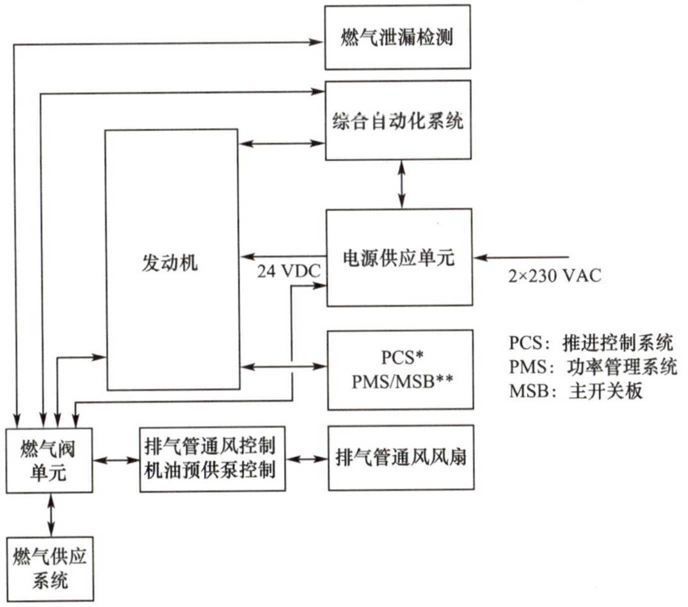

图 9-5 气体燃料发电机的控制系统

1. 双燃料发动机控制系统

双燃料发动机控制系统的基本功能是 ECU 根据发动机的实时转速和负荷，对照系统软件中已标定好的 MAP 图，确定燃油喷射量和燃气喷射量，以达到发动机的使用要求。同时，ECU 采集传感器数据，对发动机的燃气喷射正时和燃气喷射脉宽进行实时修正，保证燃气精确控制，保证双燃料发动机的稳定运行。同时，双燃料发动机控制集成了普通发动机监控仪的所有监测和安全保护功能，主要由 ECU、燃气/燃油喷射系统、传感器三部分组成。

（1）ECU 是发动机的大脑，控制发动机的运行。

（2）燃气/燃油喷射系统主要用于控制发动机燃油喷射量的高压共轨系统或执行器以及控制天然气流量的燃气喷射阀。

（3）发动机上的传感器主要由齿条位移传感器、凸轮轴传感器、转速传感器、水温传感器、排温传感器、进气压力温度传感器、天然气温压力温度传感器等组成。

2. 运行监测与操纵系统

运行监测与操纵系统具备发动机及安保系统的实时监控功能，通过分布在储罐、管路、危险区域、发动机的各种传感器、可燃气体探测器对发动机、储罐、甲板、机舱、控制箱进行监测和控制，并在显示终端及远控终端进行显示，保证整个船舶动力系统安全稳定地运行。船舶动力系统监控系统如图 9-6 所示。

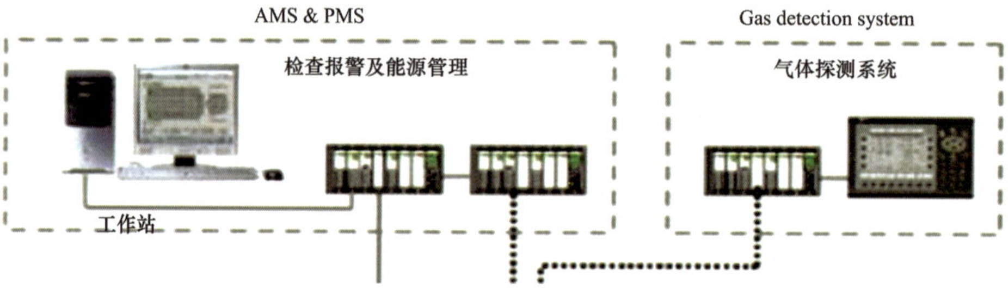

图 9-6　船舶动力系统监控系统

运行监测系统的功能主要包括：

（1）故障/事件记录。系统在运行过程中，可以实时记录历史报警状态和历史操作数据，为判断系统稳定性和实现系统维护提供可靠依据。

（2）远程诊断功能。系统运行状态、报警状态、航行坐标等数据可以通过 GPS/GPRS 模块上传到远程监控终端。同时，系统可实现发动机的启、停控制，发动机转速调整、两地控制、模式切换，操作人员可以在机旁控制箱和驾驶室控制箱对发动机及供气系统进行操作，操作人员可以在安全系统允许的情况下，操纵发动机工作在纯燃油模式或双燃料模式，两种工作模式可随意切换，且发动机转速波动小。

3. 安保控制系统

船舶正常运行时，安保控制系统会实时监控整个动力系统的运行状态，如果发生危及系统安全运行的报警如器件故障、可燃气体泄漏、火灾等，系统会自动做出反应，避免安全事故的发生，具体系统监测报警点如表 9-1 所示。

表 9-1　系统监测报警点

序号	位置	描述
1	甲板	储罐液位高报警
2	甲板	储罐液位低报警
3	甲板	储罐温度高报警

监控系统按子系统划分可分为:加注及燃料舱系统、主供气管路系统、BOG 管路系统、通风系统、火灾及燃气探测系统、用气设备、机舱集控室及驾驶台集中监控终端,监控系统结构如图 9-7 所示。

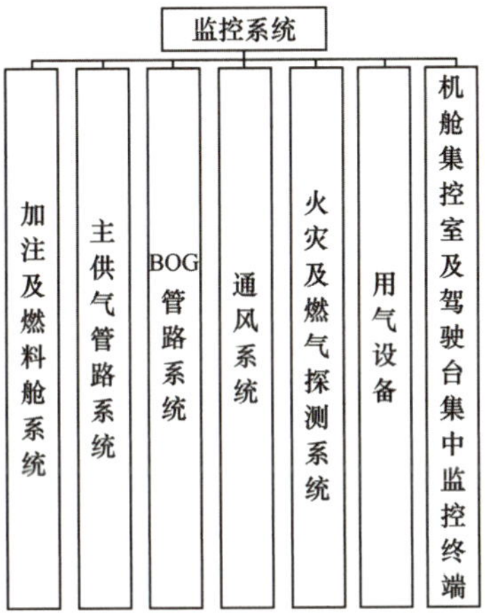

图 9-7　监控系统结构

监控系统实现:

(1)监测燃料系统各项重要参数,如储罐内液位、管系压力等;

(2)显示监控系统各设备实时参数及报警内容;

(3)支持常规控制系统中常见的通信协议;

(4)自动控制设备以保证监测的各项数值在设定的安全值域内,并在特殊情况发生时自动触发应急措施;

(5)声光报警,并通过总线传输报警内容并记录,按区域可分为:FGSS 燃料舱及操作间区域、机舱区域、机舱集控室和驾驶台 4 个区域,其控制系统结构主要分布在机舱、机舱集控室和驾驶台。

六、工作特点

双燃料主机主要有两种形式:一种为 Diesel 循环,与传统主机原理相同;一种为 Otto 循环,在上行过程中喷入燃气,将燃气和空气混合并压缩,在上止点喷入点火油点燃,两种形式在控制温室气体和硫化物排放方面性能显著。双燃料主机两种形式差异表如表 9-2 所示。

表 9-2　双燃料主机两种形式差异表

形式	热效率	TIER Ⅲ	爆燃可能	甲烷值	点火油用量	供气压力	甲烷逃逸量
Diesel	约 50%	不满足	小	无限制	3%~5%	30 MPa	0.2 g/(k·Wh)
Otto	约 48%	满足	大	65 以上	1%	1.6 MPa	2~3 g/(k·Wh)

Diesel 循环的主机在热效率、控制缸内爆燃和燃料品质方面均领先于 Otto 循环，但点火油用量较大，特别是其供气压力过高，对系统密封性要求较高，安全风险显著增加。同时，需要额外加装 SCR 或 EGR 来满足 TIER Ⅲ，增加系统复杂性的同时，使初期投资变大，经济性变差。

Otto 循环为预混合燃烧，燃烧温度低，NO_x 的生成量少，能够满足 TIER Ⅲ。同时，供气系统压力低，系统简单可靠，安全性高。虽然其对 LNG 的甲烷值有限制，但目前全球 90%以上的 LNG 甲烷值均高于 65，基本不存在使用限制。虽然甲烷逃逸量略大，但仍在安全范围内，并可以通过改善气阀重叠角、活塞倒角和燃烧室形状等技术来减少甲烷逃逸量。

第二节　船舶辅机系统

本节主要介绍船舶辅机系统中双燃料发电机、双燃料发电机的附属系统和锅炉操作三方面内容。

一、双燃料发电机

双燃料发电机作为一种以燃油和燃气为燃料的动力装置，在 LNG 运输船上，可以很好地利用货舱的蒸发气，并且效率高、排放污染小、自动化程度高，有较高的推广应用价值。首先，双燃料发电机热效率比蒸汽轮机动力装置和燃气轮机动力装置高，排放污染小于二冲程发动机，噪声小，振动低，不需要额外配置辅助发电机，并且自动化程度更高，可以实现无人机舱。同时，由于能以货舱的蒸发气为燃料，减少了蒸发气的浪费，双燃料发电机系统结构如图 9-8 所示。

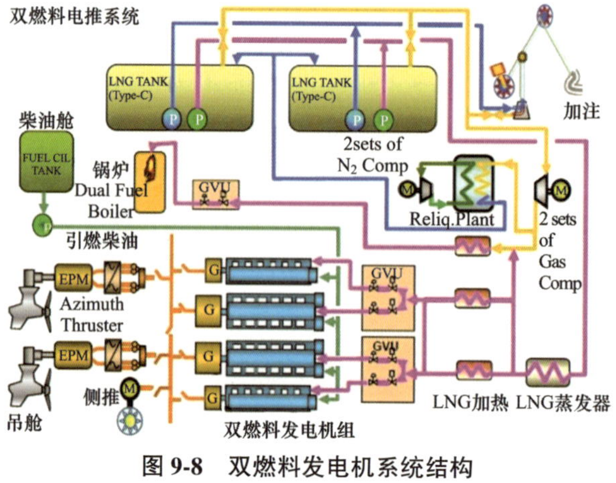

图 9-8　双燃料发电机系统结构

双燃料发电机的主要生产商有 Wartsila、MAN、MaK 等，可分为燃气模式、燃油模式和备用模式。双燃料发电机在燃油或者在燃气模式下，基本都需要约 1%的点火油，点火油一般采用轻质柴油。

1. 燃油模式时使用柴油或者燃油，有少量点火油持续喷入，以保持点火油喷嘴清洁并迅速进入工作状态。

2. 燃气模式时，燃气通过燃气阀在合适时机按量吹进增压空气管线，然后通过进气阀进入燃烧室，需要少量点火油在合适时刻喷入燃烧室，点燃混合气体。

3. 备用模式是在控制系统检测到点火油系统故障或者检测到其他外部报警信号（如消防报警、燃气泄漏等），发电机会自动转换为备用模式，此模式下仅有主燃油（燃油或者柴油）喷入气缸内。

二、双燃料发电机的附属系统

双燃料发电机的附属系统主要有燃气系统，滑油系统，冷却水系统，启动系统，进、排气系统，燃油系统，点火油系统，喷嘴冷却装置等。下面主要对燃气系统、滑油系统、冷却水系统、排气系统的特点和要求进行说明，其他附属系统与柴油机装置差别不大。

1. 燃气系统

燃气系统主要由燃气压缩机、燃气阀组、燃气管道组成。燃气系统设计的基本原则是尽量减少燃气管路通过的场所，最大限度降低风险。

燃气阀组主要由压力控制阀、关断阀、燃气透气阀、惰性气体吹扫阀、压力及温度传感器组成，主要用于燃气压力的控制、燃气管路的吹扫。可以将燃气阀组布置在双燃料发电机附近的密闭房间内，对燃气阀组间进行强制排风来保持房间的负压状态，需同时设置燃气探测系统。

通常，LNG 运输船的动力装置位于机舱，而天然气来自货舱的蒸发气，燃气管线难免要穿过机舱进入主发电机。当燃气管线穿过已经设置为燃气危险区域的密闭房间时，如燃气阀组间，由于整个房间已经采用了特殊设计，房间内的管线就与常规燃气管线设计类似。当燃气管线通过较大的空间或者穿过非密闭空间时，《国际散装运输液化气体船舶构造和设备规则》提供如下两种解决方案：

（1）双壁管，外层管内惰性气体加压

布置双层管线，燃气在内层管线中。对于两层管壁之间的环形空间，用惰性气体加压至大于内层管内燃气的压力，同时还要设置报警装置，在探测到两层管壁之间惰性气体压力下降后，及时报警提示操作人员处理，或者在压降达到一定范围后，紧急切断燃气供应。

（2）双壁管，外层管内抽风

将燃气管安装在风管或管道内，在燃气管和风管或管道之间的空间，安装抽风设备，抽风系统应能使燃气管外层空间的压力低于大气压力。风机的电机应置于风管或管道之外，并且通风出口应布置在安全位置，附近无易燃气体与空气的混合物。在燃气管内有燃气的状况下，通风设备应能一直保持正常运转。同时，应按照要求配置气体探测系统，以检测燃气泄漏，并且可以紧急切断燃气的供应。如果通风设备故障或者不能维持要求的空气流量，燃气供应阀门可以自动关闭。

双壁管是一个双层的管线，燃气在内层管道内流动，外层管壁与内层管壁之间为流动的空气，依靠外部的排风机持续抽风，使得外层管线内的压力低于正常大气压。当双燃料发电机在燃气模式运行时，双壁管间流动的空气由双燃料发电机气缸一端的进气口被抽入，沿着双层管壁之间的管路进入燃气阀组间。从蒸发气压缩机过来穿过机舱的燃气管线布置在风管内，也以同样的方式抽风到燃气阀组间。

燃气阀组间为气体危险区域，需采取强制抽风措施，并设置燃气检测系统，当监测到燃气泄漏时，控制系统将自动切断燃气关断阀，将双燃料发电机转为安全的备用模式运转。

2. 滑油系统

双燃料发电机在燃气模式时点火油很少，并且点火油是低硫燃料，在燃气模式时，需要使用低碱基滑油；在燃油模式下，需要使用高硫燃油。在长时间进行纯燃油模式运行时，一般切换滑油。因此，双燃料发电机需要设置两种滑油舱，并且需要设计转换管路，方便两种滑油的转换。

双燃料发电机在燃气模式运行时，存在燃气进入曲轴箱的风险。另外，曲轴箱内的滑油也会存在一定数量的溶解气，其会在沉淀过程中释放出来。因此，双燃料发电机的曲轴箱应该设置成气体危险区域，需要设置曲轴箱透气风机。曲轴箱内析出的少量燃气，可以通过曲轴箱透气风机排放至开敞甲板上的安全区域。由于曲轴箱下部滑油循环舱的设置，滑油泵的吸口一直处于滑油液面以下，确保没有燃气吸入。曲轴箱、滑油舱上布置有手动的气体探测接头，可以用于手动检测燃气状况。曲轴箱、滑油舱上布置有惰性气体管线，在惰化、检测燃气后才能开展维修工作。

3. 冷却水系统

双燃料发电机冷却水系统需要考虑燃气的泄漏风险。正常状况下冷却水系统基本不会出现燃气积聚，只有在出现故障损坏时才有可能有燃气泄漏，进入冷却水系统。

因为燃气比空气轻，可以在膨胀水箱设置一根透气管，将其引到开敞甲板安全区域，透气口需远离着火源，并在出口安装阻火器。膨胀水箱所处舱室的电气设备也需满足防爆要求。另外，膨胀水箱，特别是设置了喷嘴冷却装置的膨胀箱还需要设置手动气体探测接头和惰性气体接头，以确保在开展维修工作之前，内部不存在可燃气体。

4. 排气系统

双燃料发电机的排气系统一般设置废气经济器，以减少热能的浪费。排气系统需要考虑未燃烧充分的燃气进入排气系统的可能。排气管线需要采用一直向上倾斜的布置，不允许有水平走向管，防止燃气泄漏时的积聚；同时，还有扫气风机，在燃气模式停止后对排气管进行吹扫。另外，排气系统还有爆破片，爆破片的数量和位置根据双燃料发电机厂家提供的计算书进行安排。

三、锅炉操作

1. 一般要求

（1）每台锅炉应布置专用的强制通风系统。如任何相关安全功能可以维持，则锅炉强制通风系统之间可设置交叉，以供紧急情况下使用。

（2）锅炉燃烧室和烟道的设计应能避免气体燃料的积聚。

（3）燃烧器的设计应能保证在所有点火条件下维持稳定燃烧。

(4)主锅炉应能在不中断燃烧的情况下从燃气模式自动转换至燃油模式。

(5)气体喷嘴和燃烧器控制系统的设计应使得气体燃料仅能被已形成的燃油火焰点燃,除非锅炉和燃烧装置设计为由气体燃料点火。

(6)应采取措施确保流向燃烧器的气体燃料能被自动切断,除非燃烧器内已经建立并维持稳定的点火。

(7)每个气体燃料燃烧器的供气管路上应安装一个手动操作的截止阀。

(8)当燃烧器熄火后,应采取措施利用惰性气体自动对燃烧器供气管路进行驱气。

(9)燃料自动转换系统应设有监测与报警系统,以确保其持续可用性。

(10)当所有工作燃烧器熄火后,应采取措施确保在再次点火前对锅炉燃烧器进行自动吹扫。

(11)应能手动启动锅炉吹扫程序。

2. 锅炉自动启动操作程序

(1)检查供水阀,供油阀都在正确位置。

(2)打开主电源。

(3)将供水泵、供油泵、投药泵转换开关转到自动位置。

(4)将风机、旋杯转换开关转到自动位置。

(5)将火焰探测器的选择开关转到 1 或 2 的位置。

(6)按燃烧启动按钮,锅炉进入自动点火程序。

3. 锅炉应急启动操作说明

确保所有油、水等阀门已正确开启。

①第一步:将燃烧器的启动/停止开关(A)转到"2"位置,此时燃烧器已在应急模式,如图 9-9(a)所示。

②第二步:将燃烧火焰选择开关"PRESELECTION FLAME SCANNER"(A)转到"1"或"2"位置,如图 9-9(b)所示。

③第三步:将扫气风机开关"COMBUSTION AIR FAN"(A)转到"MAN" 位置,风机运行指示灯亮,如图 9-9(c)所示。

④第四步:将旋杯开关"ROTARY CUP"(A)转到"MAN" 位置,运行指示灯亮,如图 9-9(d)所示。

⑤第五步:按 "INCREASE" PUSHBUTTON(E)按钮,如图 9-9(e)所示,直到调节器位置=10,等待扫风 60 s 以上。

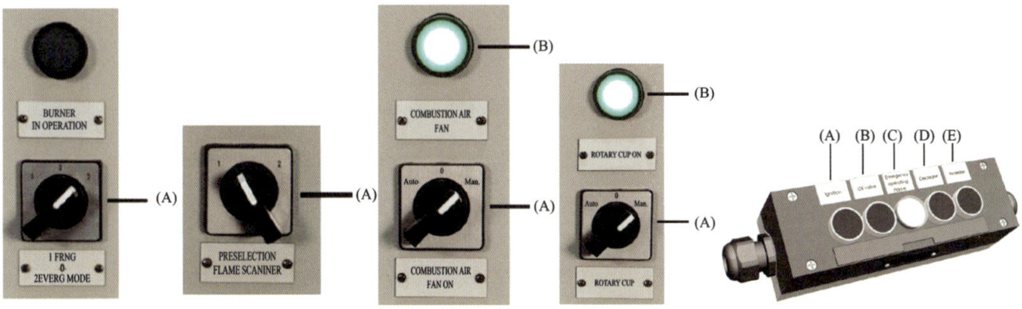

(a) (b) (c) (d) (e)

图 9-9 锅炉应急操作说明

(A)IGNITION

(B)OIL VALVE

(C)INDICATOR LAMP “FLAME EMERGENCY OPERATION”

(D)RUN SERVOMOTOR TO OPEN POSITION

(E)RUN SERVOMOTOR TO CLOSED POSITION

⑥第六步:按“DECREASE” PUSHBUTTON(D)按钮,直到调节器位置=1。

⑦第七步:预点火。按住“IGNITION” PUSHBUTTON(A),按钮指示灯“FLAME EMERGENCY OPERATION”(C)亮起。如果灯亮:继续按住按钮,接着到第八步;如果灯不亮:重复第五步。

⑧第八步:打开燃油进口阀,按住“OIL VALVE” PUSHBUTTON(B)按钮,大概 5 s 后预点火成功。如果点火成功:释放“IGNITION”按钮和“OIL VALVE”按钮,应急操作启动;如果点火不成功:释放“IGNITION”按钮和“OIL VALVE”按钮,等 1 min 后重复第五步。

第十章
与低闪点燃料相关的作业

因为低闪点燃料具有易燃、易爆性，所以在相关作业时需要严格按照操作规程进行。本章主要介绍燃料系统、燃料泵及安全操作、燃料操作三部分内容。

第一节 燃料系统

本节主要介绍各种船舶燃料系统、总体布置和结构、燃料存储系统、燃料装卸设备及仪器、燃料舱温度和压力保持、气体控制系统、毒性和可燃气体探测系统、燃油应急关闭系统八方面内容。

一、各种船舶燃料系统

1. 燃料舱类型

燃料舱主要分为独立型和薄膜型两大类，针对燃料舱需要部分装载能力、技术成熟度高和安全性高的特点，主要包括独立 B 型、C 型以及薄膜型的 MARK Ⅲ等，三种燃料舱特性比较如表 10-1 所示。

表 10-1　三种燃料舱特性比较

形式		空间利用率	耐压能力	船体结合性	部分装载	施工周期影响	维护使用情况	材料
独立型	B	75%	<0.7 MPa	好	可以	不延长	复杂	9%镍钢
	C	60%	<1.0 MPa	一般	可以	不延长	简单	304 L
薄膜型	MARK Ⅲ	90%	<0.25 MPa	好	可以	延长	复杂	304 L

（1）C 型燃料舱经济性好、技术成熟度高、工艺简单、不延长施工周期、承压能力强且可以灵活选择压力值、泄漏风险小，安全性强、维护保养方便等，是比较理想的选择。但是其一般为对称布置的双层罐体，占用空间较大，单位重量大于其他形式，对于燃料需求量大的超大型集装箱船适应性不强，对船舶稳性和装载空间有影响，需考虑其他形式。

（2）B 型燃料舱在耐压性、材料、施工周期、专利费和技术成熟度方面均优于 MARK Ⅳ，而 MARK Ⅲ有限的施工和材料供应商、严苛的施工条件和环境要求均不利于其推广成为燃料舱。

2. 燃料舱位置

燃料舱应布置在船舶横摇和纵摇的中心以减少燃料舱的晃动并兼顾经济性和安全性，目前接受度较高的 3 种布置方式为主甲板以上船尾区域、上层建筑前部区域（下文简称“上建前部”）和主甲板以下区域，其特点如表 10-2 所示。

表 10-2　燃料舱布置特点

形式	安全性	稳定影响	强制通风	危险区域	总体布置	性能影响	系统复杂性	经济性
船尾区域	高	大	否	大	一般	一般	低	高
上建前部	高	大	否	大	一般	一般	低	高
主甲板以下区域	一般	小	是	一般	大	大	高	低

（1）布置在船尾区域。散货船和中小型集装箱船的上建前部为装载空间，需要考虑布置在船尾区域，应避免影响系泊设备使用。

（2）布置在上建前部。油船的甲板空间较大，考虑布置在纵摇的中心以提高船舶稳性和减少燃料舱的晃动，优先布置在上建前部。

（3）布置在甲板下方。需要设置隔离区、防爆装置、专用通风系统及更多的安全控制报警装置，系统较为复杂，初始投资高，损失载货空间，因此如无特殊限制，布置在甲板上方应为优选方案。除超大型集装箱船因燃料需求量大，燃料罐体积和重量较大，且船舶重心高，甲板空间需用于载货，须考虑布置在主甲板以下空间，从控制载货空间损失考虑，多数布置在上建生活区正下方，但需要提前做好生活区的防震准备。

（4）布置在甲板上方。考虑自然通风即可，安全性高，系统简单，经济性好。

（5）散货船与中小型集装箱船应采用 C 型布置在船尾区域。油船应采用 C 型布置在上建前部，超大型集装箱船应布置在上建生活区下部。

3. LNG 储罐

LNG 储罐主要用来存储 LNG 燃料，设计标准需要满足《压力容器》《低温绝热压力容器》及 CCS《天然气燃料动力船舶规范》等要求，主要参数如表 10-3 所示。

表 10-3 LNG 储罐主要参数

序号	参数内容
1	型号
2	内容器、外容器
3	设计标准
4	最高工作压力,bar
5	设计压力,bar
6	设计温度,℃
7	水容积,m^3
8	有效容积(热态),m^3
9	存储介质
10	绝热形式
11	主体材料
12	汽化率,%/D(液氮)
13	真空夹层漏率,Pa,m^3/s
14	出厂真空度,Pa
15	内容器出厂氮封压力,bar
16	外支撑形式
17	油漆牌号
18	运输尺寸(宽×高×长),mm
19	气罐空重,kg
20	总重(充满液后),kg

LNG 使用的时候需打开液相主阀,低温液态的天然气需经汽化器加热后变为常温低压的气态天然气才可供发动机使用,其中监控系统对储罐的压力、温度,以及汽化器的进出水温度进行监控,储罐的自动阀门均为低温气动阀门。

4. 供气系统

供气系统将天然气安全地输送到发动机气轨,由气轨上的燃气喷射阀按照控制逻辑依次喷射至发动机进气歧管中,在歧管中天然气与空气均匀混合。为保证供气安全,在供气管路上设计有双臂通风管、互锁阀、气相主阀、温度、压力传感器、GVU 等设备,监控系统对供气管路的压力、温度、阀状态进行监测,根据系统指令控制阀门开关动作,在发动机停止工作时排空管路中的残留天然气,自动阀门均为低温气动阀门,燃气系统原理图如图 10-1 所示,燃气系统如图 10-2 所示。柴油 LNG 双燃料发动机可以在柴油和柴油天然气双燃料两种模式下进行切换。

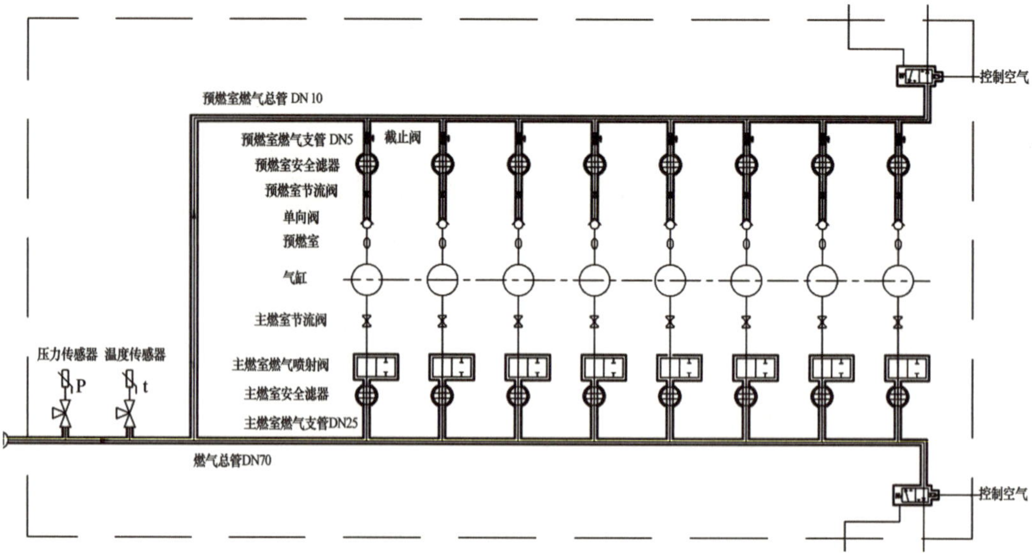

图 10-1　燃气系统原理图

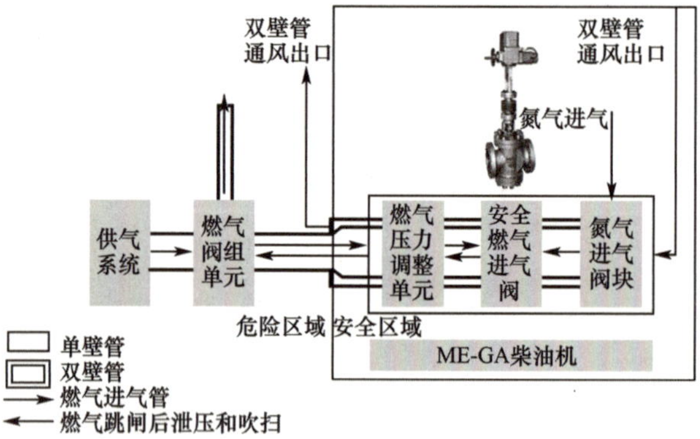

图 10-2　燃气系统

二、总体布置和结构

图 10-3 为某双燃料汽车滚装船 LNG 供气系统简图，供气系统设备主要由加注站、燃料舱处所（Hold Space）、燃料舱接头处所间（TCS）、供气设备间（FGSS Room）和气闸（Air Lock）等几部分组成。该系统的管路主要由 LNG 燃料加注和供气管路、惰性气体管路、水/乙二醇加热冷却管路和 LNG 通风管路等组成。

该船 LNG 加注站分别布置在左右两舷，左舷加注站位于甲板船中位置，对应加气船注入；右舷加注站位于甲板船中，对应岸基注入。加注站的布置满足规范指南的要求，配置机械抽风、水喷淋、水帘等相关保护措施。

C 型存储罐为单壁罐，外敷绝缘层，位于机舱前端的燃料舱处所高度为五甲板以下。货罐区域的船体结构与货舱及机舱相邻处均设置 A60 绝缘包覆，保证该处危险区域等级为安全区域。两个存储罐上方分别设置 1 个 TCS，2 个 TCS 共用 1 个气闸。供气设备闸位于燃料舱处所右侧，该房间与货舱和机舱相邻的舱壁均设置隔离空舱，前后各设置 1 个气闸与其他处所相连。房间内布置了供气系统的主要设备，如供气单元、高压泵单元、

BOG 压缩机、氮气瓶等，主机的供气控制阀单元（GVT）和副机的供气控制阀单元（GVU）均散装布置在该房间内，相关布置如图 10-4、图 10-5 所示。

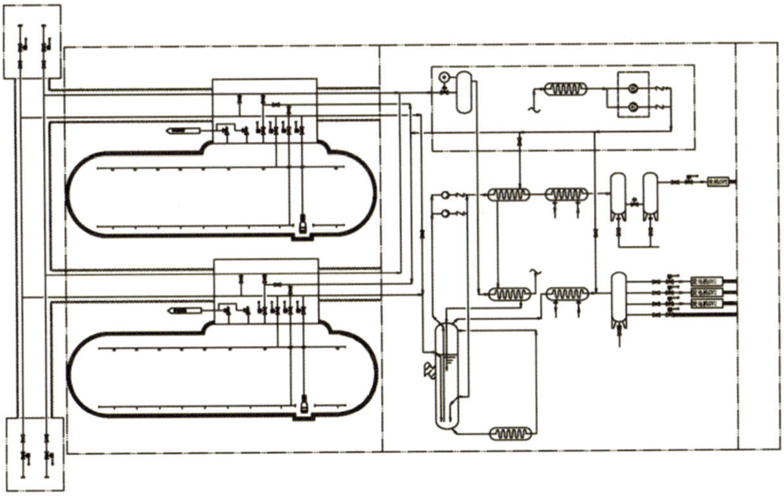

图 10-3 某双燃料汽车滚装船 LNG 供气系统简图

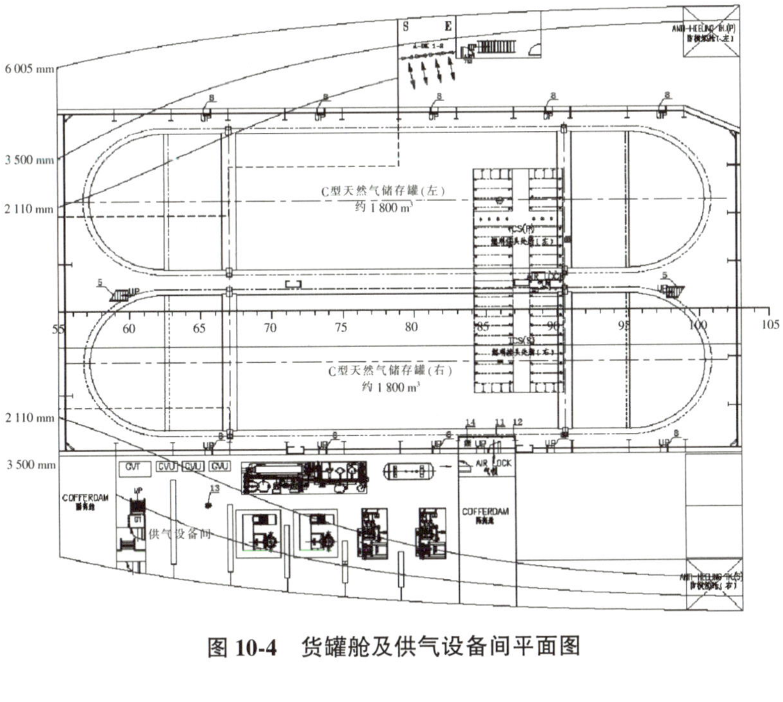

图 10-4 货罐舱及供气设备间平面图

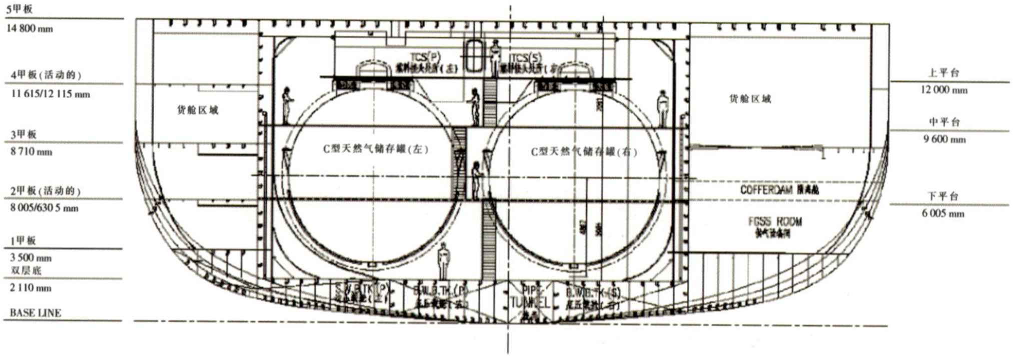

图 10-5　货罐舱及供气设备间剖视图

低温 LNG 液体管从左右加注站注入至位于燃料舱处所内的 C 型存储罐，通过 TCS 与罐舱连接。罐舱内的 LNG 通过位于罐舱内部的低压泵驳运至日用罐。一路从日用罐出来的液体经过低压蒸发加热器处理后进入低压缓冲罐单元，通过 GVU 和设有通风的双壁管与位于机舱的副机和锅炉相连；另一路从日用罐出来的液体经过高压泵加压处理后进入高压蒸发加热器，然后进入高压缓冲罐，通过 GVT 和设有通风的双壁管与位于机舱的主机相连。

蒸发气（BOG）压缩机可将汽化的气体重新压缩，用于暖舱或供副机及锅炉使用。氮气发生装置及氮气瓶用于系统的除气净化，水/乙二醇作为中间媒介用于系统的加热和冷却，其热源来自蒸汽或主机高温水，冷却水来自机舱淡水冷却系统。

三、燃料存储系统

加注及燃料舱系统简图如图 10-6 所示。首次充装加液时，储罐内无液体燃料，因此，安全系统会低液位报警，此时，属于正常状态，可人工消音，解除报警。结合实际燃料重装过程，分析加注系统可能出现的故障情况及响应解决方案，得出加注过程需要监测的参数为储罐压力、储罐内液位及燃料舱温度。

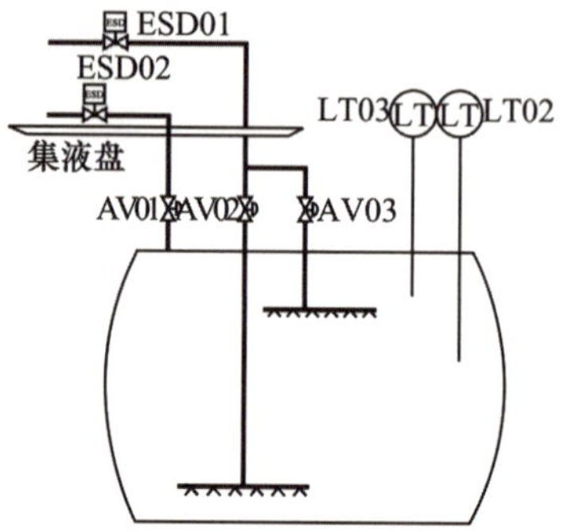

图 10-6　加注及燃料舱系统简图

1. 以氨能存储系统为例

氨在温度为-33.6 ℃和-20 ℃时为液态，压力分别为 1 Pa 和 6 Pa。根据安全存储所需的体积，氨可以以加压、半冷藏或完全冷藏的液态形式存储。目前，在 C 型储罐中加压存储（约 18 Pa）可能是一种便利的海上解决方案。

在存储材料方面，氨与各种工业材料不相容，在有水分的情况下，氨与铜、黄铜、锌和各种合金反应并腐蚀它们，使其变成绿色/蓝色。对于存储氨的储罐、管道和结构部件，应使用铁、钢和特定的耐氨有色合金。虽然氨的能量含量比氢气低，但考虑到燃料的密度，氨比氢(包括压缩氢、液态氢)存储同等能量所需的体积小，但与 MGO 和 LPG 相比，空间要求明显更大。

2. 以氢能存储系统为例

目前，高密度储氢技术仍不成熟，但技术路线仍呈现出百家争鸣的态势，有超高压气态储氢、液化储氢、金属氢化物储氢、液体有机化合物储氢等多种储氢技术路线可供选择。

储氢技术发展趋势从“低储氢密度”向“高储氢密度”发展。目前，我国 35 MPa 高压储氢瓶技术标准已十分成熟，陆上氢燃料电池汽车多采用 35 MPa 高压储氢技术，对于船舶应用来说，也将首先采用 35 MPa 高压气瓶储氢方式。此外，我国正在开展 70 MPa 高压储氢技术研发工作，该技术即将迈入商业应用阶段。

但高压储氢技术储氢密度较低，无法满足常规船舶对于燃料续航力的要求，未来船舶储氢将向能量密度更高的液化储氢方向发展，金属氢化物储氢、液体有机化合物储氢等其他高能量密度储氢技术均是潜在的船用储氢方式，也是未来船舶行业大规模应用氢能亟需打破的技术瓶颈。

由研究现状可知，船用氢燃料存储多用于燃料电池船舶，储氢方式制约着储氢成本、储氢量和能源利用效率。船用氢气存储方式特性表如表 10-4 所示。

表 10-4 船用氢气存储方式特性表

氢气存储方式	优点	缺点	改进方法
压缩氢气	较为成熟；商用	容积有限；需要高压缩能；安全性差	开发设计安全性高且成本低的储罐
液氢	较为成熟；商用	氢气容易逸出；安全问题；液化过程的能量损失较大	加强热管理措施以减少液氢蒸发过程造成的逃逸；容器绝热性能的改进
金属氢化物	安全性能好；体积密度高	在较高温度储氢效率高；可逆性差；质量密度低	提高氢动力学；合理的吸附、脱附热管理；材料轻量化
碳质储氢	材料易得，机理简单；储氢效率高	体积密度低；实际利用的氢气有限	增加材料与氢的结合能；改变材料结构，优化材料性能

四、燃料装卸设备及仪器

1. 燃料泵和泵系布置

燃料泵安装在气罐外 TCS 区域，主要用于加压燃料到主机所需的压力。泵为变频控制，根据主机负荷变化自动调整供气系统的压力和流量。

2. 燃料油管系

(1)机器处所内

燃料油管路应采用双壁管，燃料油管路外管或通风导管应为气密，燃气分配管路如图 10-7 所示。

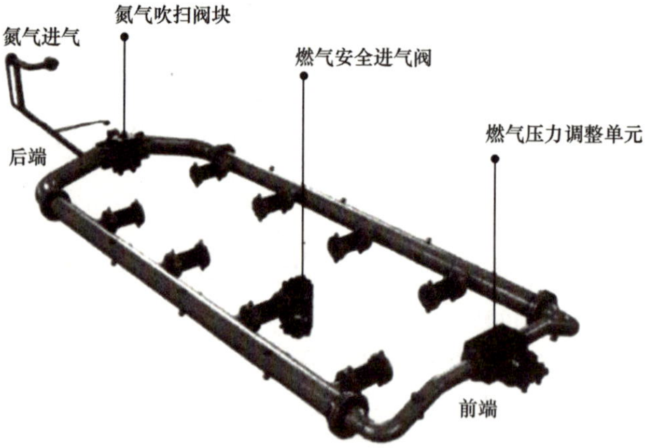

图 10-7　燃气分配管路

燃料油管路内、外管之间的环形空间应设置负压机械通风系统，通风能力应为每小时至少换气 30 次，并安装合适的气体和液体泄漏探测设备。双壁管通风出口管路应连接至合适的收集舱或处理装置，以收集和处理可能泄漏的燃料。

(2)机器处所外

燃料油管路不应穿过起居处所、服务处所、电气设备间或控制站；不应从特种处所、滚装处所和车辆处所通过。如布置时不可避免从上述处所通过，应采用双壁管，并采取有效防护措施确保车辆碰撞不会对燃料油管路造成损伤。对于散装运输危险化学品船，燃料油管路不应穿过液货舱和货泵舱。

安装在机舱外的高压供应管路应予以保护，使其破裂时造成人员伤害的风险降至最低。

3. 膨胀装置

热交换器的一次加热介质所在回路应设置膨胀罐/柜或具有同等效用的设施。若设置膨胀罐/柜，则膨胀罐/柜应满足下列条件：

(1)膨胀罐/柜应设有液位计、温度计和透气管；

(2)膨胀罐/柜应设有高、低液位报警；

(3)膨胀罐/柜内应有探测氨蒸气的措施；

(4)加热回路膨胀柜的透气口应引至露天的安全位置(或经氨气处理系统处理)。

4. 温度监控系统

每个燃料舱应至少在其底部、中部和最高允许液位下方的燃料舱顶部设置燃料温度测量及指示装置。

5. 燃料舱液位计量系统

(1)雷达式液位计

货舱通过使用雷达式液位测量系统 K-GAUGE 进行测量，该系统是监护传输系统(CTS)的一部分。雷达液位测量系统采用微波雷达传感器和每个货舱内的树立圆管作为波导。雷达液位计安装在圆管的顶部，圆管从油箱顶部垂直延伸至货舱底部。雷达仪表也会在 95%时发出高报警，并在 98%的载货容积时发出高高报警。

(2)报警系统

货舱雷达仪表发出低报警和低低报警(分别设置为10%和5%的载货容积)。液位异常情况主要包括高液位、高高液位、低液位3种。控制终端需要实时显示LNG储罐内液位,当观测到驾驶台控制终端显示液位达到高液位时,需关闭ESD01、ESD02、AV01、AV02、AV03,停止充装操作。加注过程中,当LNG储罐内液位值到达高液位设定值时,触发监控系统实现声光报警,此时工作人员应立即停止充装。若液位达到高液位后,继续充装,直至液位到达高高液位值时,触发监控系统发出声光报警,并启动应急切断装置,系统紧急切断ESD01、ESD02,停止充装。此外,供给系统运行过程中,若LNG燃料液位低于设定值时,说明燃料将要耗尽,系统应触发声光报警,提醒工作人员进行燃料的充装或切换。加注系统液位故障处理流程图如图10-8所示。

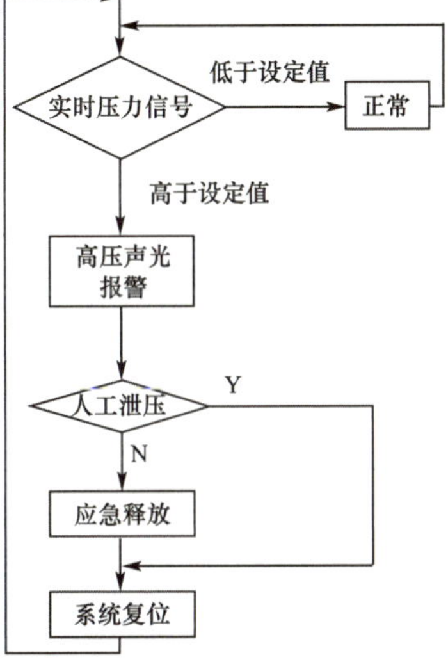

图10-8 加注系统液位故障处理流程图

6. 燃料舱压力检测与控制系统

在燃料供给过程中,若LNG储罐内压力大于设定值,可能是由管路堵塞引起,若不及时处理会出现储罐损坏,导致燃料泄漏。此时,监控系统需要发出声光报警,提醒工作人员进行相关设备排查。必要时开启紧急释放阀,排出储罐内高压气体,防止出现安全事故。基于以上的分析,得出加注系统压力故障处理流程图如图10-9所示。

加注系统进行燃料充装时,监控终端能实时读取液位数据,首先判断系统是否为初次充装,若是,此时储罐内液位低,系统触发低液位声光报警,此为正常现象,手动解除报警后,系统继续充装即可。管内液位到达高液位指标时,系统触发高液位声光报警,提醒工作人员手动停止充装过程,若工作人员没有执行切断操作,系统继续加注至液位达到高高液位,则系统触发声光报警,同时启动应急切断措施。加注系统工作时,压力传感器实时测量罐内压力,并在监控终端显示,当压力低于设定值时,系统工作状态正常;当压力高于设定值时,应触发监控系统高压声光报警,提醒工作人员进行泄压操作,若无人为泄压操作,则系统控制应急释放装置工作,自动泄压。

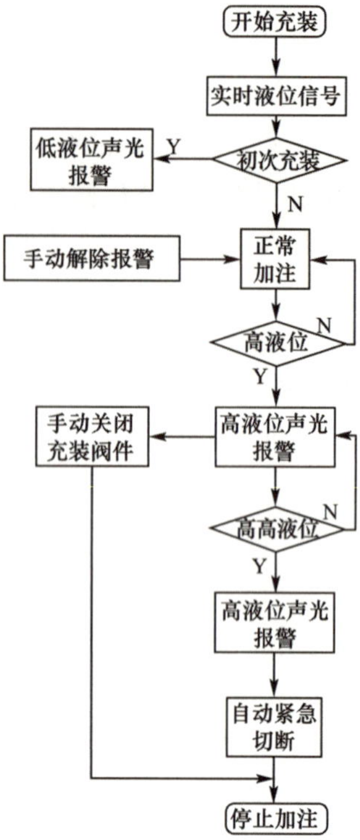

图 10-9 加注系统压力故障处理流程图

五、燃料舱温度和压力保持

除设计成在最高设计环境温度条件下能承受燃料的最大蒸气表压力的燃料舱外，燃料舱的压力和温度应通过 CCS 接受的方法保持在设计范围内，例如下列方法中的一种：

1. 蒸气的再液化；
2. 蒸气的热氧化；
3. 压力积聚；
4. 液化气体燃料冷却。

所选择的方法应能使燃料舱的压力在燃料舱压力释放阀的设定压力以下维持 15 天，并假定在正常工作压力下和船舶怠速工况下（即仅提供生活负载用电）燃料舱处于满载状态。

六、气体控制系统

TCS 可以安全地容纳气罐连接处可能发生的泄漏，并可将压力释放到安全位置。TCS 是一种不锈钢箱形结构，焊接在气罐的外壁上；TCS 配备 LNG 泵、汽化器、加热器、氮气吹扫管系统、气体泄漏监测系统、控制空气管系统以及 LNG 气罐的所有管接头、阀门和管道。

1. 惰性气体

（1）惰性气体不应含有二氧化碳，其发生装置应能产生在任何时候氧气含量都不大于 5%体积比的惰性气体。惰性气体供应管路上应设置可持续读数的氧气含量仪表以及当氧气含量大于5%体积比时可报警的装置。惰性气体系统应设置适合燃料围护系统的压力控制和监控设备。

(2)惰性气体发生装置安装在机舱外的单独舱室时,该舱室应安装独立的负压机械通风装置,并能提供每小时至少6次换气;还应设置一个低氧报警装置。

(3)惰性气体管路应尽可能布置在开敞甲板,也可通过通风良好的处所。通过围蔽处所的惰性气体管道应:

①全焊透;

②只具有仅为装设阀件、附件、弯头所必需的、最小数量的法兰接头;

③尽量短。

(4)对于要求全部或部分设置次屏壁的燃料围护系统的屏壁间处所和燃料舱处所,均应使用适当的干燥惰性气体进行惰化,并用船上惰性气体发生系统或用船上存储的惰性气体提供补充的惰性气体以保持惰化。如船上未设置惰性气体发生装置,船上存储的惰性气体应至少能满足30天的正常消耗。

(5)为防止有毒、可燃气体回流至任何非危险处所,惰性气体供应管路应设置两个串联的截止阀,并在此两阀之间设置一个透气阀(构成双截止透气阀)。此外,应在双截止透气阀和燃料系统之间设置一个可关闭的止回阀。每个惰化的区域应被分隔布置。每个燃料舱的惰化进气管路应设置隔离装置。隔离装置应位于进入燃料舱的人员易于发现的位置。

2. 氮气

氮气用于惰化LNG气罐/管道系统,并在填充后净化管道。气源为标准氮气,压力一般为0.3~1.4 MPa。

七、毒性和可燃气体探测系统

1. 毒性探测系统

固定瓦斯探测器须安装在以下所列之中:

(1)液舱连接处所;

(2)围绕燃料管道的所有导管;

(3)含燃气管道、燃气设备或用气设备的机器处所;

(4)压缩机舱和燃料准备舱;

(5)含燃料管道或其他无导管燃料设备的其他围蔽处所;

(6)可能积聚燃料蒸气的其他围蔽或半围蔽处所,包括屏壁间处所和除C型之外的独立燃料舱的燃料存储处所;

(7)空气闸;

(8)燃气加热回路膨胀舱;

(9)与燃料系统相关的发动机舱;和/或,如根据风险评估所需,起居和机器处所的通风进口。

(10)每个应急切断保护机器处所中须提供冗余瓦斯探测系统。

(11)每个处所内探测器的数量须虑及处所的尺寸、布局和通风。

(12)探测设备须位于瓦斯可能聚集处及通风出口内。

2. 可燃气体探测系统

可燃气体探测系统主要包括气体采集装置、气体分析装置和声光报警装置。

可燃气体探测取样点：燃气处理间、加注站、LNG 储罐区域、通风系统、主/辅机 GUV 阀组单元间，从而实现对可燃气体的全面检测。此外，一般在驾驶台或控制室设置声光报警装置，可燃气体探测系统如图 10-10 所示。

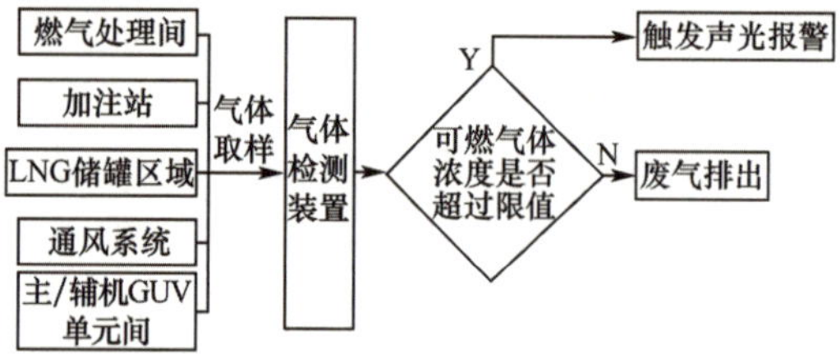

图 10-10　可燃气体探测系统

八、燃油应急关闭系统

应急切断(ESD)系统是一个电气系统，与货物控制系统 CCS 有接口。ESD 系统在紧急情况下对船舶或岸侧的泵、阀门和其他相关设备进行关闭，快速、安全和可控地关闭货物传输作业。ESD 机柜为独立机柜，带有独立的控制器和 IO 模块，用于根据因果矩阵处理切断事件。

在紧急情况下，快速隔离生产设施是防止失去货物维护设施的最有效方法之一。ESD 关闭阀应以快速可靠的方式切断，以在发生泄漏时减少碳氢化合物的数量。ESD 系统设备组成如图 10-11 所示。

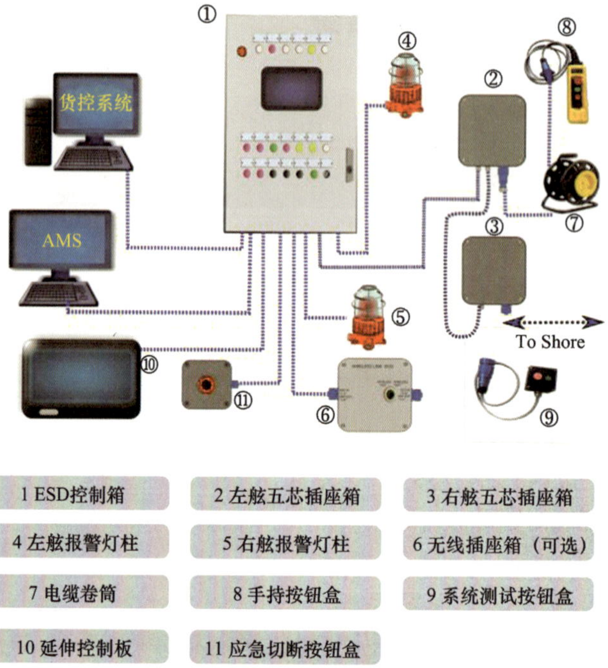

图 10-11　ESD 系统设备组成

1. ESD 系统 4 个主要功能

(1)货物传输紧急关闭,包括船岸连接应急切断(ESD-1)。

(2)货舱溢出保护。

(3)储罐保护系统。

(4)燃气燃烧安全系统。

这些功能之间有一定程度的重叠。在 ESD 系统中,液化天然气传输紧急关闭过程分为两个阶段:

(1)ESD-1:通过关闭船舶和岸上系统中的 ESD 阀门,货物输送泵和其他相关设备,控制关闭货物转移过程。

(2)ESD-2:启动安装在输油臂上的紧急释放系统,并解开输油臂。(船方不需要采取行动)

2. ESD 系统组成

(1)ESD 1.1:货物装卸系统。

(2)ESD 1.2:燃气系统。

(3)ESD 1.3:气体燃烧单元 GCU。

(4)ESD 2:船对船紧急分离 PERC。

3. ESD 系统分为 8 组,可单独测试

(1)货舱穹顶 1(ESD 1.1 的一部分)。

(2)货舱穹顶 2(ESD 1.1 的一部分)。

(3)货舱穹顶 3(ESD 1.1 的一部分)。

(4)辅助发动机主阀(ESD 1.2 的一部分)。

(5)主机主阀(ESD 1.2 的一部分)。

(6)GCU 主阀(ESD 1.3 的一部分)。

(7)货物装卸站/加注站(ESD 1.1 的一部分)。

(8)货物蒸发器入口(ESD 1.1 的一部分)。

4. ESD 系统激活方式

(1)SIGTTO 系统:ESD 系统可通过船岸 SIGTTO 信号系统从岸上激活。

(2)STS 系统:ESD 系统可以手动或船对船系统自动激活。

(3)手动开关:ESD 系统通过位于船舶关键区域(甲板室、货物区、CCR、驾驶台、歧管)的电气按钮手动激活。

(4)电热保险丝。

(5)溢流报警系统:当液货舱溢流报警系统启动时,ESD 系统启动。

(6)液压系统低压:当电磁阀柜中的液压压力较低时,可以激活 ESD 系统。

(7)电力损失。

(8)GCU 控制系统:可由 GCU 控制系统中释放 ESD 1.3。

5. ESD 系统激活会产生以下影响

(1)向 CCS 发送 ESD 释放信号:任何原因都会向 CCS 发出 ESD 释放信号。

(2)喇叭和信标:任何原因都会在不同区域自动发出视觉和音频警报。

(3)ESD 阀:任何原因都会发出公共 ESD 关闭信号,关闭所有 ESD 阀门,以达到激活的 ESD 级别(ESD 1.1、ESD 1.2 或 ESD 1.3)。ESD 阀由电磁阀柜供电。ESD 关闭信号直接通过硬接线自动切断电磁阀的电源电路,然后 ESD 阀自动关闭。

(4)货物相关设备:ESD 关闭信号也会停止与激活的 ESD 级别相关的所有泵和压缩机。这些泵和压缩机都有动力。

6. ESD 系统测试

装卸操作前,应通过电动释放系统对货物传输系统进行功能测试。ESD 报警测试程序如下:

(1)在货物控制台中有一个用于 ESD 测试的带钥匙的开关,这个开关需要打开。

(2)开关打开后,操作员可通过 SCADA MIMIC 按钮测试各部分的 ESD 阀:

①货舱穹顶 1(ESD 1.1 的一部分)。

②货舱穹顶 2(ESD 1.1 的一部分)。

③货舱穹顶 3(ESD 1.1 的一部分)。

④辅助发动机主阀(ESD 1.2 的一部分)。

⑤主机主阀(ESD 1.2 的一部分)。

⑥GCU 主阀(ESD 1.3 的一部分)。

⑦货物装载站/加注站(ESD 1.1 的一部分)。

⑧货物蒸发器入口(ESD 1.1 的一部分)。

ESD 系统测试完成后,操作员需要重置开关并从盖面板上取下钥匙。或者,可以通过从按钮释放 ESD 来直接测试 ESD 1.1、ESD 1.2 和 ESD 1.3。

第二节 燃料泵及安全操作

本节主要介绍低压泵和高压泵、汽化和加热装置、压力恢复装置三方面内容。

一、低压泵和高压泵

1. 低温潜液泵

低温潜液泵是一种浸润型离心泵,完全浸泡在 LNG 液体内,转动平稳,无碰撞和活塞环摩擦发热的问题,没有意外爆炸的风险、噪声极低(小于 5 dB)。当电机带动叶轮旋转时,叶轮对低温介质做功,介质从叶轮中获得了压力能和速度能。当介质流经导流器时,部分速度能将转变为静压力能。介质自叶轮抛出时,叶轮中心成为低压区,与吸入液面的压力形成压力差,于是液体不断地被吸入,并以一定的压力排出,流畅不间断。

2. 低温柱塞泵

低温柱塞泵是一种正变量的体积泵,主要运用在流量小、输出液体压力较高(20 MPa)的不受污染的场合,低温柱塞泵原理和水枪一样,缸体直径为 Φ50 mm,压缩行程为 40 mm 左右,为了保证流量,压缩频率极高,活塞环与缸体在 LNG 液体未及时进入的情况下,极容易发热,当温度上升到一定程度,就会出现烧缸或爆缸,进一步产生次生灾害，且噪声在 70 dB 以上。低温柱塞泵与其他泵相比，故障率较高，稳定性较差，其故障主要表现为，泵后压力低和效率低（压力上升慢）。低温柱塞泵工作前半个周期是吸入液体，后半个周期是排出液体，排液是间断式的，并非是连续的，流量和压力不稳定。

二、汽化和加热装置

1. 汽化器和加热器

LNG 泵下游设置 LNG 汽化器和 NG 加热器，安装在 TCS 中。LNG 汽化器加热 LNG 至气体，NG 加热器把 NG 加热到设定温度。

2. 水/乙二醇加热循环系统

LNG 汽化器系统的热源是 50%/50% *V/V* 的水/乙二醇溶液，可以降低汽化器壳侧结冰的风险。水/乙二醇循环模块包括两个循环水泵，一个壳管式热交换器和一个膨胀水箱。在热交换器之后安装一个温度控制阀，该阀控制水/乙二醇溶液的温度。一个流量开关用于监控水/乙二醇加热循环系统的工作状态，可以确保汽化器和加热器获得足够的热量。

三、压力恢复装置

1. 船用 LNG 储罐压力维护

船用 LNG 储罐气相压力的提高可通过自增压器使液体汽化后的气体返回船用 LNG 储罐顶部，使罐内压力保持相对稳定。

2. 降低船用 LNG 储罐压力

打开气体排放阀，使船用 LNG 储罐内气相压力降低到不大于压力调节阀新设定的压力后，关闭气体排放阀。

第三节 燃料操作

本节主要介绍惰化、冷却、初装、压力控制、燃料加温和排空系统六方面内容。

一、惰化

所有燃料舱在使用期间应能一直维持惰化。

隔离空舱的布置应能进行驱气或通过非固定连接进行注水。隔离空舱应采用单独的排空系统，例如舱底水喷射泵。

在使用惰性介质进行环境改变、驱气或惰化的任何阶段，应通过系统设计消除燃料舱内产生易燃气体混合物的可能性。

二、冷却

装货前有必要对货物管线和液货舱进行冷却，以避免装载期间液货舱压力过大，并将热应力降至最低。货物系统冷却注意事项：货物管线的最大冷却速率为 3 ℃/min。货舱冷却速率最大为 10~15 ℃/h。冷却程序如下：

1. 液体货物通过喷嘴供应至货舱，储货舱大气返回岸上。可通过调节球阀 25VX55 的开度来控制喷洒量。如果使用喷淋泵，容量可以通过泵的速度或排放阀的开度来控制。

2. 液货舱允许的最大冷却速率为 10~15 ℃/h。该冷却速率所需的估计 LNG 流量为每个液货舱 2 700 kg/h。冷却操作期间，应定期监测货舱外壳温度。

3. 在冷却期间，应定期手动转动深井泵（货泵和燃料泵）。

4. 继续喷洒，直到温度达到-140 ℃。

从这时开始，阀门可配置为允许液体通过底部装载管线进行装载。

三、初装

在开始传输货物之前，负责船员应以正式的方式同意开始安全货物传输。码头负责通知何时开启泵。只有在船舶和码头达成一致后，才能启动额外的泵来增加流速。

装载应在蒸气回流的情况下进行，以防止货舱内的压力积聚。

四、压力控制

1. 在操作过程中，应使用安装在货舱上的液位仪表/货物传输系统和压力仪表监测货舱液位和压力。货舱装载将在同时返回蒸气的情况下进行。蒸气回流操作将根据装载速率和终端的压力要求来确定。

2. 当液位达到 95%（按体积计）时，装载速率应大幅降低。平舱时应仔细观察液位。当装载量达到 95%时会发出警报。当装载量达到 98%时，相应的液货舱会自动关闭。当加注量达到 98.5%时，应急切断系统自动释放。

3. 装载预定量后，装货臂的液货阀关闭。断开连接前，必须排空并吹扫管汇。这也适用于卸载/加注后的断开。如果存有液体，正常程序是通过货物蒸气对液相管汇加压，然后对外端进行氮气吹扫。或者，外端可通过氮气加压并排放至岸边，然后进行氮气吹扫。如果存在液体，液体管线也可以通过货物蒸气对液相管汇加压，排放到货舱中。

4. 在断开装载臂后，应拆除接地线。如果货物管路中的压力上升，可以打开货舱顶喷淋的管路。

5. 装载结束后，与岸上操作员合作，记录货舱中的液位、温度和压力，以确定装载的货物量。

五、燃料加温

天然气燃料加热器是一种管壳式热交换器，壳体内为水/乙二醇溶液，管内为天然气燃料。它可以在两种不同的模式下运行：

1. 在强制燃气模式下（使用燃气泵），换热器将来自 LNG 燃气蒸发器的气体从-70 ℃加热到 30 ℃左右。

2. 在 NBOG 模式下，使用 BOG 压缩机，将压缩机排气温度的燃气冷却至 45 ℃左右。

在这两种情况下，燃气都进入主机缓冲罐。

六、排空系统

当清空货舱并将其加热至-60 ℃时，必须用氮气对货舱进行吹扫，以将甲烷体积分数降至低于2%，然后用空气进行通风，以避免混合物爆炸。

第十一章 燃料安全加注和存储作业

本章主要介绍燃料加注和存储数据、燃料加注时信息沟通、燃料加注作业、燃料油系统测量和计算、船舶港内和锚地操纵五部分内容。

第一节 燃料加注和存储数据

一、燃料加注数据

1. 受注船

装载前，必须收集与加注船舶上装置有关的所有必要数据，这些数据应包括：

(1)储罐中的温度和压力；

(2)蒸气回流的可能性；

(3)软管和法兰尺寸等。

根据这些数据，可以进行装载过程规划，并计算装载时间。船长有责任获得正确的压载程序。

2. 加注船舶

(1)确认加注设施液货舱/储罐和受注船燃料舱的容积和温度等信息；

(2)加注 LNG 的特性参数(如温度、压力、甲烷含量等参数)；

(3)加注设施与受注船之间是否存在高度差(如果存在，是否在加注软管/加注臂的可操作范围内)。

二、燃料存储数据

加注方应填写 LNG 燃料加注交付单(一式两份)，清晰注明加注 LNG 数量和质量，然后由责任人签字，交付受注方。两份文件都需要由受注船的负责人签字，一份保存在受注船上，另一份送回加注方。

LNG 加注交付单

LNG 作为燃料

船名：　　船舶登记号：　　呼号：　　IMO 编号：　　交付日期：

1. LNG 属性

甲烷值 低热量(加热)值	—— MJ/kg	
高热量(加热)值	MJ/kg	
沃泊指数 Ws/Wi 密度 压力	MJ/m^3 kg/m^3 bar(abs)	
LNG 温度传递 储罐 LNG 温度 储罐压力值	℃ ℃ bar(abs)	

2. LNG 组分

甲烷,CH_4 乙烷,C_2H_6 丙烷,C_3H_8	%(kg/kg) %(kg/kg) %(kg/kg)	
异丁烷,iC_4H_{10} 正丁烷,nC_4H_{10} 戊烷,C_5H_{12}	%(kg/kg) %(kg/kg) %(kg/kg)	
正己烷,C_6H_{14} 庚烷,C_7H_{16} 氮,N_2	%(kg/kg) %(kg/kg) %(kg/kg)	
硫,S	%(kg/kg)	
可以忽略不计小于 5ppm 的硫化氢、氢、氨、氯、氟、水		

3. 净总交付量:t,　　MJ　m^3

净液体交付量：　　GJ

4. 签名(S)

供货方名称、地址和联系方式：

签名：

地点/港口日期：

接收方：

第二节

燃料加注时信息沟通

本节主要介绍燃料加注时信息沟通的一般要求、通信系统、信息和通信事故应急程序四方面内容。

一、一般要求

1. 在加注作业期间，船舶负责人和加注方负责人之间应始终保持通信。如无法保持通信，应在通信恢复前停止加注作业。

2. 加注作业中使用的通信设备应符合公认的技术标准的要求。

3. 负责人应与所有参与加注作业的人员保持即时通信联系。

4. 用于加注方自动 ESD 通信的船岸连接或等效措施，应与受注船和加注方的 ESD 系统兼容。

二、通信系统

1. 通信系统是否畅通，是否已约定通信语言。

2. 在系泊和加注的整个过程中，应保持通信畅通。在双方进行有效通信前，不能进行系泊和加注的操作。如果有需要，在加注设施和受注船之间可以采用包括电缆、气动、无线或这几种组合的方式进行通信连接，在参与加注各方之间进行有效的通信。

3. 加注设施和受注船应设置有效的语音通信方式，包括 VHF 对讲机、手持无线电、直线电话、喊话等。

4. 加注作业期间使用 VHF 和 UHF 对讲机时，应将其发射功率设置为低功率（小于或等于 1 W）。

5. 岸站对船加注时，如设有直线电话连接，电话电缆应尽可能布置在危险区域之外。

三、信息

加注作业应有加注双方书面形式同意的计划，可行时，应包括如下信息：

1. 加注燃料的数量及燃料的组分；

2. 加注作业系统的细节、燃料泵的数量、最大压力，泵的加压能力和加注系统压力释放装置的减压能力；

3. 加注速率（开始、最大和补足时）及速率变化期间的注意事项；

4. 燃料舱的最大装载极限；

5. 常规停止及应急切断程序；

6. 紧急及燃料泄漏操作程序；

7. 值班安排；

8. 操作的关键阶段；

9. 加注系统和管汇的连接、惰化、吹扫、拆除等的协调计划。

相关信息检查表见附录 2。

四、通信事故应急程序

1. 对于海船，应设置 1 套船岸通信线路（SSL）或等效设施，用于与加注方进行自动和手动 ESD 通信。

2. 每一加注管路应在尽可能靠近通岸接头处串联安装 1 个手动操作截止阀和 1 个遥

控关闭阀,或 1 个手动操作和遥控组合阀。应能在加注操作控制位置和/或其他安全位置操作遥控阀。该遥控阀应为故障关闭型。

3. 如果监视发现有问题或者出现问题的征兆,加注作业需要立刻停止,直到检查完毕和问题修复之后才能重新启动加注。

4. 在抵达前,应按两船约定的应急信号和响应计划,对应急信号进行测试。如果在货物过驳期间通信中断,应鸣放紧急信号,在确保安全的前提下立即暂停所有正在进行的操作。在重新建立完好通信前,禁止恢复操作。

5. 如发生通信失效时,应停止加注作业,直到重新建立有效通信,方可恢复作业。如果在抵靠操纵过程中出现通信故障,应在确保安全的前提下中止靠泊操纵。各船应按《国际海上避碰规则》第 34 条所规定的声号进行后续行动。

6. 约定应急信号。各船上人员均应非常熟悉紧急情况下两船使用的约定信号。无论哪艘船舶发生紧急情况,都应立即拉响本船的内部报警信号并用汽笛拉响 7 次(或更多次)短声向对方船舶报警。随后所有人员应按照应急计划行动。

第三节 燃料加注作业

本节主要介绍燃料加注方式、货物装载前重要准备工作、加注程序、主要环节、接口、防止翻滚和危险预防七方面内容。

一、燃料加注方式

以 LNG 燃料为例,加注方式如图 11-1 所示。

1. 船—船加注:利用 LNG 加注船舶对受注船舶直接进行加注。该加注方式的优点是加注地点灵活,可在码头、锚地或航行途中进行,对大、中和小型 LNG 动力船舶都适用;缺点是 LNG 加注船舶和受注船舶之间为直接过驳作业,操作难度高,风险大。

2. 趸船—船加注:利用 LNG 加注趸船对受注船舶进行加注。该加注方式主要适用于内河流域,加注站建造周期短,可以和燃油加注设施合建,节省投资;缺点是加注规模较小,趸船补给难度较大。

3. 槽车—船加注:利用 LNG 槽车在码头上对受注船舶直接进行加注。该加注方式的优点是机动性好,可以直接利用现有码头进行加注,投资成本低;缺点是加注量小,加注效率低。

采用 LNG 槽车进行加注时,其加注规模主要根据市场上现有的 LNG 槽车规格确定。目前市场上主要的 LNG 槽车规格为 15 m^3、30 m^3、40 m^3、45 m^3 和 60 m^3,国外也有 90 m^3 的 LNG 槽车。

4. 岸站—船加注:利用专用 LNG 加注码头对受注船舶进行加注,也可在已建码头上增设 LNG 燃料加注系统。该加注方式的优点是实用性强,适合大型船舶和快速加注;缺点是需要建设专用的 LNG 加注码头或对已建的码头进行改造,投资和操作成本较高。

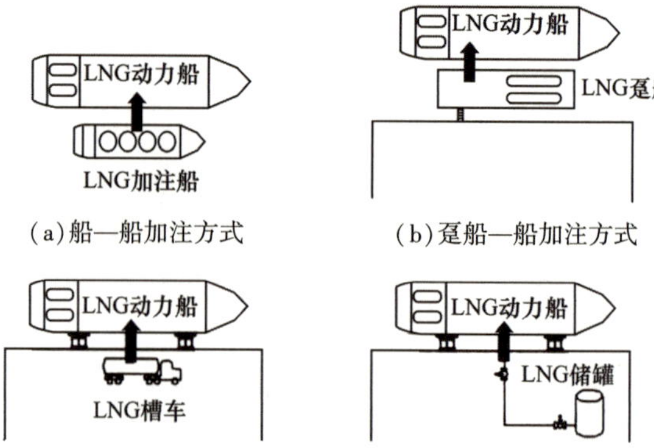

(a)船—船加注方式　(b)趸船—船加注方式

(c)槽车—船加注方式　(d)岸站—船加注方式

图 11-1　加注方式

二、货物装载前重要准备工作

1. 准备好使用的必要设备。

2. 货舱和管道必须包含正确的大气压力。必须检查货舱和管道中的氧气含量。如果液货舱已经有货物蒸气,可以省略氧气含量的检查。

3. 所有相关阀门应设置在正确位置。

4. 测试 ESD 系统。

5. 准备好消防和安全设备以备使用。

6. 船舶接地电缆应连接至岸上,如码头要求,否则,应检查船/岸电气隔离。

7. 将正确的岸上连接件安装到液相和气相管汇。检查/安装用于液相管汇的滤器。用于液相管汇的可拆卸双向锥形过滤器应正确安装在管线与法兰之间。安装前,检查滤网是否清洁。

8. 与岸上操作人员合作,注意货舱液位、货物温度和压力以及船舶纵倾。必须确保仔细采集货物测试样本。

9. 装载臂应连接至装卸站。岸上接头必须按要求用氮气吹扫(以排出空气)。

10. 在决定装货顺序之前,检查吃水差和船舶稳性。

11. 检查货物的具体装载要求。

12. 检查货物控制系统(CCS)是否存在任何警报。

13. 检查水幕系统是否正常工作。

三、加注程序

1. 准备阶段从受注船与加注设施第一次加注交流开始,直到加注管路连接到加注设施结束。准备阶段旨在准备并完成加注设施与受注船之间的安全连接。

2. 加注阶段从加注设施与受注船安全连接完成、加注设施 LNG 加注阀门打开开始,直到加注阶段结束、加注设施加注阀门关闭终止。

3. 完成阶段从加注补足操作完成、LNG 释放阀关闭开始,直到受注船和加注设施安全脱离、所有相关文件全部签署完成终止。

四、主要环节

1. 兼容性评估

兼容性评估包含多个在加注前需要特别确认的项目,如无特殊情况,每次加注作业只需进行一次兼容性评估。作业前应确认以下项目:

(1)加注控制和安保系统、接头等的兼容性;

(2)主管机关、加注方和受注方三方的安全应急预案是否协调一致;

(3)加注各方对既定的加注作业程序是否存疑;

(4)通过风险评估提出的建议项是否已封闭;

(5)除紧急情况外,加注作业是否能确保没有天然气排放到大气中;

(6)加注操作期间两船的浮态变化情况不会影响正常加注作业;

(7)在各种作业条件下,加注设施和受注船之间的高度差是否在加注软管/加注臂的可操作范围内;

(8)是否按照系泊计划检查系泊布置;

(9)通信系统/信号是否一致;

(10)加注系统自身各部件是否匹配;

(11)加注设施和受注船的危险区域之间是否相互影响,如考虑透气桅在紧急情况下的气体排放,如有必要,应在加注作业期间采取额外的限制措施;

(12)不同的 ESD 系统是否兼容;

(13)ESD 系统是否测试有效;

(14)加注开始前是否对加注系统进行泄漏试验;

(15)是否配备避免因人为因素导致液相管路与气相管路连接的安全设备;

(16)是否对不可控点火源和可能掉落的物体进行了风险评估;

(17)加注各方对加注及蒸气管理计划表是否已达成共识;

(18)是否在加注前确认加注设施液货舱/储罐和受注船燃料舱的容积和温度等信息;

(19)是否接受拟加注 LNG 的特性参数(如温度、压力、甲烷含量等参数)。

2. 安全性评估

(1)通信系统是否畅通,是否已约定通信语言;

(2)加注设施与受注船之间是否存在高度差(如果存在,是否在加注软管/加注臂的可操作范围内);

(3)天气情况是否允许作业,如波长、波高、风速和天气状况(雷雨等)等参数是否满足作业条件;

(4)在港口或锚地的加注作业是否满足港口当局的相关要求;

(5)低温保护系统是否兼容,例如水帘和软管鞍座;

(6)是否已约定应急响应计划。

3. 加注设施加注管路的惰化、预冷

当加注设施首次加注时,为缩短加注作业时间,在加注连接前,需对加注设施加注管路提前进行惰化和预冷操作。使用氮气对加注管路进行惰化操作，并确保管路中无水分残留。为防止管路、加注泵及流量计等突然受到冷应力作用，并产生大量的蒸发气体，需对加注管路进行预冷，如图 11-2 所示。必要时可以开启自增压串联阀件，用以提高液货舱内压力，加快输送速度。

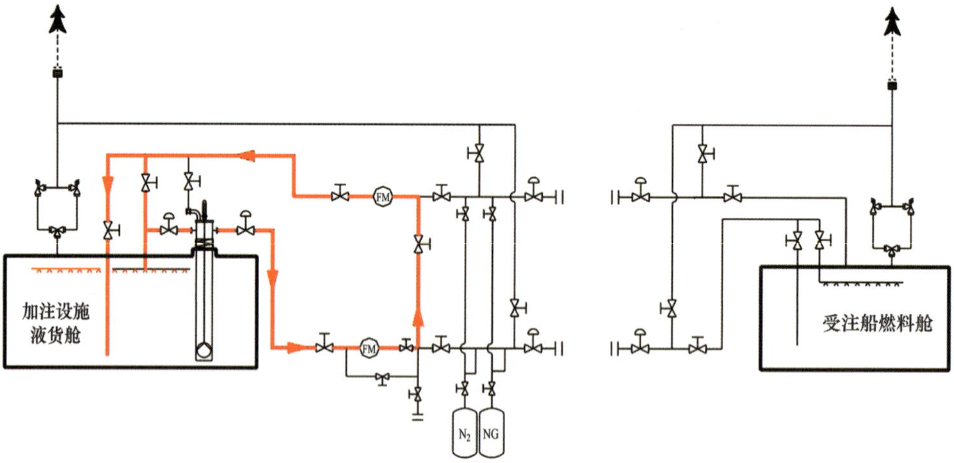

图 11-2　加注设施加注管路预冷

4. 加注管路的惰化、置换

（1）加注作业前应对加注管路进行惰化和置换。在加注系统管路连接完毕后，管路中可能含有一定量的空气、水分，应采用氮气等惰性气体进行干燥、惰化，如图 11-3 所示。操作完毕后需确认管汇中的氧含量不超过规定限值（测量管路出口氧气的体积含量小于 2%），露点应低于−40 ℃，否则应进行 2 次惰化操作，直到符合规定为止。不便于测试露点时，建议惰性气体用量不小于加注管路容积的 5 倍。

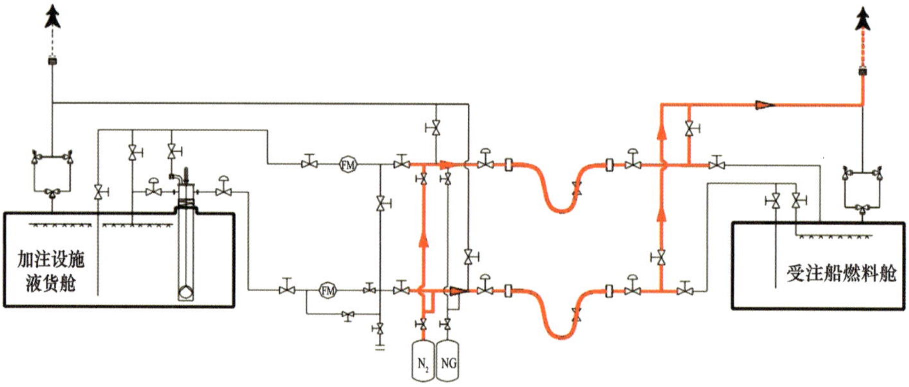

图 11-3　加注管路干燥、惰化

（2）在惰化满足要求后，需通过天然气对其进行置换，排除加注管路中的氮气，置换操作过程如图 11-4 所示。

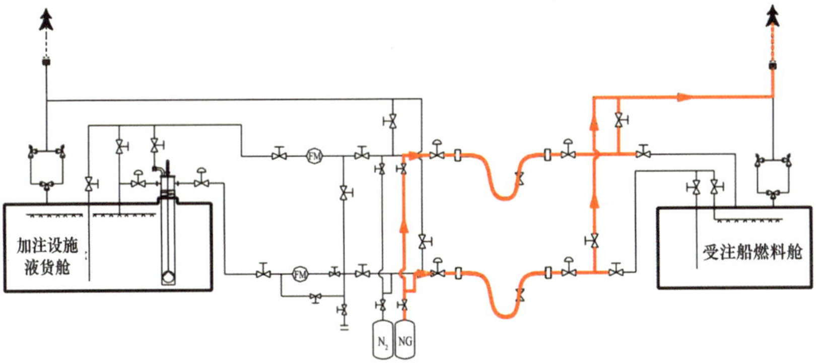

图 11-4 加注管路置换

5. 加注管路的吹扫、惰化

(1)在加注完成后，断开连接之前，需要吹扫加注软管里面残留的液体。建议使用天然气进行吹扫以清理软管，加注管路吹扫过程如图 11-5 所示。

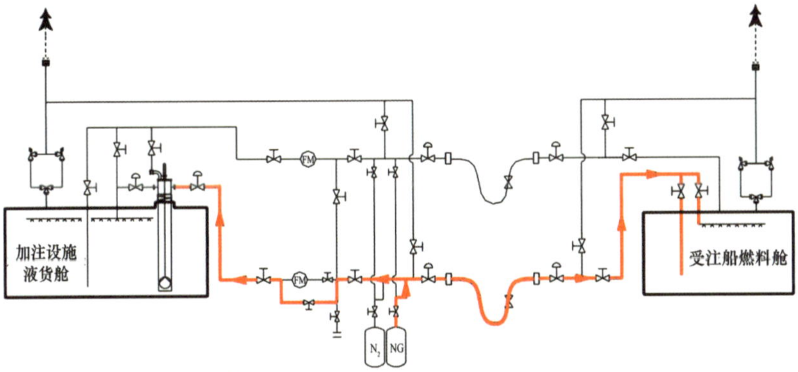

图 11-5 加注管路吹扫

(2)加注管路吹扫完毕后，软管内可能含有一定量的天然气，为避免可燃气体残留在管路内可能带来的危害，在关闭所有阀件和拆除连接管路之前，需对管路进行惰化处理。在惰化管路时，测量管路连接处的天然气体积分数应不超过 2%，加注管路惰化过程如图 11-6 所示。

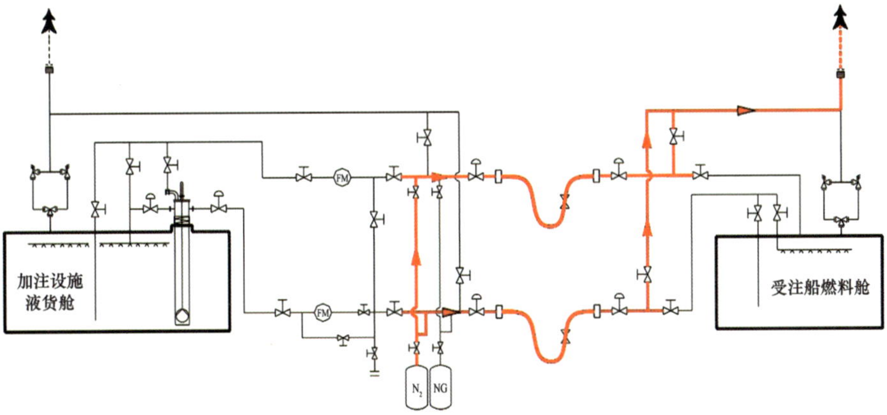

图 11-6 加注管路惰化

6. 主要加注流程

(1)船对船加注流程(如图 11-7 所示)

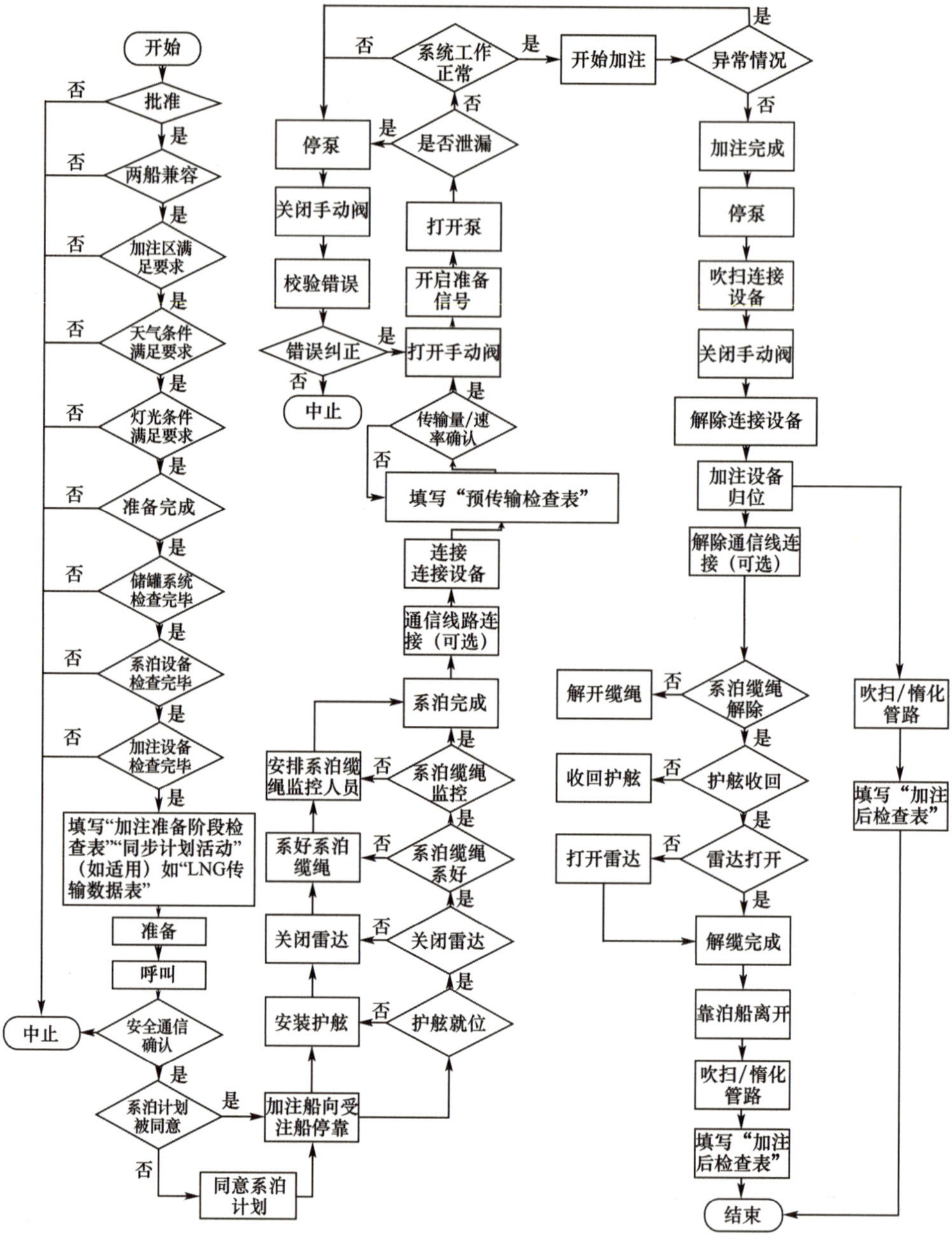

图 11-7　船对船加注流程

(2)车对船加注流程(如图11-8所示)

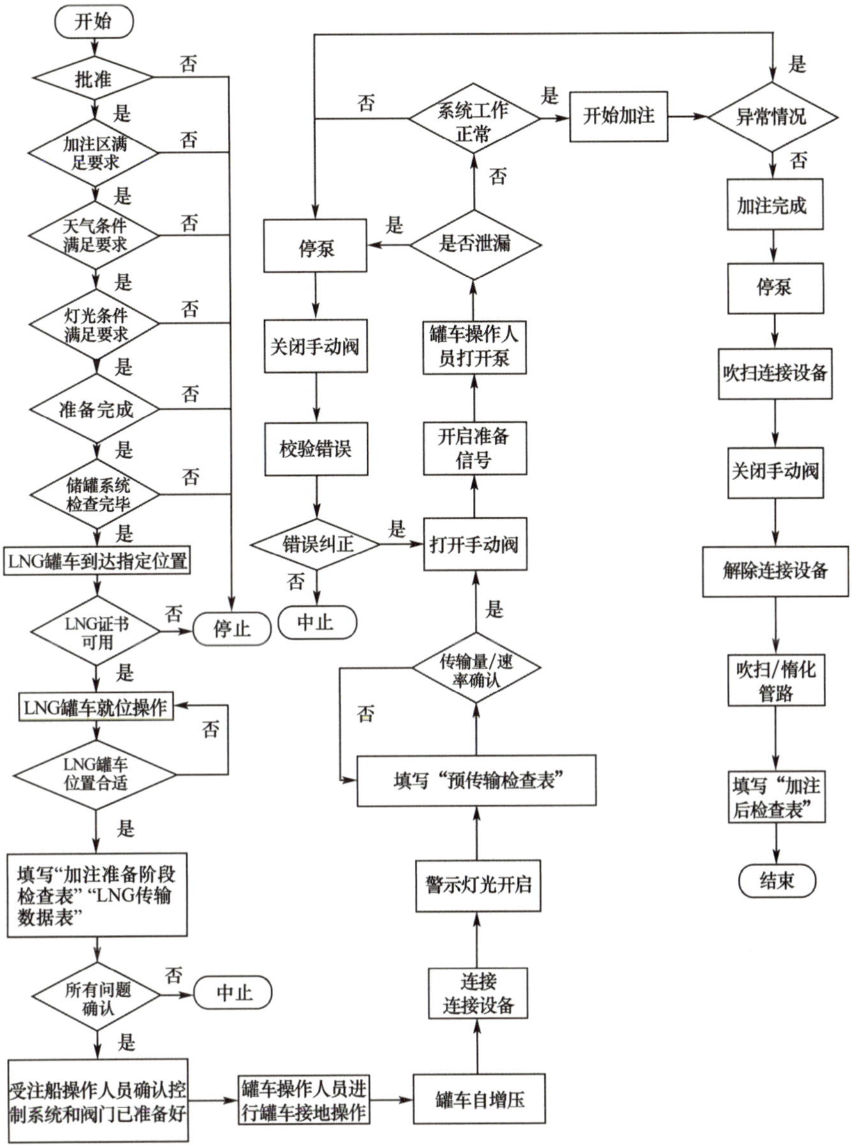

图11-8 车对船加注流程

(3)岸对船加注流程(如图 11-9 所示)

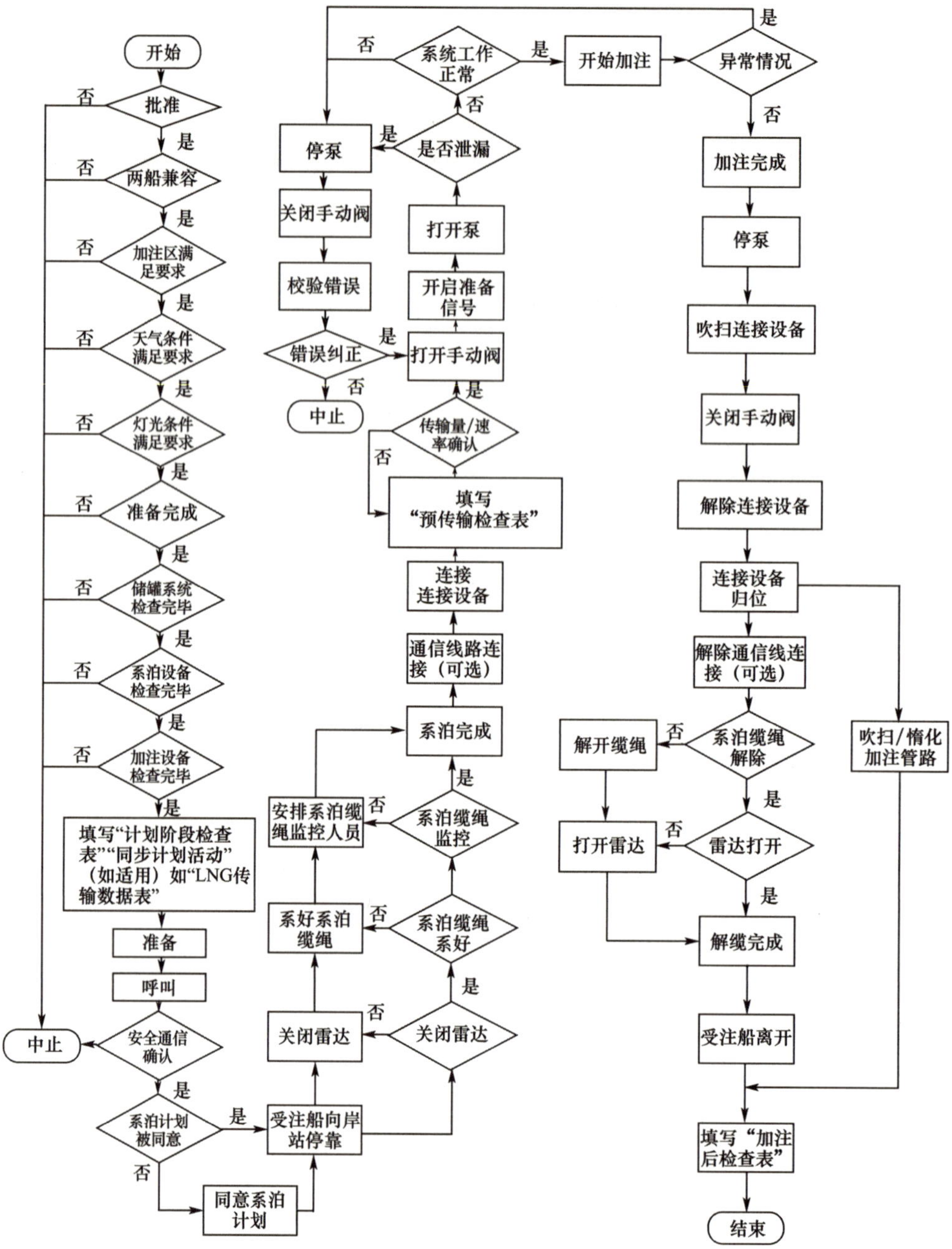

图 11-9　岸对船加注流程

五、接口

连接设备主要有：

1. 柔性连接设备。柔性连接设备通常由软管、软管操作设备(吊臂/托架)、加注接头及拉断阀等部件组成，用于加注设施对受注船进行 LNG 燃料加注。

2. 加注臂。使用加注臂前应检查其整体情况，并对加注臂上管路、旋转接头等进行外观检查，确认加注臂上各种液压油管无泄漏现象。

3. 加注接头。对于使用软管的日常加注作业，建议采用干式低温快速接头（Dry Cryogenic Coupling，简称 DCC）。

4. 变径接头。应确认船上备有与实船管汇和货物软管尺寸匹配的变径接头和垫片。

干式低温快速接头如图 11-10 所示。

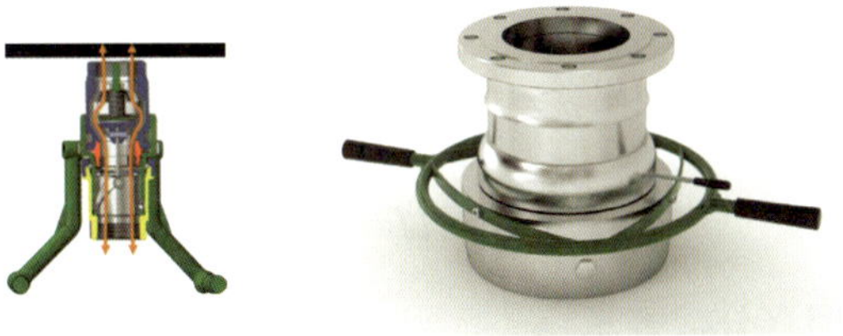

图 11-10　干式低温快速接头

六、防止翻滚

1. 翻滚原因

“翻滚”用来描述存储在平底低温罐底部的层状液体的一种现象。如果热量持续进入罐内，底部这层液体很快就会过热。最终热量会突然从 LNG 内释放并转移到液面。在热量达到液面的过程中，会产生大量的蒸发气——这有可能导致罐的过压。大型低压 LNG 储罐内若存在两层或是多层不一样的 LNG 并快速混合时，罐内会增压并且升压不能控制，这种变化有可能导致放空或罐结构的损坏。罐内分层或层化是一个持续的过程，较轻的 LNG 在较重的 LNG 上面就是自动分层的结果。多数情况下，分层现象是可能预见并能检测到的。

2. 防止翻滚措施

（1）为了防止层化现象，或在分层已经形成时，一个比较好的做法是可将罐底部的 LNG 向顶部循环。

（2）应认真考虑检测、抑制和控制翻滚的方法。

七、危险预防

1. LNG 加注安全问题

LNG 具有易燃、易爆、快速相变及低温等特性。因此对 LNG 加注站的安全性要求也较高。特别是对于船—船式 LNG 加注站。除了存在因泄漏造成的火灾爆炸和低温损害外，船舶碰撞和恶劣天气还会导致火灾爆炸和沉船等风险。而在 LNG 燃料加注过程中，由于加注系统的复杂性，对操作人员也提出了更严格的要求。

2. 加注系统监控

加注系统监控界面共分为两部分，即液位状态监控及压力状态监控。设置状态显示控件及参数显示控件，用于实时显示储罐内液位及压力信息；设置 LED 指示灯，用于液位及压力异常时的报警；设置“解除报警”按钮，用于工作人员解除声光报警；同时为了实现对加注系统的有效控制，设置相应的控制按键，用于操纵加注过程，必要时启动应急切断或应急释放。

第四节

燃料油系统测量和计算

本节主要介绍燃料油最大填充量、船上载有量两方面内容。

一、最大填充量

根据《IGC 规则》15.5.1，通过以下公式确定不同加载温度下的加载极限：

$$LL=\frac{FL\times\rho_R}{\rho_L} \quad LL=FL\sqrt{\frac{\rho_R}{\rho_L}}$$

式中：LL——装载极限，用百分数表示；

FL——充装极限，用百分数表示，此处为98%；

ρ_R——在基准温度下燃料的相对密度；

ρ_L——在装载温度下燃料的相对密度。

货物压力以及甲烷的相应温度和密度如图11-11所示。

压力 /bar	温度 /℃	密度 /(kg/m³)
0.00	-161.60	423.53
0.15	-159.89	421.00
0.30	-158.35	418.69
0.45	-156.94	416.55
0.60	-155.64	414.56
0.75	-154.42	412.69
0.90	-153.28	410.92
1.05	-152.21	409.25
1.20	-151.19	407.66
1.35	-150.22	406.13
1.50	-149.30	404.67
1.65	-148.42	403.26
1.80	-147.58	401.91
1.95	-146.77	400.60
2.10	-145.99	399.33
2.25	-145.23	398.10
2.40	-144.50	396.90
2.55	-143.80	395.74
2.70	-143.12	394.60
2.85	-142.45	393.50
3.00	-141.81	392.42
3.15	-141.18	391.37
3.30	-140.57	390.33
3.45	-139.98	389.32
3.60	-139.40	388.33
3.75	-138.83	387.36
3.90	-138.28	386.40
4.05	-137.74	385.47
4.20	-137.21	384.55
4.35	-136.69	383.64
4.50	-136.18	382.75

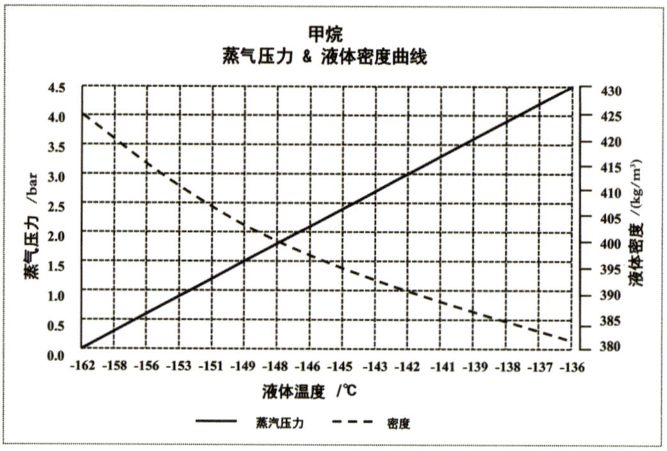

图 11-11　货物压力以及甲烷的相应温度和密度

二、船上载有量

根据装载极限图确定船上载有量(OBQ)，某船装载极限图如图11-12所示。

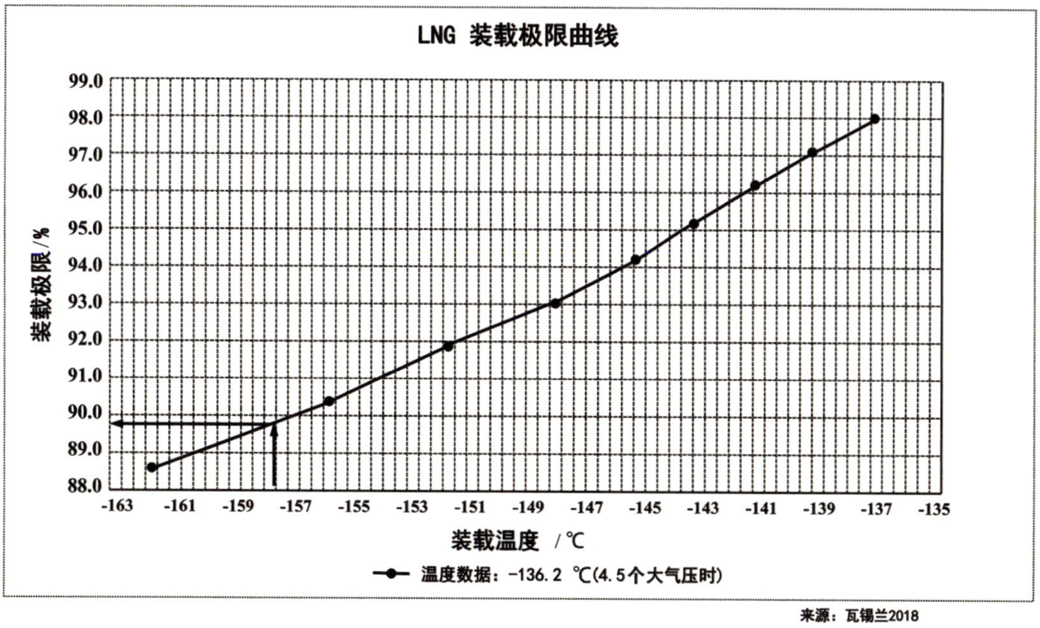

图 11-12 某船装载极限图

第五节 船舶港内和锚地操纵

本节主要介绍船舶靠泊操纵和船舶离泊操纵两方面内容。

一、船舶靠泊操纵

1. 船舶操纵前准备工作

(1)审查特定操纵的风险评估,以及适用的操纵联合计划,确保所有识别出的预防措施和缓解措施得到了执行。

(2)确保熟悉本计划中包含的程序,以及船舶操纵者或组织者发布的任何指令。

(3)确认船舶能够遵守安全检查表清单的要求。

(4)对船员进行了程序和危险的培训和简要介绍,尤其是系泊和离泊。

(5)确认操舵装置、所有航行和通信设备处于正常工作状态。

(6)测试机器和推进器控制系统,主推进装置已经过正倒车试验。

(7)测试必要的货物和安全设备。

(8)确保在螺旋桨完全浸没的情况下每艘船都保持正浮状态且适当纵倾。如有一船横倾,应考虑安全间距受到影响的可能性。

(9)根据约定的系泊计划,准备系泊设备(包括引缆)。

(10)确保碰垫和过驳软管按操作联合计划正确地定位、连接和固定。

(11)对于专用过驳船,确认碰垫吊架处于收起位置。

(12)准备货物管汇和软管吊装装置。

(13)获得过驳作业期间的作业区域天气预报。

(14)确认当约定的紧急信号响起时应采取的行动。

(15)确认相关的操作前已完成安全检查表。

(16)在过驳作业期间,航行信号显示和声号使用应满足《国际海上避碰规则》。

(17)根据《国际船舶和港口设施保安(ISPS)规则》的规定,确认船舶运行的保安级别,并确保船上正在进行的操作要求合规。

2. 船与船靠泊操纵

(1)操纵基本原则

①在操纵之前,应仔细研究行业出版物《石油、化学品和液化气体船对船过驳指南》中包含的操作指南,以及船东和货主提供的任何附加指南,以了解在两艘船上进行操作准备的信息。

②与另一艘船舶船长的通信应按约定协调会合和抵靠、系缆和离泊方式。

③靠泊和离泊操作均应在白天进行,除非相关人员有足够的夜间过驳作业操纵经验。

④在某些沿岸水域,港口主管机关可能要求与引航员协作。在这种情况下,引航员应就航行和引航的各方面提供建议,但船长仍应对其船舶负责和行使指挥权。

⑤当一船准备工作完成后,应通知另一艘船舶。仅当两船均已确认准备就绪后,才能进行作业。

⑥两船的船长应随时准备中止靠泊操作,如果情况仍处于可控状态,则应以充分的时间做出决策。

(2)靠泊程序

尽管某些船长对操纵船舶方法有自己的偏好,但在过驳作业中应强调以下几点:

①系泊缆车应视为收绞缆绳的基本方式,但不能将其作为把船舶拉至任何其他系泊体的方式。

②两艘船应优先选择以相同的航速平行靠拢,而无须倒车,并预见到近距离操纵时,两船间可能出现的相互影响(如船吸)。

③常见的靠泊方式是:操纵船驶近艏向恒定船舶的艉部。在驶近过程中,操纵船应以平行于艏向恒定船的航向且保持合适安全距离靠近,直至其定位于艏向恒定船舶。靠拢是操纵船通过适当采用舵或动车以逐步减小两船间横距直至接触碰垫。

④在没有通知过驳监督人或操纵船船长的情况下,艏向恒定船不得动车。

⑤在近距离接近时,操纵船的航向应与艏向恒定船舶平行,两船间距约 50~100 m,然后操纵船应相对艏向恒定船舶进行定位。

⑥抵靠操纵时,使用双螺旋桨推进器对两船的影响。

⑦任何时候,每艘船舶都应安排人员保持瞭望。

3. 单船靠泊码头操纵(如图 11-13 所示)

在过驳作业中,经常有一艘或多艘船舶向已系泊于码头的一艘船舶靠泊。此种情况也称为两舷并靠过驳作业。对于未进行过两舷并靠操作的码头,在进行此类作业之前,应进行工程技术分析和风险评估并制订正式的操作程序和安全计划。

图 11-13 单船靠泊码头操纵

(1)考虑因素

在有关各方约定两舷并靠操作方案之前,应考虑以下几个问题,并达成一致意见:

①安全抵达和离开程序;

②泊位完整性,包括与潜在载荷相关的护舷板、系泊设备等;

③人员通道,包括所有相关船舶上人员的紧急逃生要求;

④操作安全管理;

⑤相关方的角色和责任。

(2)系泊准备

①系泊于码头的船长应知道其船舶和旁靠船舶的总排水量,系泊布置应足以承受预期载荷;

②应考虑系泊时缆绳需求量和带缆作业可操作性。在码头系泊的船舶可提供船员接收和系固缆绳,但不能因此而影响任何正在进行的货物操作的安全。当地港口可能要求带缆人员持证操作,这些都应在操纵开始前安排布置妥当。

(3)系泊计划

当两船被系固在一起时,系泊布置应能安全有效地照料缆绳受力,这一点对缆绳已用于系泊的操纵船非常重要,也体现在艏向恒定船上应将引缆在导缆孔与甲板绞车间备妥待用。

当准备系泊计划时,应考虑因素见表 11-1。

表 11-1 系泊计划准备

序号	内容
1	各船舶的尺度及尺度差
2	预计(变化的)干舷和排水量差异
3	预计的气象和海况条件
4	过驳场所提供的遮蔽程度
5	可用的系泊缆绳有效性

大多数过驳服务提供商都有一个能适用于特定过驳场所的标准的系泊计划。确保系泊系统在整个过驳作业过程中允许船舶的相对运动和干舷变化,以避免对缆绳施加过大张力,且系缆不能太长,否则容易导致两船间出现过度的相对运动。同一方向的系缆应采用相同材质。

应确定好在系泊时递缆和解缆时放缆的顺序。如果过驳服务提供商使用快速释放系泊钩,则应对其作用和用法进行讨论以确保正确理解。在任何时候应有备用缆绳可用,以备有必要时或在缆绳发生故障时,附加缆绳的首选范围是首尾缆处。图 11-14 所示是典型过驳系泊布置的示例。图 11-15 是液货船的典型船对船系泊布置图。

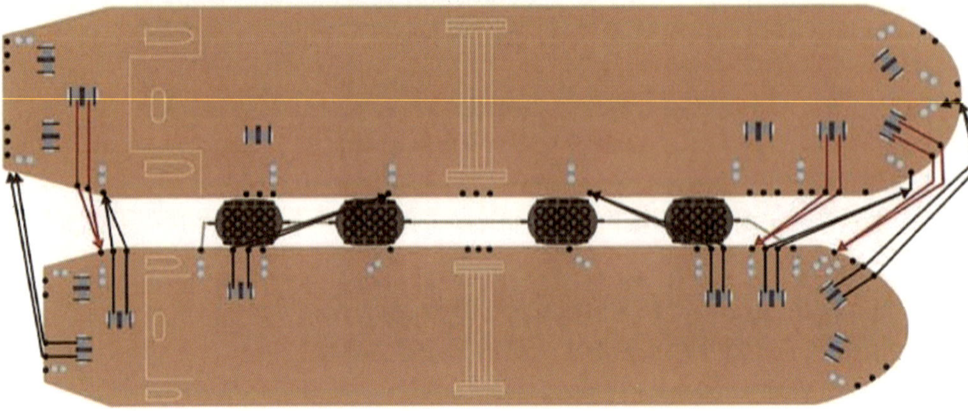

图 11-14 过驳系泊布置示例(含应急解缆布置)

(注:图中红色缆来自卸货船,黑色缆来自接收船)

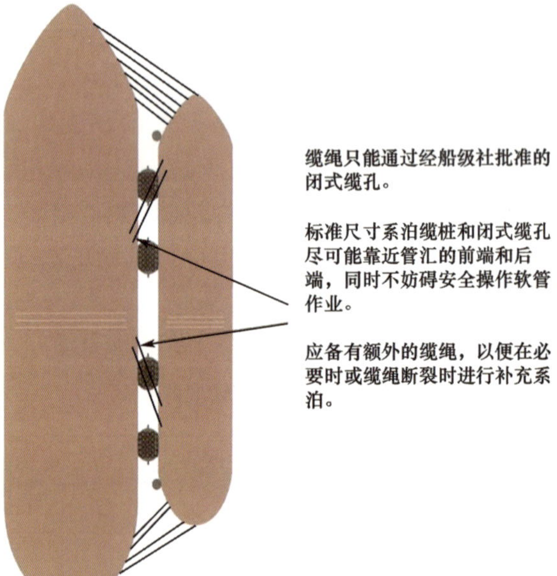

图 11-15 液货船的典型船对船系泊布置图

(4)系泊

通常由操纵船上出缆,但当时的气象条件或气象预报需要时,应两船同时出缆以增加系泊缆绳的数量。为避免集中负载,不应采用许多根缆绳穿过同一个导缆器或系于同一个带缆桩的方式,应使用所有可用的导缆器和带缆桩。

在作业期间,为将两船间干舷差保持到最小,应考虑对高干舷船舶打压载和低干舷船舶排压载。系泊缆绳方向斜度越大,其承受横向载荷的有效性越差。因此在制订系泊计划时,应考虑整个作业期间的预计最大干舷差,确保每条缆绳的垂向角度尽可能小。最大和最小干舷高度如图 11-16 所示。

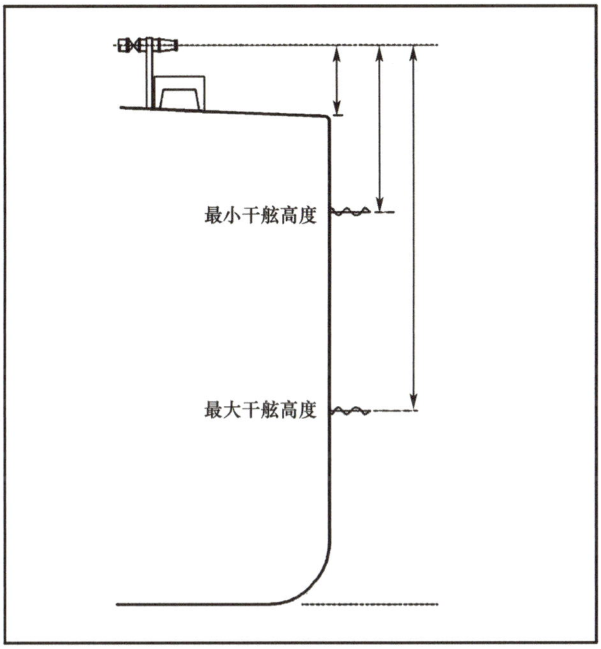

图 11-16　最大和最小干舷高度

两船均应备好足够强度的引缆,并在相关带缆桩上安装好掣索器。如可能时撇缆和引缆应使用可浮材料制成。每船应至少提供 4 根引缆以备立即使用。如果需要,可由接收船通过抛绳器发送撇缆以接起引缆,引缆建议使用 8 股结构的 40 mm 聚丙烯(丙纶)编织绳。可采用非烟火缆绳投掷设备建立第一次连接。

4. 注意事项

(1)缆绳张力

应避免系泊缆绳张力过大或分布不均匀,当其受力超过 SWL(安全工作负荷)时会显著降低系泊缆的天气阈值。在整个过驳作业过程中,应注意缆绳受力不超过 SWL,以确保相对干舷变化不会引起系泊缆张力过大。

(2)缆绳导向角

如果多根缆的导向角相似并且有效分担载荷时,能减少每根艏缆和艉缆上的峰值载荷。

(3)天气阈值

当卸货船处于或接近满载排水量时,系泊缆能适应较高的作业天气条件。船长和总负责人应知道:在过驳作业过程中卸货船被卸载时,作业天气条件可能会发生较大变化。

(4)长周期波和涌

在受长周期波浪影响的水域,应谨慎进行过驳作业。随着波浪周期或遭遇周期增加,任何特定有义波高下的系泊缆载荷都会大大增加。

(5)遭遇波浪的方向

过驳作业期间应避免横向遭遇波浪。应特别注意,过驳作业于开敞锚地遭遇强流时,船舶可能与风浪方向有较大夹角。

进行过驳作业时,控制系缆负荷的最佳波浪遭遇方向一般为船首左舷,且卸货船处于上风侧,但仍取决于两船的相对大小和排水量。例如两艘大小相似船舶进行过驳作业期间,当接收船的排水量超过卸货船时,系缆负荷的最佳波浪遭遇方向可能变成船首右舷,且接收船处于上风侧。在这种情况下,具有可随风改变航向的海上水域是有利的。

(6)系泊时的其他注意事项

管汇通道上不允许有系泊缆。系泊缆应尽可能成对布置和系至舷内带缆桩上。

轻缆绳能大大减轻倒缆的重量而使其易于操作且不会降低破断强度。

应在所有系泊缆桩上使用套索销技术,它能快速而安全地释放缆绳,在紧急解缆时,如果需要将套索销移到下一个系缆桩上,会降低解缆速度。

(7)操纵船的抵靠角度。可采用的最终靠泊步骤如图 11-17 所示。

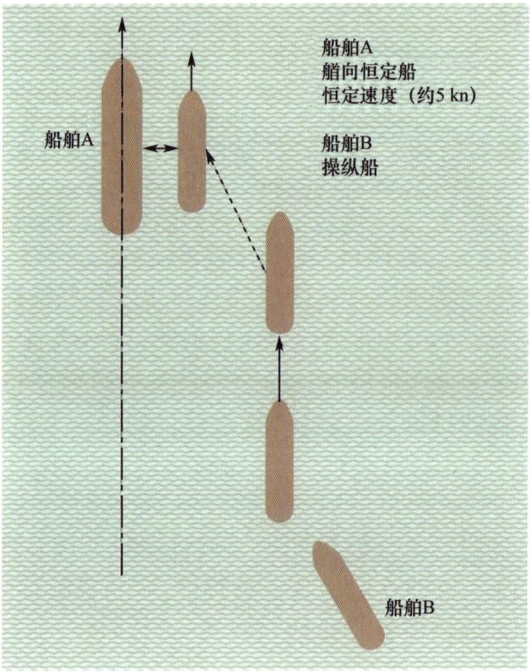

图 11-17　可采用的最终靠泊步骤

二、船舶离泊操纵

1. 锚泊过驳后的离泊程序

完成锚泊过驳后,在正常的潮流和天气条件下,可在艏向恒定船保持锚泊时进行离泊。

由于某些情况的不可预测性和评估困难,对于一船锚泊的离泊操作,应由具有丰富过驳操作经验的人员进行，且考虑使用拖船协助离泊，尤其是预计锚泊船会发生首摇时。在潮流转向期间不应进行离泊。

根据总负责人对天气和海流情况的判定，如必要，艏向恒定船应起锚，并且进行航行中离泊。

2. 航行过驳后的离泊程序

如在航行中进行过驳作业，协助两船分离的措施包括：

(1) 操纵两船组合体，使较大干舷船舶位于下风位置；

(2) 在风力很小或无风时，操纵船舶迎流，以助力船首分离。

(3) 为减少船舶间的相互影响(船吸现象)，应保持适应当前天气条件下的最低航行速度。所有系泊缆应保持绞车刹牢，直至收到船长指令方可合上绞车离合器。

(4) 离泊时应谨慎操作避免两船碰撞接触。应根据当前天气条件制订单次适用的解缆顺序计划。解缆顺序应确保解掉的缆绳不会影响螺旋桨。全程应密切监控缆绳的受拉情况和每个碰垫的受压情况。

(5) 迎风、迎浪有助于船舶分离。当两船船首张开分离时，应密切监控两船船尾的间距和最后一个碰垫的受压情况。机动操纵船应避免近距离穿越另一艘船的船头前方。在机动操纵船离开之前，艏向恒定船不应独自进行机动操纵。

(6) 应注意，当作业地点条件或船舶配置导致两船分离困难时，应考虑其他替代的离泊措施。

3. 离泊检查

解缆站应分配足够船员，且应考虑表 11-2 列出的事项。

表 11-2 离泊检查和考虑事项

序号	内容
1	应清除船上位于货物过驳一舷的障碍物，包括吊杆或克令吊
2	双方已约定脱离和释放系泊缆的方案
3	检查碰垫，包括其拖缆和系缆，应处于良好状态
4	绞车和锚机处于立即可用状态
5	所有系泊站均应备妥引缆和止缆器
6	所有系泊站均应备妥锐利的消防斧或切割设备
7	各船舶之间的通信应确认
8	系泊人员应建立通信
9	系泊人员应被告知仅在得到指令后才能解缆
10	应检查船舶周边通航情况
11	相关“检查表”应填写完毕

4. 离泊解缆程序

离泊时应特别小心避免两船碰撞接触。离泊解缆有多种方法，常用的方法和顺序为：

(1) 首先松开来自卸货船的所有缆绳；

(2)接收船船员松开前倒缆；

(3)松开艉缆；

(4)松开艏缆，允许船首摆动；

(5)艏向恒定船(卸货船)的艏向随着艏缆的解开而调整，而后稳定在一个相应的方向上；

(6)两船船首分离；

(7)船尾船员按顺序松开后倒缆(最后一根后倒缆称为“单绑缆”)；

(8)最后操纵船驶离。

解缆顺序可根据天气情况和/或系泊船长的决定而改变，但在解缆前应将任何改变通知两船。应特别注意以安全和迅速的方式解开最后一条缆绳，可采用一种便利的方法叫“套索销技术”，这项操作应预先计划，由经验丰富的船员执行，且应在良好的通信和监督下进行。

5. 使用快速释放设备或套索销(Toggle Pins)解缆

这种方法是使用固定在带缆桩上的快速释放钩或者与引缆连接的套索销，当将系泊缆从带缆桩上移除时，由引缆承受系泊缆的载荷。

(1)采用套索销释放缆绳的方法如图 11-18 所示。

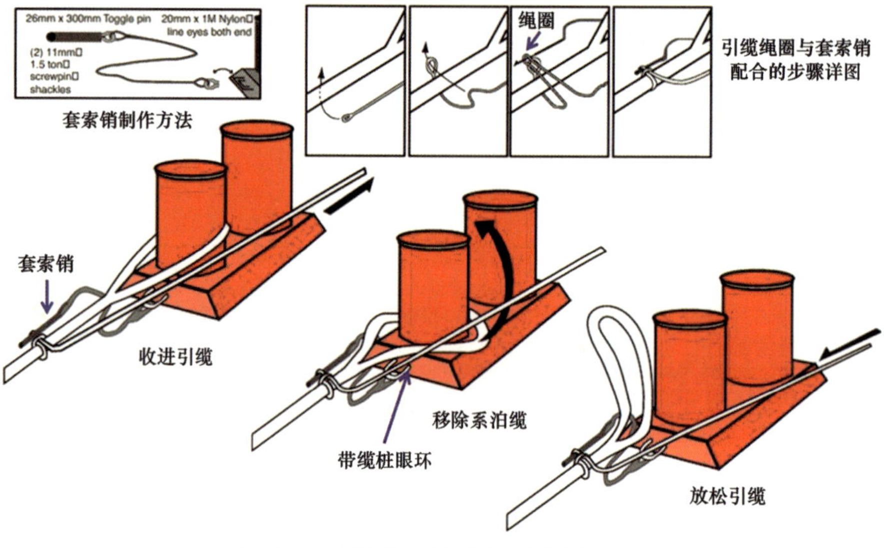

图 11-18　采用套索销释放缆绳的方法

第 1 步：将套索销连接绳与带缆桩眼环用卸扣连接起来。

第 2 步：从绞车上送出引缆(引缆末端应带有小眼环)。

第 3 步：将引缆在系泊缆绳上绕一圈。

第 4 步：将引缆穿过末端小眼环，形成一个绳圈(该绳圈应能容纳套索销穿过)。

第 5 步：将套索销穿过绳圈后收绳圈。

第 6 步：收进引缆。

第 7 步：从带缆桩上移除系泊缆。

第 8 步：放松引缆后，套索销将与系泊缆自动脱开，引缆被释放，系泊缆将从导缆孔滑出舷边，从而实现同时释放两根缆绳。

(2)采用套索销释放“双 D 尾”(Double-D Tails Installed)缆绳的方法如图 11-19 所示。

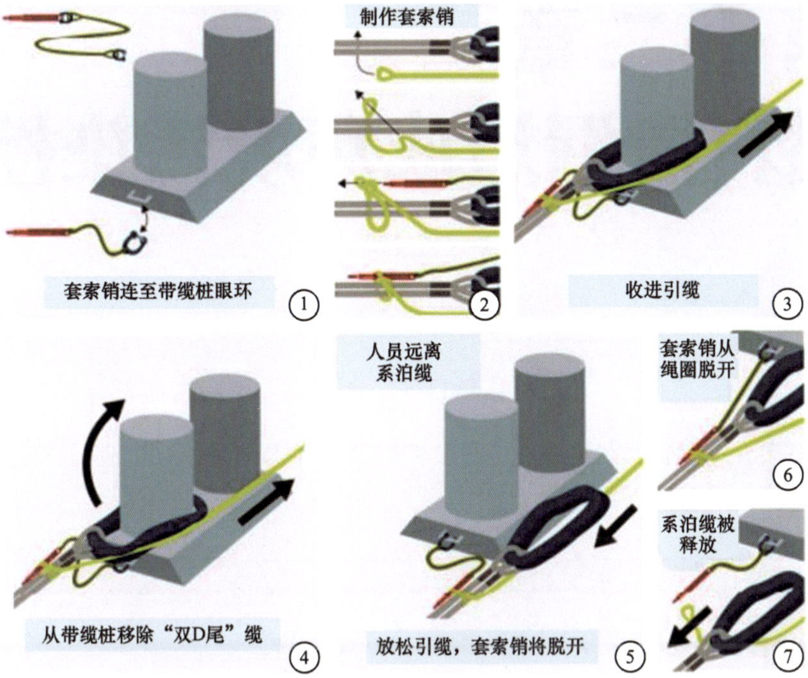

图 11-19 采用套索销释放“双 D 尾”缆绳的方法

第 1 步:将套索销连接绳与带缆桩眼环用卸扣连接起来。

第 2 步:从绞车上送出引缆,引缆末端应带有小眼环,将引缆在系泊缆绳上绕一圈后穿过末端小眼环,形成一个绳圈(该绳圈应能允许套索销穿过),将套索销穿过绳圈后收绳圈。

第 3 步:收进引缆。

第 4 步:从带缆桩上移除“双 D 尾”缆。

第 5 步:放松引缆。

第 6 步:套索销将与系泊缆自动脱开。

第 7 步:系泊缆被释放。

第十二章 燃料泄漏造成环境污染控制

本章主要介绍燃料泄漏造成环境污染控制基本知识，燃料溢出、泄漏、排气时污染控制两部分内容。

第一节 基本知识

本节主要介绍船舶燃料造成污染的主要途径、船舶燃料对大气的污染、船舶燃料对海洋的污染和可燃气体探测设施四方面内容。

一、船舶燃料造成污染的主要途径

船舶在海上营运过程中，不可避免地直接或间接把一些物质或能量排放到海中，以致损害生物资源、危害人类健康、妨碍包括渔业活动在内的各种海洋活动、破坏海水的品质和降低海水的使用舒适程度，造成海洋污染。

船舶在航运过程中船舶燃料对于环境造成污染主要包括对大气的污染和对海洋的污染两类。

二、船舶燃料对大气的污染

1. 大气污染定义

国际标准化组织（ISO）给出定义："大气污染通常是指由人类活动和自然过程引起某些物质进入大气中，呈现出足够的浓度，达到足够的时间，并因此而危害了人体健康、舒适感或环境。"

船舶对大气造成的污染占全球大气污染总量的 3%~7%。船舶造成的大气污染，主要是指船舶在运输生产过程中，由于燃烧性排放和操作性排放，向周围大气环境排放各种污染物质，使大气环境质量下降，造成对大气环境的物理、化学性污染以及热污染等。大气污染主要污染物包括硫氧化物、氮氧化物、臭氧层消耗物质、挥发性有机物和温室气体等。

2. 船舶在营运过程中对大气环境造成的污染途径

(1)船舶发动机以及锅炉等设备燃烧燃料后的废气排放污染,该污染物质长期排放造成的大气污染后果严重,会随船舶的航行自然形成流动污染源;

(2)船舶过去大多使用的制冷剂和灭火剂分别含氯氟烃(氟利昂,CFCs)及卤代烷(哈龙,Halon),由于技术性或事故性的泄漏而对大气臭氧层造成破坏;

(3)液货船所承运的油类、化学品在营运过程中的蒸发气体泄漏造成的有毒、有害气体对大气的污染;

(4)运输散装货物的船舶在港口存储和转运过程中所产生的粉尘污染;

(5)船舶动力装置排放的废气主要有 SO_x、NO_x、CO_x、碳氢化合物(HC)以及微粒(PM)等,其中 SO_x 和 NO_x 作为污染物质对环境和人类的影响最大,CO_x 作为温室气体(GHG)主要会造成温室效应。

3. 各种废气的主要危害

(1)SO_x

SO_2 排放后,在大气中的氧化过程,会与云中的水雾结合形成酸雨,对植物的生长产生严重的危害。船舶若使用劣质燃油,将会加重这种污染。SO_2 对人体的危害主要是刺激上呼吸道黏膜,浓度高时,对呼吸道深部也有刺激作用。当人体吸入较高浓度的 SO_2 时,会引起急性支气管炎、哮喘和意识障碍等,有时还会引起喉头痉挛而窒息。人们长期暴露在低浓度的 SO_2 环境中会引发慢性中毒,嗅觉和味觉减退,引发萎缩性鼻炎、慢性支气管炎、结膜炎和胃炎。

(2)NO_x

NO_x 是柴油机燃烧过程中产生各种氮氧化物的总称,其主要成分是 NO,它亦会在大气中氧化形成酸雨,同时对人类及动物造成其他严重危害。NO 是无色并且具有轻度刺激性的气体,它在低浓度时对人体健康无明显影响,高浓度时会造成人与动物中枢神经系统障碍。尽管 NO 的直接危害不大,但 NO 在大气中可以被臭氧氧化成剧毒的 NO_2。NO_2 是一种赤褐色并带刺激性的气体,人体吸入后会造成血液的输氧能力下降,而且在 NO_2 含量超过一定标准的环境中停留时间过长的话,还会使人因肺气肿而死亡。同时,NO_x 还是形成光化学烟雾的起因物质之一,历史上光化学烟雾曾导致美国洛杉矶 1943 年和 1954 年两次严重的烟雾污染事故,造成多人发病。

(3)CO_x

CO_x 的主要成分是 CO 和 CO_2。CO_2 是目前全球最为关注的 GHG 中的主要成分,约占 GHG 排放总量的 77%。它本身无色、无味,没有毒性,但具有让太阳短波辐射自由通过,同时强烈吸收地面和大气中释放的长波(红外线)辐射的功能,因此随着大气中 CO_2 含量的不断增加,地球就会像覆盖了一层日益增厚的透明薄膜一样,太阳的辐射热透进来容易,反射出去却难,形成所谓的地表温室效应。研究表明,从 19 世纪人类使用化石燃料以来,大气中的 CO_2 浓度已上升了 380ppm,全球平均气温增加了 0.6 ℃,而工业化程度最高的欧洲平均气温增加了 0.9 ℃。全球温度增加将会对地球自然系统、水文系统、陆地生物系统和海洋及淡水生物系统等造成危害。

CO 无色、无味,但有毒。它虽然对人体呼吸道无直接作用,但被吸入人体后,能以比氧强 210 倍的亲和力同血液中的血红蛋白结合,形成碳氧血红蛋白,阻碍血液向心、脑等器官输送氧分,使人恶心、头晕、疲劳,严重时造成人窒息死亡。CO 也会使人慢性中毒,主要表现为中枢神经受损,记忆力下降等。

(4)HC

HC 主要包括未燃烧和未完全燃烧的燃油、润滑油及其裂变产物,简称未燃烃。人体吸入较多的未燃烃,会使造血机能破坏,造成贫血、神经衰弱,并会降低肺对传染病的抵抗力。HC 的另一大危害是它与 NO 在阳光紫外线的作用下,经过光化学反应会产生一种毒性大的浅蓝色刺激性烟雾——光化学烟雾。光化学烟雾中含有臭氧、过氧酰基硝酸盐及各种醛、酮等物质。臭氧具有极强的氧化能力,能使植物变黑,橡胶发裂,对人体造成肺气肿。过氧酰基硝酸盐的毒性介于 NO 和 NO_2 之间。

(5)PM

柴油机排气微粒对人体健康的危害性与其粒径有关。粒径越小,停滞于人体肺部、支气管的比例越大,对人体的危害就越大,其中 0.1～0.5 μm 的微粒对人体的危害最大,它可以通过呼吸器官到达肺部并附在肺细胞组织中,某些还会被血液吸收。

炭烟(也称黑烟)是燃烧系统微粒排放中最大微粒物质,主要由直径 1.1～10 μm 的多孔性炭粒构成,并在其表面凝结或吸附含氢成分——未燃烃以及 SO_2 等。炭烟悬浮在空气中,既影响能见度又污染空气。

4. 船载液体货物蒸气污染

船舶运输的三大液体散货是石油、化学品和液化气。其中,石油包括原油、成品油(汽油、煤油、柴油)和油渣等,其运输量占整个液体散货运量的 70%以上。散装液体化学品系指除了石油和类似石油的易燃品(包括液化气)以外的散装液体化学物质。目前在 IMO 登记的化学品达 3 万多种,经常进行船舶运输的有 200 多种,我国最常运输的散装化学品也达数十种。液化气是指在常温常压下为气态,经加压和/或冷却而转变为液态储运的石油气或天然气。

液体散货在货物转运和存储过程中,会产生石油、成品油及各类液体化学品蒸气,其扩散会对港口大气环境造成一次及二次污染。近年来随着石油储运量的大幅度提高,一些大型油港大气环境中烃类指标逐年上升,其中,单船装卸作业范围内空气中油气浓度大大超过劳动安全卫生标准,作业高峰期港区周围大气环境中烃类浓度数倍于环境允许浓度标准。在化学品船码头,当储运货种为光化学反应活性较高的烃类时(如甲苯),光化学污染较为严重。

液货船在装货过程中,货舱内蒸发的货物蒸气会排放到大气中,这些货物蒸气很大部分属于挥发性有机化合物(VOCs)。VOCs 的定义有多种,世界卫生组织(WHO)将 VOCs 定义为熔点低于室温而沸点在 50～260 ℃之间的挥发性有机物的总称。VOCs 对人体的危害主要体现在三方面:气体和其他感觉效应(如刺激作用)、黏膜刺激和其他系统毒性导致的病变、基因毒性和致癌性。研究表明,暴露在高浓度 VOCs 的工作环境中可导致人体的中枢神经系统、肝、肾和血液中毒;个别过敏者即使在低浓度下也会有严重反应,通常情况下表现的症状有:眼睛不适,感到赤热、干燥,沙眼、流泪;喉部不适,感到咽喉干燥;呼吸疾病,气喘、支气管哮喘;头疼,难以集中精神,眩晕,疲倦,烦躁等。VOCs 还会参与光化学反应,造成光化学污染。

液体化学品运输量和从国外进口的高挥发性优质原油储运量呈大幅度上升趋势。此外，液体散货在水上运输和岸边存储过程中可能发生溢出、泄漏事故，存在潜在的污染风险。许多液体散货在溢出、泄漏后，因暴露于空气中而挥发。以石油为例，在 2~3 天内的挥发率可达 20%~70%。假定一个中型溢油事故的溢油量为 200 t，则挥发进入空气的速率很有可能大于 100 g/h。泄漏事故中的蒸气扩散将有可能造成短时期的空气污染与生态损害。

三、船舶燃料对海洋的污染

船舶燃料对海洋的污染主要指油污染，一般分为两种：

第一种是船舶正常营运造成的操作性油污染，主要包括船舶机舱舱底污水、油船污压载水以及货舱洗舱水等含油污水的排放；

第二种是船舶事故性溢油，如各种海损事故（船舶碰撞、搁浅以及火灾和爆炸等）、装卸货作业过程中管路破裂、误操作等造成的事故性溢油等。

船舶对海洋环境造成油污染危害程度最大的污染源是油船。油船除要经常排出机舱舱底油污水外，在正常营运中还会形成含油压载水和洗舱水。油船在装卸作业中的误操作和发生的各类海损事故是船舶造成油污染的主要原因。

1. 对政府机构的影响

(1) 海事局是受溢油影响最直接的部门。海事局负责溢油清除的指挥和肇事船舶的处理及其他一些相关工作。在这些工作中要消耗大量的资金，如指挥开支，通信开支，垫付清污材料、清污人员的费用，以及本单位投入的大量人力的额外开支等。

(2) 负责海洋环保的单位要采取恢复措施对被破坏的自然环境进行恢复，需要投入人力、物力，花费资金。

(3) 由于渔业、工业等受到影响，使这些行业的收入减少而降低税务局税收收入。

另外，可能受影响的政府部门还包括渔政管理机构、军队环境保护部门等。

2. 对渔业及水产养殖业的损害

油污染对水产资源会产生损害。鱼卵、仔幼鱼或贝类的胚胎和幼体对水产资源来说，是非常重要的部分，其成活数量的多少直接影响水产资源的补充量。有关研究结果表明，鱼卵、仔幼鱼或贝类的胚胎和幼体对石油是相当敏感的：仔鱼的孵化率下降，初孵仔鱼的畸形率和死亡率显著增加，而且存活仔鱼的健康状况很差；石油显著抑制其生长，只有少数幼体发育到壳顶期，大多数停留在直线交会期而不能生长发育。

如果大型溢油事故发生在鱼虾类的产卵场、索饵场及幼体发育生长的水域，或者发生在贝类栖息生活的浅海、潮间带区域，其对局部海域水产资源群体补充会产生长期危害而导致渔业减产。如果大型溢油事故发生在水产养殖区域，无疑会造成重大经济损失。

3. 对正常捕捞生产的影响

溢油事故发生后，大量溢油进入海域而导致出事海域水体石油浓度增加，亦往往有大量油污持续漂浮于海面。这样，一方面使得成体鱼类产生回避反应而逃离出事海域，导致渔获量减少；另一方面亦使捕捞作业渔船在事故发生后的一段时间内无法进入渔场进行正常的生产活动，从而造成经济上的损失。溢油事故如果发生在中心渔场或近海海域，而且发生时正值渔汛期，对渔业生产的影响是不能忽视的。

4. 对水产品质量的影响

鱼、虾、贝类具有从海洋环境中积累石油烃的能力。一般鱼类和虾类对水体石油烃的富集系数可达几十到几百倍，贝类可达几百到几千倍，甚至更高。当鱼、虾、贝类体内的石油烃积累到一定程度时即有异臭出现，变成“油味生物”。据报道，海水中的石油浓度达到 0.1 mg/L 时可在 24 h 内使鱼类变臭。由此可见，溢油事故发生后，大量油污进入海域以后难免会污染栖息的水产资源，使其出现油臭而质量降低，甚至丧失经济价值，使渔业生产蒙受损失。

5. 对娱乐与旅游业的影响

公园、浴场、风景区、名胜古迹等有商业价值的观赏、游乐地带，会由于污染而导致游客减少。游客的减少使门票、餐饮、娱乐、摄影、导游等各方面的收入下降。一些娱乐设施也会因污染需要清洗而花费资金。

6. 对沿岸工业的影响

溢油事故发生后，依靠连续供应清洁海水进行正常作业的如制盐、淡水制造等工业部门也会受到溢油的不利影响。发电站之类的单位，为了获得大量的冷却水，往往坐落在海岸边。如果大量含油海水从冷却水入口处抽入，将会导致冷却装置被污染。一旦发生这种情况，在进行油污清除作业时，有可能使电量输出减少或整台发电机停机。

有滑道和干船坞的修、造船厂也可能受到溢油的影响。溢油可破坏未油漆或近期油漆的表面，从而造成有害的工作条件。当溢油含挥发性成分较高时，将使空气中含烃量很大，有产生火灾的危险，这种情况下，将导致有明火或高温作业的部门停工。

7. 对航运业的影响

当溢油发生在港口或主航道或溢油漂到这些地区时，也会产生经济损失。当港口采取清污作业时，可能会延误来船靠泊和在泊的船舶出港，停泊在这些地区的船舶可能会由于妨碍清污作业而移动，从而耽误了时间，消耗了不包括清污活动在内的人力和物力，对港口和船方都可能造成损失。当在主航道采取清污作业时，可能会有船舶被迫改变航道或停航，这对船舶会造成很大的损失，港口可能也会因为泊位的计划分配被迫更改而造成损失。

8. 对其他个人与集体的影响

溢油污染事故还会对个人健康、私有或集体所有财产造成损失，比如对渔具、渔船的污染损失，清污过程中被沾污的衣服损失等。

四、可燃气体探测设施

由于低温操作，金属部件会出现明显的收缩，在管道系统的任何部位尤其是焊缝，阀门、法兰、罐件、密封及裂缝处都可能出现泄漏和沸腾汽化。在白天，可通过目测的方法来探测可见的蒸气云团，但是在晚上，就不再适用了。

在 LNG 混燃船上装有可燃气体探测器，探测器都置于易发生泄漏的地方。一旦探测器探出燃气-空气的浓度达到下限的 20%时，就会通过报警传到控制室，同时控制系统会自动切断燃气供应，操作工须立即采取相应的控制措施进行检查处理，排除泄漏源后方可继续使用燃气。当燃气-空气的探测浓度达到下限的 40%时，控制系统会自动停止柴油机运行。因此，连续的自动探测系统在安全探测方面比人工探测具有更大的优势，并且比人工探测更为准确、可靠。

第二节

燃料溢出、泄漏、排气时污染控制

本节主要介绍燃料泄漏防止、信息报告和控制程序三方面内容。

一、燃料泄漏防止

在燃料过驳期间，为防止燃料泄漏，一般使用水帘、扩展水帘、水槽或其他散热器保护两船甲板和船体外壳，如图 12-1 所示。

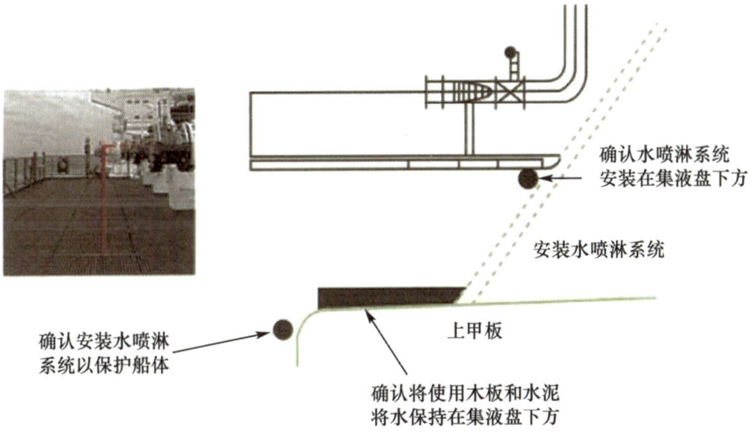

图 12-1 燃料过驳期间对船体保护

因此，在两艘船上均采用一套附加喷淋系统，以保护凸形甲板斜板和集液盘下方甲板，附加喷淋系统是参照现有船壳保护系统设计、位于主甲板和管汇区之间的喷淋系统，其适用性应在过驳船舶兼容性研究阶段予以确认。便携式喷淋系统可以通过消防水龙带和国际通岸接头与现有消防总管相连接。

另外，在主甲板上，位于管汇区域下方应放置一套附加水槽（临时或固定式）。

该系统应能提供足够水流量，并通过调节连接于供水管的消火栓确定流量。应目测确定水幕始终覆盖着凸形甲板斜板，且集液盘下方水槽已装满水。在开始货物过驳前应对上述事项进行确认，并在过驳过程中进行例行检查。

如果发生重大泄漏（例如破裂、缺陷和其他重大事故），应通过手动或 ESD 激活暂停所有货物操作。

二、信息报告

1. 发现溢出、泄漏、排气应立即报告

（1）发出通用警报和火灾警报。

(2)立即通知码头。

(3)按照公司的 SMS 进行报告。

当船舶卷入事故,导致污染物(货物或燃料)的排放或可能排放,按照《MARPOL 73/78 公约》条款,船长有义务毫无延迟地用最快的可用通信渠道,向最近沿岸国报告事故细节。其目的是确保毫无拖延地通知沿岸国任何引起油污染或石油污染、海洋环境威胁的事件,以及援助和救助措施,以便采取适当的行动。

2. 及时收集、记录和保存证据

事故发生后,一是将事故发生经过尽快地记录下来;二是遵循事故处理的基本准则。

(1)保持与船舶所有人和经营人的联系;

(2)通知保险公司;

(3)尽快调查事故或事件;

(4)收集和保留有关事故的任何证据或文件;

(5)询问目击者记录发生了什么,并详细揭露所有相关事实;

(6)在各处尽可能多拍照。

三、控制程序

发现溢出、泄漏、排气应立即采取以下控制行动:

(1)停止所有货物操作,必要时船岸双方关闭所有液体管路中的阀门,启动 ESD 并关闭所有阀门。

(2)关闭所有生活区入口、住舱的所有门,关闭所有通风(闭路电视系统、闭式通风系统除外)。

(3)加注相关任何地方,禁止吸烟和使用明火,并尽可能少地使用电气开关。

(4)立即收集适当的灭火设备和呼吸器以供应急使用。使用合适的消防设备和呼吸装置。应急队应戴呼吸器和穿防护服。

(5)液体泄漏发生时,应使用消防软管或水喷淋将之从甲板驱散到舷外,保持船板温度,以避免脆性断裂。软管喷出的水也可以用来驱赶气体云。

(6)如果货物泄漏在防滴盘内,应该覆盖防滴盘内的液体或保护该处液体,防止意外接触人,并允许在其中蒸发,除非防滴盘装有泄放管,将液体排出。

(7)如果液化气体泄漏到海上,将通过水的加热效应,产生大量的货物蒸气。这些蒸气可能导致火灾或对人构成健康危害,或两者兼而有之。尤其是拆卸货物软管时,应格外注意,以确保这样的泄漏不要发生。

第十三章
国际公约和行业指南

本章主要介绍国际公约、相关指南和规则两方面内容。

第一节 国际公约

一、《国际防止船舶造成污染公约》(MARPOL 公约)

《国际防止船舶造成污染公约》从保护整个人类环境,特别是保护海洋环境的需要出发,制定了油类物质、散装有毒物质和大气污染等的防污规定,由一个正文、六个附则和两个议定书组成,其中附则Ⅰ为防止油污染规则,附则Ⅵ为防止船舶造成大气污染规则。

1. 防止油污染规则

《国际防止船舶造成污染公约》的附则Ⅰ为防止油污染规则,该规则于 1983 年 10 月 2 日生效并在 MARPOL 73/78 缔约国之间替代早期生效的《1954 年国际防止海上油污公约》及其 1962 年和 1969 年修正案。我国于 1983 年 7 月 1 日加入。附则Ⅰ的一些修正案已由 MEPC 通过并生效。

2. 防止船舶造成大气污染规则

《国际防止船舶造成污染公约》附则Ⅵ由 1997 年议定书新增,于 2005 年 5 月 19 日生效,适用于所有船舶(特殊规定除外)。附则Ⅵ包括 19 条和 5 个附录。我国于 2006 年 3 月 15 日递交加入,2006 年 8 月 23 日公约对我国生效。

二、《国际海上人命安全公约》(SOLAS 公约)

国际海事组织为满足海上安全管理的需要,在 1960 年公约的基础上制定了 1974 年 SOLAS 公约,并于 1980 年 5 月 25 日生效。公约第Ⅶ章专门阐述了危险货物运输。

第二节
相关指南和规则

一、《国际海运危险货物规则》

该规则依据《1974 年国际海上人命安全公约》和联合国《危险货物运输建议书》的有关要求制定，适用于危险货物的海上运输。该规则不仅包括对危险货物运输的一般规定和要求，还提供了每一种危险货物的具体资料和发生事故时应采取的应急措施和救护指南。

二、《中华人民共和国防止船舶污染海域管理条例》

该条例自 1983 年 12 月 29 日起生效，适用于我国管辖海域、海港内船舶。航行、停泊于这些水域的船舶均应遵守该条例。该条例规定，船舶必须按规定配备所需要的防污文书，设置防污设备；进行洗舱作业前，必须提前向海事部门申请，经批准后，方可进行。作业必须遵守有关规定，排放含油污水和有毒物质、腐蚀性物质的污水，必须符合规定的条件。

如果船舶发生了污染事故，应立即采取措施，控制和清除污染，并尽快向海事部门报告。

三、其他的国际组织和行业组织

其他国际组织和行业组织发布的有关 LNG 燃料的加注指南和标准包括：

1. 国际气体燃料动力船协会（The Society for Gas as a Marine Fuel，简称 SGMF）

（1）2020 年，发布《LNG 软管燃料加注系统安全操作指南》；

（2）2020 年，发布《气体燃料/ LNG 动力船维护、修理和干船坞操作安全指南》；

（3）2014 年，出版《LNG 作为海洋燃料——安全与操作指南——加注》（LNG as a Marine Fuel—Safety and Operational Guidelines—Bunkering），2022 年 1 月出版第三版，并对该指南进行了重大更新和修订，对液化天然气燃料的补给方面进行了最全面的覆盖；

（4）2022 年 7 月，发布《LNG 燃料舱——装载/加注限制和液位仪表：注意事项和建议》（LNG Fuel Tanks—Loading/Filling Limits and Level Instrumentation：Considerations and Recommendations）。

SGMF 通过其出版物，在发展“安全第一”的加注作业方法方面发挥了领导作用。

具体参考国际气体燃料动力船协会（SGMF）网站：https://www.sgmf.info/。

2. 国际标准化组织（ISO）发布 ISO 20519《船舶与海洋技术——LNG 动力船燃料加注规范》（Ships and Marine Technology—Specification for Bunkering of Liquefied Natural Gas Fuelled Vessels）：对 LNG 燃料动力船上参加加注作业的人员规定了特殊培训要求。

3. 国际船级社协会（IACS）《LNG 加注作业指南》（Rec 142，LNG Bunkering Guidelines）：包含了对于参与 LNG 燃料加注人员培训的部分要求。

第十四章
危害预防及措施

本章主要介绍燃料操作危害、燃料探测系统和仪器使用、危害控制基本知识、风险管控及风险分析四部分内容。

第一节 燃料操作危害

本节主要介绍燃料操作的易燃性、爆炸性、毒性、反应性、腐蚀性、惰性气体、静电危害、压缩气体和低温九方面内容。

一、易燃性

易燃液体属于蒸气压较大、容易挥发出足以与空气混合形成可燃混合物的蒸气的液体，其着火所需的能量极小，遇火、受热以及和氧化剂接触时都有发生燃烧的危险。大多数液化气货物是易燃的。

液体货物本身是不燃的，燃烧的是液体中挥发出来的蒸气。液化气货物在其沸点或接近沸点下运输的，容易散发蒸气。当易燃蒸气以一定比例在空气混合时能点燃并燃烧。某些货物蒸气在没有和空气混合的情况下，如果被点燃也能燃烧。燃烧是一种化学反应。可燃范围随货物种类的不同而不同。液化气货物的易燃极限受增加和减少氧气比例的影响，当货舱中初始时具有的氧气越多，则可燃范围就越大；相应地，当氧气百分比减少时，则可燃范围减小。

二、爆炸性

1. 物理性爆炸

液货是满舱的情况下，液体温度升高，体积膨胀，引起货舱破裂，造成物理性爆炸。

2. 化学性爆炸

当货舱破裂,液化气泄漏后与空气混合再被点燃,引起第二次爆炸,即化学性爆炸。物理性爆炸与化学性爆炸往往是相继发生的,中间间隔很短,从声响上难以辨别。

当易燃液体挥发出的蒸气与空气混合形成的混合气体达到爆炸极限浓度时,可燃混合物就转化成爆炸性混合物,一旦点燃就会发生爆炸。国际航运工会(ICS)给出了部分液化气体的可燃性数据表如表 14-1 所示。

表 14-1 部分液化气体的可燃性数据表

液化气	闪点/℃	燃烧范围(在空气中的体积分数,%)	自燃温度/℃
甲烷	-175	5.3~14	595
乙烷	-125	3.1~12.5	510
丙烷	-105	2.1~9.5	468
正丁烷	-60	1.8~8.5	365
异丁烷	-76	1.8~8.5	500
乙烯	-150	3~32	453
丙烯	-180	2~11.1	458
α-丁烯(丁烯-1)	-80	1.6~9.3	440
β-丁烯(丁烯-2)	-72	1.8~8.8	465
丁二烯	-60	2~12.6	418
异戊二烯	-50	1~9.7	220
氯乙烯单体	-78	4~33	472
环氧乙烷	-18	3~100	429
环氧丙烷	-37	2.8~37	465
氨	-57	16~25	615
氯	不可燃烧		

易发生燃烧爆炸的环境有:货物泄漏或开舱时、液货舱周围出现爆炸或火灾使气体温度和压力升高、液货燃烧爆炸时,燃烧爆炸可能产生有毒气体,如光气、一氧化碳等。

三、毒性

毒性为伤害、破坏和摧毁活细胞的能力。

1. 毒性的表示方法

(1)工作环境中有害物质的容许浓度。

(2)短期受害允许剂量。

(3)中毒极限值。

(4)气味阈值。

(5)致死计量(LD)和致死浓度(LC)。

(6)阈限值(TLV):气体在空气中的浓度,该浓度被认为人们可以在他们工作期间暴露其中不超过每天 8 h 或每周 40 h 而不受任何不利影响。基本的 TLV 是时间加权平均浓度(TWA),而且可以通过 TLV STEL(短时间暴露极限值)或 TLV-C(在工作暴露的任何阶段不应超过该浓度)对其补充。

《国际海运危险货物规则》(IMDG Code)将毒性物质列为第 6.1 类。被《国际防止船舶造成污染公约》(MARPOL 73/78)附则Ⅱ列为散装运输的有毒物质,如苯酚、甲苯二异氰酸酯、四氯化碳、苯胺等都是散装运输的有毒化学品。

四、反应性

液化气货物可以按照很多方式发生反应,比如:

1. 自身反应

全球协调制度(GHS)定义的自反应物质和混合物如下:自反应物质和混合物是受热不稳定的液体或固体物质或混合物,甚至在没有氧气(空气)的参与下易于发生强烈的放热分解反应。自反应化学品和混合物有气体、液体和固体。这些化学品可能是纯净的产品,可稀释在其他物质中让其变得稳定或受到抑制,以延缓其反应。可自反应的化学品不限于那些有弱键和/或应力键的。

2. 与空气反应、与水反应

(1)凡在运输时与空气会发生有害化学反应的货物,在装卸时必须保证不与空气接触。一般利用纯净的氮气或惰性气体,并使舱柜及其管线始终处于惰性状态。

(2)凡装载会与水发生有害反应的化学品时,必须保证与水有效隔离。例如使用双层底、双层船壳、边舱;隔离舱、空舱;装卸管系及通风系统均不得与水接触,且不穿过装有水的舱柜。

3. 与其他货物反应

氨是有毒且高度反应的,它可以与汞、氯气、碘、溴、钙、氧化银及次氯酸银形成爆炸化合物。氨蒸气极易溶于水且很快被水吸收并释放热量,生成一种强碱性的氢氧化铵溶液。

五、腐蚀性

有些货物和抑制剂可能有腐蚀性,因此货物系统所使用的材料必须是抗腐蚀性的。腐蚀性液体也会侵害人体组织,因此,船上应配备适当的防护服。强酸和浓的碱液具有较强的腐蚀性,通常用不锈钢作为货舱结构材料,盛装、接触碱液绝对不能使用黄铜(含锌)、青铜(含铅和锡)等材料。

1. 液化气的腐蚀性

(1)有些液化气货品,在有水分存在的情况下,会大大增加它的腐蚀性和反应性。

(2)硫分、金属盐和水分等杂质,货物系统的金属材料会与这些杂质起腐蚀氧化反应,从而降低材料性能,破坏结构强度。特别像硫分和水,在缺氧状态下会与铁质材料生成氧化亚铁、硫化亚铁等物质,使铁质材料发生腐蚀,并且当货物系统修理需要开舱通风时,硫化亚铁等会与空气中的氧发生剧烈的氧化反应,产生自燃,并可能会导致爆炸等危险。

(3)为防止货物发生聚合反应或生成水合物或结冰,往往需往货物内添加抑制剂或防冻剂,而这些抑制剂或防冻剂可能是有腐蚀性的,需小心对待。

2. 液化气的软化性和溶解性

（1）液化气货品除对金属材料有腐蚀性外，对橡胶材料和垫片材料等还有软化性或腐蚀溶化性。

（2）LPG 对于橡胶、生橡胶、加硫橡胶等材料，虽不能溶解却能溶胀，会使橡胶管、橡胶垫片等材料软化，所以在 LPG 货物系统中必须使用合成橡胶和聚四氟乙烯等耐油材料。

（3）某些烃类液化气还能溶于润滑油中，使润滑油稀释而使货物压缩机等货物机械润滑不足。有些液化气如 LPG 等，对油脂的溶解作用会使机件脱脂，阀门失去润滑，并能使油漆和脂膏溶解，在实际中应注意避免受到这些影响。

六、惰性气体

惰性气体是指化学性质不活泼的气体，也可以说是一般情况下不与氧气发生化学反应的具有化学稳定性的气体，例如氦、氖、氩、氪、氙、氡等稀有气体，常温时的氮气、二氧化碳以及含氧浓度低的空气等。

船舶锅炉烟道中的气体，是燃油经过良好燃烧后产生的，主要成分是氮气、二氧化碳、水蒸气以及少量的氧气和微量的固体杂质。如果将锅炉烟道中的气体冷却，再去除其中的水蒸气和固体杂质，就可以得到惰性气体。向装有危险物品舱室或容器输送惰性气体，以降低这些场所含氧量，营造一个不可燃环境，以防止爆炸的装置系统，就是惰性气体系统。

七、静电危害

当液体或气体在高速下泵送时能产生静电。非传导的液体（静电聚积）、乳状液体、二氧化碳和蒸气通常是静电产生源。静电的产生随流速而增加。如果货物连接软管或硬臂在船舶和码头结构之间提供了一个电的通路，当安装或断开船岸之间的货物连接时，会产生电火花。因此在船舶装卸时从管路至岸上连接中要使用绝缘法兰。

八、压缩气体

为了便于储运和使用，常将气体用降温加压法压缩或液化后存储。由于各种气体的性质不同，有的气体在室温下，无论对它施加多大压力也不会变为液体，而必须在加压的同时使温度降低至一定数值才能使它液化，该温度叫临界温度。在临界温度下，使气体液化所必需的最低压力叫作临界压力。有的气体较易液化，在室温下，单纯加压就能使它呈液态，如氯气、氨气、二氧化碳等。有的气体较难液化，如氦气、氢气、氮气、氧气等。因此，有的气体容易加压成液态，有的仍为气态，在容器中处于气体状态的称为压缩气体，处于液体状态的称为液化气体。

压缩气体和液化气体特性：

1. 在容器中的压缩气体、液化气体受热膨胀，压力升高，能使容器爆裂。特别是液化气体装得太满时尤其危险，应严禁超量灌装，防止容器受热。

2. 压缩气体和液化气体不允许泄漏。其原因除有些气体有毒、易燃外，还因有些气体相互接触后会发生化学反应引起燃烧爆炸，如氢和氯、氢和氧等。

3. 压缩气体和液化气体除具有爆炸性外，有的还具有易燃性（如氢气、甲烷、液化石油气等），助燃性（如氧气、压缩空气等），毒害性（如氰化氢、二氧化硫、氯气等），窒息性（如二氧化碳、氮气等，虽无毒、不燃、不助燃，但在高浓度时亦会导致人畜窒息死亡）等性质。

九、低温

1. 低温脆性断裂

低温会使金属材料的晶粒结构发生变化，大多数金属和合金在低温下会迅速减少韧性和延伸性，材料变脆。常规造船钢材在 0 ℃以下时就会迅速失去韧性，变硬变脆。同时，由于低温骤冷使金属内部收缩不一致而产生较大的热应力，这些热应力连同原来金属内部存在的应力及其他静力、动力共同作用就会导致金属在低温区域破裂，这种破裂称为脆性断裂，在断裂面上有明显的晶粒状痕迹，常有非常小的塑性变形。当低温液货泄漏出来时，不可避免会对耐低温性差的船体金属片材料造成低温冷脆断裂的危害。

2. 结冰

货物系统中的水分，如潮湿的气体和露点温度较高的惰性气体中携带的水分以及溶解在货物中的水分，都会由于液化气货物的低温而结冰。结冰的危害同水合物一样，都会对液货泵、阀门、传感器管路、喷淋管路和液位测量设备等造成损坏或堵塞。

第二节 燃料探测系统和仪器使用

燃料气体探测设备一般布置于燃料蒸气可能积聚处和/或通风出口处，且设备须按照公认标准设计、安装和测试，当燃料蒸气浓度达到 30ppm（双壁管内为 150ppm）时，听觉和视觉警报触发。燃料蒸气浓度达到 300ppm 时，安全系统触发。

本节主要介绍气体探测设备、固定式燃料气体探测设备、移动式燃料气体探测设备及操作、其他气体探测设备四方面内容。

一、气体探测设备

气体探测设备分为固定式、移动式和其他气体探测设备。

二、固定式燃料气体探测设备

固定式系统主要探测加注燃油舱系统、主机供气管路系统、BOG 管路系统、通风系统、火气探测系统和用气设备。

1. 装设固定式气体探测器区域

（1）双壁管内外层管之间；

（2）压缩机舱和燃料准备舱内；

(3)燃料舱连接接头处所和毗邻燃料舱的隔离舱内;

(4)围绕燃料管道的所有导管;

(5)含燃料管道或其他无导管燃料设备的其他围蔽处所内;

(6)其他含燃气管道,燃气设备或用气设备的机器处所内;

(7)空气闸内;

(8)燃气加热回路膨胀柜内;

(9)围蔽/半围蔽加注站;

(10)专用污液存储舱/柜的透气管路内;

(11)含有潜在氨释放源处所的舱底水舱的透气管路内;

(12)可能积聚燃料蒸气的其他围蔽或半围蔽处所,包括屏壁间处所和除C型之外的独立燃料舱的燃料存储处所内;

(13)与燃料系统相关的发动机舱;

(14)根据风险评估所需,起居和机器处所的通风进口。

2. 报警系统

除设置固定式气体探测系统外,在机舱/燃料准备间外还设有手动的液氨泄漏报警发送器。

(1)气体探测装置的听觉和视觉报警一般布置在驾驶台或连续有人值班的机舱集控室、船舶安全中心、加注控制位置以及本地。

(2)冗余瓦斯探测系统安装在每个应急切断保护机器处所。

(3)报警设置:

①可燃气体浓度达到20%(最低爆炸性极限,简称LEL)时,应触发听觉和视觉报警。两个探测器探测可燃气体浓度达到40%LEL时,应触发安全系统。

②对于含燃气发动机的机器处所中围绕燃气管路的有通风导管,其警报极限可设在最低爆炸性极限的30%。两个探测器处达到最低爆炸性极限的60%时,须触发安全系统。

三、移动式燃料气体探测设备及操作

1. 一般要求

在使用移动式燃料气体探测器进行检测时应在货舱多个甲板开口及货舱深度位(上、中、下等位置)进行检查并注意检查死角和人员需要工作的地方。

2. 移动式燃料气体探测器根据燃料的不同特性和风险,主要有气体检测仪、测爆仪。

(1)Ship Surveyor船用系列气体检测仪

Ship Surveyor船用系列气体检测仪,如图14-1所示,综合了准确、灵巧的气体检测仪的优点和有限空间监测器所具有的安全、可靠性,广泛应用于船舶行业,如油船、液化天然气船、液化石油气船、液体化学品船、渡船、货船等。仪器操作性、维护性更简便,可靠性高,工作性能更好。

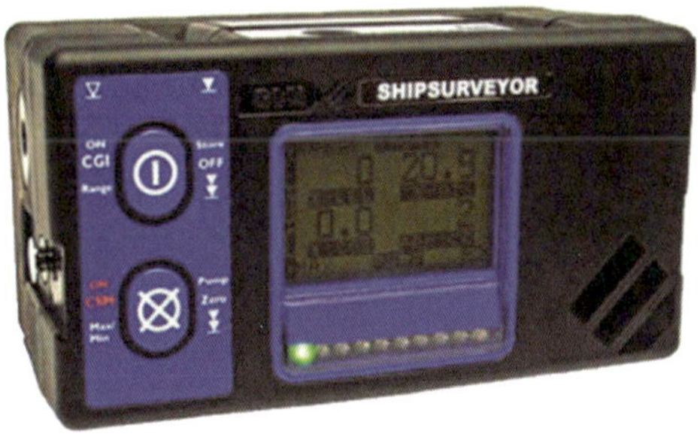

图 14-1 Ship Surveyor 船用系列气体检测仪

(2)测爆仪使用

船上引起爆炸的通常是烃气(包括甲烷、乙烷、丙烷等),测爆仪上所显示的数字是可燃气体爆炸下限(LEL)的百分比。

“LEL”是指爆炸下限,它是针对可燃气体的一个技术词语。可燃气体在空气中遇明火种爆炸的最低浓度,称为爆炸下限(Lower Explosion Limited,简称 LEL)。空气中可燃气体浓度达到其爆炸下限值时,可燃气环境爆炸危险度为百分之百,即 100%LEL。如果可燃气体含量只达到其爆炸下限的 10%,可燃气环境爆炸危险度为 10%LEL。对环境空气中可燃气的监测,常常直接给出可燃气环境危险度,即用该可燃气在空气中的含量与其爆炸下限的百分比来表示:[LEL%];所以,这种监测被称作“测爆”,所用的监测仪器也称“测爆仪”。

①测爆仪组成

其主要由仪器主体、长软管、探枪三部分组成,如图 14-2 所示。

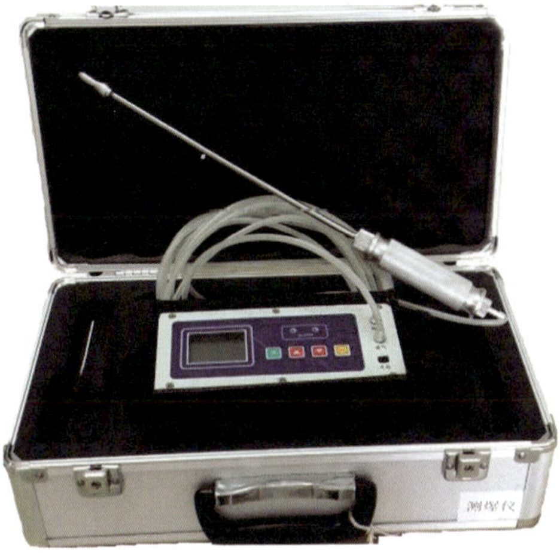

图 14-2 测爆仪

②测爆仪使用

首先应进行外观检查:软管有无破损,机身情况等,然后按下列步骤进行:连接好软管和探枪;在新鲜空气中按下开关,屏幕出现一些信息,此时机器本身进行自检;若自检失败,需要重启机器;若自检成功,则屏幕会显示数字 0;若屏幕数字无法归零时,则需手动调零,同时按住开关键和向下键 3 s,等待屏幕出现“YES”以后再按下确认键(开关键),等待屏幕数字倒计时 20 s;检查电量是否充足(本机还需确认泵是否在运转),等待 2 min

左右净化软管内部的空气,然后即可使用;关机,按住电源键,此时屏幕出现 5 s 倒计时,倒计时完成后电源关闭。

③测爆仪校验

首先,在新鲜空气中校验时,测爆仪的读数应为 0;如读数不为 0,则需要手动调整。用气样瓶校验时,测爆仪的读数应与气样瓶中气体浓度的读数相同,如有差异,则需手动调整。在船上对测爆仪的气样瓶校验频率,不同的公司有不同的要求,一般为 2~3 个月进行一次。每年应由有资质的机构进行校验并取得相应的证书。检测顺序为甲板→货舱周围→货舱内。

④测爆仪存放要求

放置在无烃气(爆炸气体)或其他有害气体的阴凉、通风处。

⑤测爆仪保养要点

由专人保管,不得随便拆卸和重压、碰撞。每次使用过后需要将软管放在新鲜空气中除去管内气体,使用过后可用干抹布擦拭。若部件损坏,应由专业人员修理并且在校验以后方可使用。在使用过程中不要触碰感应器,仪器不能受到强烈冲击,摇晃或跌落。将仪表放在室内,要求干燥通风、无毒气、无油气,有必要时放入防潮袋。

四、其他气体探测设备

1. 测氧仪及使用

(1)测氧仪组成:主要由仪器主体、长导线、探头三部分组成,如图 14-3 所示。

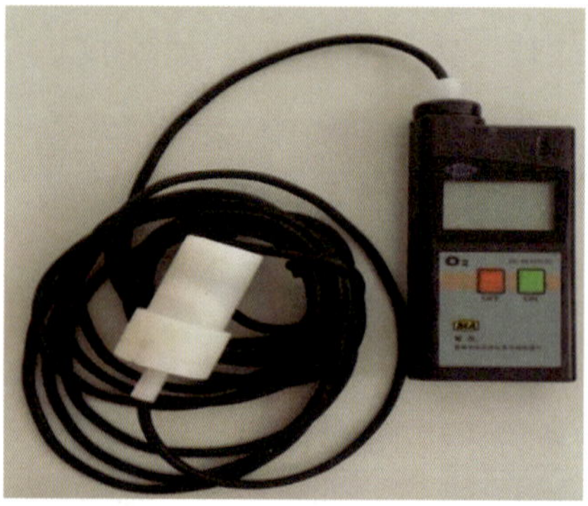

图 14-3 测氧仪

(2)测氧仪使用:首先进行外观检查,经检查无损坏后进行开机。开机后进行电池电量检查(若电量不足,仪器会有报警),在新鲜空气中仪器应显示 20.9,如果数据显示有差别,当读数稳定以后,用小螺丝刀调整仪器右边的“S”旋钮,直到读数显示 20.9。之后进行探头和报警检查,对准探头哈气,当氧气含量下降到 18%以下时,仪器发出声光报警,说明仪器正常。

(3)测氧仪校验:采用国际计量部门认定单位生产的标准气体,安装减压阀及流量计,盖好专用的传感仪器罩,调整流量,空放半分钟等待气体稳定,待显示值稳定后,调整仪器右边的“S”旋钮校准至与标准气相同即可。

(4)测氧仪存放要求:放置在无烃气或其他有害气体的阴凉干燥处。长期不使用时应取下电池。

(5)测氧仪保养要点：由专人保管，小心使用，不得随便拆卸和重压、碰撞。若部件损坏，应由专业人员修理并且在校验以后方可使用。每年应由有资质的机构进行校验并取得相应的证书。

2. 测毒仪及使用

(1)测毒仪组成：主要由仪器主体、切割孔、手柄三部分组成，如图 14-4 所示。

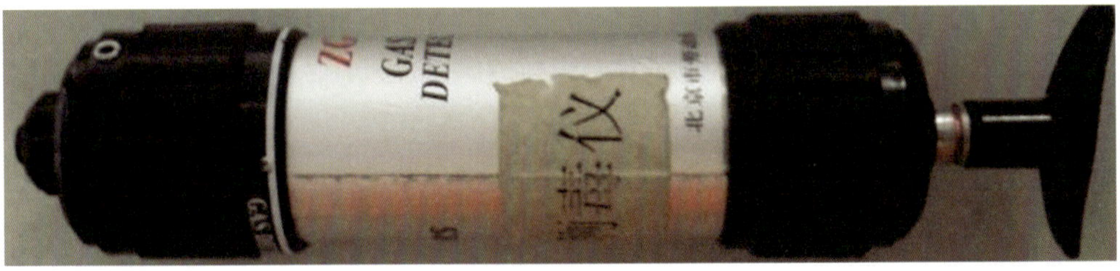

图 14-4 测毒仪

(2)测毒仪校验使用：首先需要进行外观检查，检查其外观是否完好；之后进行气密性检查，用未开口的检测管插入进气嘴，拉出手柄至 50 mL 位置，约 1 min 后，使红点与定位红线错开，松开手柄，若手柄自动返回原位，说明气密性良好；若漏气则需要检查前盖、后盖和内部的 O 形密封圈，检查抽气筒内部是否有脏物，并用酒精擦拭。之后慢慢将手柄拉出推进一次，使筒内空气排空，并将检测管两端切断，插入进气嘴，箭头指向测毒仪。放入合适位置后开始拉手柄，进气的时间和进气量应严格按照使用说明。每使用完一次转动手柄 15°左右，推进手柄排出筒内气体便可进行下一次操作。

(3)测毒仪存放要点：放置在无烃气或其他有害气体的阴凉、通风处。

(4)测毒仪保养要点：由专人负责，按说明书进行保养。

第三节 危害控制基本知识

本节主要介绍防止反应性的手段、防止材料低温脆性断裂的手段和防止结冰的手段三方面内容。

一、防止反应性的手段

1. 防止自反应的预防措施包括对任何温度的不当升高的监测和报告。
2. 防止与空气发生反应的预防措施是用氮气保持货舱处于不活泼状态。
3. 防止不兼容货物混合的预防措施包括使用单独的管路和单独的再液化装置。

二、防止材料低温脆性断裂的手段

1. 与低温液货直接接触的货舱等地方，应选用在低温下仍能保持较好韧性和强度的材料，如铝、铜、铝或铜的各种合金钢，奥氏体钢、镍钢等。

2. 低温液货舱都应设置次屏壁，以便主屏壁破损时它可以临时容纳低温液货，使之不与船体、船壳相接触，从而避免灾难性的脆性断裂。在非常紧急的情况下，次屏壁必须能容纳货物至少 15 天，以便船舶能驶往合适的码头将货物卸掉。

3. 低温液货的货物围护系统装设保温绝热材料，防止相邻的船体钢材受到低温损害。

4. 防止低温液货突然充注造成过大的温差而引起金属材料骤冷产生过大热应力。同时对货物系统的预冷也应逐渐地进行，降温太快也会产生过大的热应力而使材料冷脆断裂。

5. 防止液化气货物溢漏，以免其液体对人体造成伤害和引起金属材料低温冷脆断裂。装货时必须按照《IGC 规则》规定的充装极限装货。

三、防止结冰的手段

加入防冻剂，如甲醇、甘醇、二甘醇、乙醇、丙醇等。要注意防冻剂的有效温度，甲醇仅用作温度为-48 ℃以上的货物防冻剂，而丙醇可用作温度低至-108 ℃的货物防冻剂。

使用低露点的惰性气体，对货舱空气除湿干燥，并尽量确保液化气货品无水分。

第四节 风险管控及风险分析

如何有效识别使用气体或其他低闪点燃料船舶使用低闪点燃料过程中不能预先确定的内部和外部的干扰因素对保证船舶安全变得尤为重要，即应采取合理有效的风险管控，以免发生燃气泄漏、失火等危险。本节主要介绍风险管控及分析的基本知识。

一、风险管控基本知识

风险管控的目的是确保对可能涉及燃料的风险进行必要评估，以消除或减轻对船上人员、环境、结构强度或船舶完整性造成的不利影响。

风险管控一般包括风险识别、风险评估和风险控制。

1. 风险识别

对船舶进行风险识别时，应通过了解船舶燃料、储罐类型、主机类型、监控系统等资料，假设风险状况及其制约因素，收集相类似项目的有关研究成果及项目实施情况，通过各种因素辨识风险源。

如使用气体或低闪点燃油船舶与使用常规燃油船舶相比，最大的风险区别在于使用气体和低闪点燃油船舶的燃料加注、输送和调节过程中存在燃料泄漏风险可能造成事故。如 LNG 通常是以低温状态存储的，一旦泄漏，会在很短的时间内沸腾汽化，并与周围空气混合形成白烟，稀释受热后与空气混合形成爆炸性混合物，因此，LNG 燃料一旦泄漏极易导致火灾或产生爆炸。

2. 风险评估

风险评估是利用编制的操作程序和设备清单，明确范围及其操作人员、时间和质量等的变数，评估风险的程度。评估应考虑与船舶布置、操作和维护相关的风险。常用的风险评估方法有简单估计法、概率树法、计划评审技术法、蒙特卡洛法、敏感性分析法、综合评价法、AHP 层次分析法以及模糊评价法等。

3. 风险控制

对于风险控制，首先应根据风险种类的不同将风险划分成不同种类，再根据风险种类编制相应的应对预案，并制定预防危险或减轻后果的可预见的防护措施及安全措施。这些措施应与船舶操作程序、工作方案和应急预案相一致。

4. 风险

风险评估可参照国际船级社协会（IACS）第 146 号建议案（REC. 146）“《IGF 规则》要求的风险评估”开展，并应考虑以下风险：

（1）碰撞；

（2）搁浅；

（3）火灾/爆炸；

（4）撞击；

（5）腐蚀；

（6）疲劳；

（7）中毒；

（8）低温；

（9）磨损；

（10）应力和应变；

（11）功能损失；

（12）组件损坏。

二、风险管控步骤

1. 风险管控应至少包括以下步骤：

（1）准备；

（2）资料数据收集；

（3）危险辨识；

（4）泄漏场景定义；

（5）失效频率分析；

（6）后果分析；

（7）风险计算；

（8）风险评价；

（9）提出风险减缓措施。

2. 注意事项

（1）建立船舶安全生产会议制度，完善船上安全生产教育和培训制度，安全生产风险分级管控制度，生产安全事故隐患排查治理制度，重大危险源管控制度，危险作业管理制度，劳动防护用品采购、配备和使用管理制度，安全设备管理制度，特种作业人员管理制度，生产安全事故应急救援、报告和调查处理制度，岗位操作规程等。

（2）加强安全风险管控，明确各类风险管控的主要负责人、其他分管负责人、各部门负责人、岗位作业人员，以及其他从业人员等的安全生产责任，并制定相应的责任考核标准及奖惩措施。同时，还应严格船上工作人员安全素质准入要求，提升关键岗位人员职业安全技能。

(3)定期开展风险评估和危害辨识，并针对高危工艺、设备、物品、场所和岗位建立分级管控制度，制定落实安全操作规程。

三、风险分析

使用气体或低闪点燃油船舶主要风险在四个操作过程，即燃料加注过程、燃料处理和调节过程、燃料燃烧过程和燃料输送过程，如表 14-2 所示。

表 14-2　使用气体或低闪点燃油船舶主要风险

操作过程	风险场所
燃油加注过程	LNG 加注区域、LNG 储舱区域
处理调节过程	燃气处理间及其周围区域
燃烧过程	机舱
输送过程	甲板管道区域

因此，使用气体或低闪点燃油船舶如因燃油泄漏等引起火灾或爆炸，将会造成极大危害：

1. 由于船舶结构相对复杂，不利于人员疏散，会对船上人员的安全造成极大威胁。

2. 船舶可燃物多，火势蔓延速度极快，且由于船体为金属材料，热传导性强，大大增加了火灾扑救难度。

3. LNG 等燃料的超低温度也大大增加了危险性。

第十五章 船舶火灾控制

燃料准备间、气体压缩机室和气泵室(如设有)应满足 CCS《散装运输液化气体船舶构造与设备规范》中对货物压缩机舱和货泵舱的灭火要求。本节主要介绍船舶安全探测系统和船舶消防灭火系统两部分内容。

第一节 船舶安全探测系统

船舶安全探测系统主要由两部分组成,即火灾探测系统和可燃气体探测系统。在此主要介绍火灾探测系统。

火灾探测系统是保证船舶安全航行的重要设备,其主要作用是能够及时监控到船舶将要发生火灾或者已经发生火灾的场所,并发出报警信号,使得消防人员能够及时控制火情。对于天然气动力船舶,若能实现检测到可燃气体的泄漏情况并及时报警,采取相应措施,将会大大减少火灾发生的可能性。因此,对于天然气动力船舶而言,还需要在传统的火灾探测系统的基础上加入可燃气体探测系统,从而实现对船舶的全面的探测与监控,为船舶的安全航行增加一重保障。

第二节 船舶消防灭火系统

船舶消防灭火系统主要由以船舶安全探测系统为报警系统,以水喷淋系统、干粉灭火系统、CO_2 灭火系统为整体消防灭火系统组成,如图 15-1 所示。

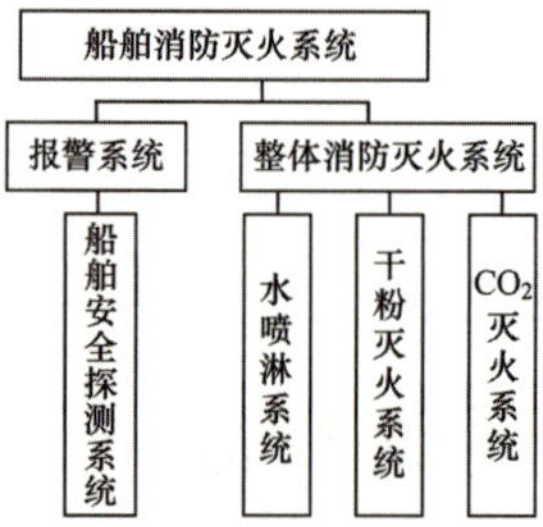

图 15-1　船舶消防灭火系统

本节主要介绍固定式灭火系统中的水雾系统、干粉灭火系统、CO_2 灭火系统和大型泡沫灭火系统四方面内容。固定式灭火系统主要操作程序根据不同系统方法分类如下：

一、水雾系统

水雾系统用于冷却、防火以及船员防护，水雾系统除应覆盖位于甲板上方的气罐的暴露部分外，还应覆盖面向燃料舱的上层建筑、燃料准备间、货物控制室、加注控制站、加注站和其他通常有人的甲板室的限界面。但当这些限界面与气罐的距离大于或等于 5 m 时，可不必覆盖。

1. 水雾系统的喷水率对水平防护表面为 10 L/(min · m^2)，对垂直防护表面为 4 L/(min · m^2)。

2. 为了隔离破损区域，水雾总管上应每隔一段合适的距离安装一个截止阀，或者将该系统分为两个或多个区域，并将控制阀设在安全且易到达的位置，该位置不会因火灾而切断。

3. 水雾系统供给泵的排量应足以能将所要求的水量输送到所有被保护的区域。

4. 管路连接到船舶消防总管前应设置截止阀。

5. 水雾系统供给泵的启动和水雾系统主要控制阀的操作位置，应位于易到达之处，该位置不会因被保护区域内发生火灾而被阻断。

6. 应配备认可型的水雾喷嘴，其布置应保证其所喷射的水在被保护区域内均匀有效分布。甲板水雾灭火系统如图 15-2 所示。

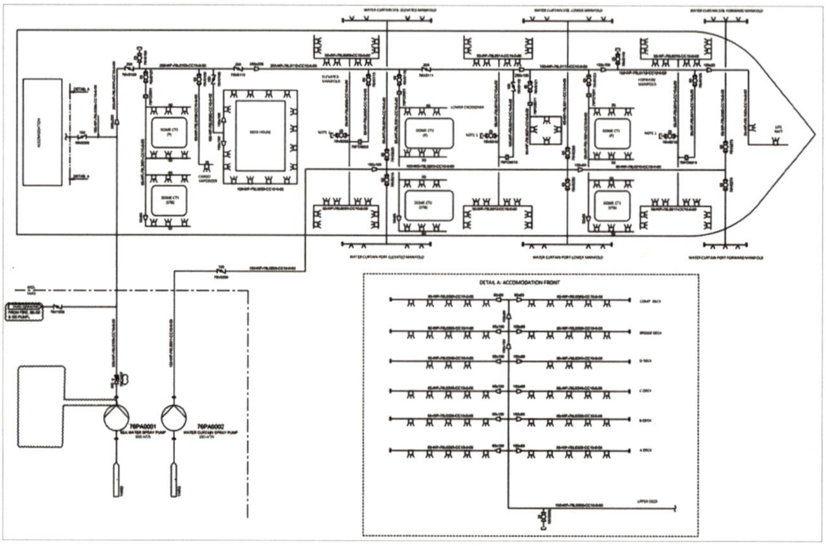

图 15-2　甲板水雾灭火系统

二、干粉灭火系统

干粉罐装置中的干粉灭火剂是通过氮气 驱动气体充气,加压和释放,通过每个干粉炮和干粉软管进行灭火。

1. 操作程序

释放软管站和干粉炮的驱动气体瓶,氮气压力驱动相对应的选择阀和所有氮气的钢瓶阀。当氮气阀释放后,高压的氮气就会通过减压阀减到一个特定的压力。当完成压力通向干粉罐后,再驱动气动释放阀,驱动氮气会自动打开选择阀,当主选择阀打开时,干粉灭火剂通过已经打开的选择阀供至干粉炮和/或干粉软管喷嘴(枪),因此可以通过释放阀门进行灭火。

注意:使用 N_2 气瓶阀的安全销,船员必须取出安全别针以便于 N_2 钢瓶的激活。在移动 N_2 气瓶或在干粉室工作时,为了安全,请把安全别针插进去。

2. 手动软管喷嘴(枪)

每个手动软管喷嘴都可以通过操作盒中的软管站来使用。该驱动装置与手动软管喷嘴(枪)相对应,顺序如下:

(1)驱动:打开干粉站门,打开 N_2 气瓶压下阀和球阀。

(2)拔出手动软管喷嘴(枪):拔出带喷嘴的软管,并将喷嘴带到起火点。

(3)消防:打开手动软管喷嘴的开关阀,将火扑灭。

(4)打开:排出干粉;关闭:停止排放干粉。

(5)注意事项:操作过程中,操作员必须戴手套。当手动软管喷嘴启动时,必须尽快排出干粉。从启动干化学品系统到排放干化学品大约需要 1 min。特别注意因干化学放电而产生的反作用力。应将干化学品从火点的一侧排放到另一侧,从而火能被有效地扑灭。软管管线应尽可能拉出,并应特别注意不能扭结干粉管。

3. 干粉炮

干粉炮可通过操作位于或附近的气动控制柜来启动或者位于消防控制站的激活装置激活。

(1)驱动:气动驱动。打开气动控制柜门,打开 N_2 气瓶和球阀的压下阀门。

(2)干粉的排放:由于干粉炮的球阀处于常开状态,通过启动气动控制柜后,干粉会自动迅速释放。因此,干粉炮喷嘴应始终指向要保护的区域。

(3)注意事项:干粉炮的操作应在松开上下锁定装置和左右两侧的锁定装置后进行。锁紧装置使用后应再次拧紧。可通过关闭球阀暂时停止排放干粉,但释放不得长时间停止。从启动化学系统到释放干粉末大约需要 1 min。

4. 灭火后应采取的措施

(1)干粉管道的清洁。管道中残留的干粉应使用氮气或干燥空气进行清洁。具体为:关闭主阀。将清洗阀设置为“打开”位置。将氮气或干燥空气连接至测试和清洁管线。所有阀门必须按照程序在清洗后恢复正常位置。

(2)氮气排放(干粉储罐)。干粉储罐中氮气的排放,松动法兰盘螺栓和螺母在干粉储罐中的氮气应彻底耗尽。

(3)氮气的排放(先导控制管路)。应通过打开 N_2 气瓶气体铜管的排气口彻底排出管道中的残余氮气。

(4)关闭主选择阀。氮气释放后,主选择阀应通过手柄紧紧关闭。

(5)选择阀的关闭。打开排气阀,氮气排出后,应通过手柄将选择阀紧紧关闭。

三、CO_2 灭火系统

该系统可用于保护机舱、GCU 房和 LNG 压缩机房保护区,机舱、GCU 房和 LNG 压缩机房使用固定 CO_2 灭火系统灭火。机舱、GCU 房和 LNG 压缩机房使用气动释放装置和手动释放 CO_2 系统。CO_2 系统如图 15-3 所示。CO_2 系统控制站如图 15-4 所示。

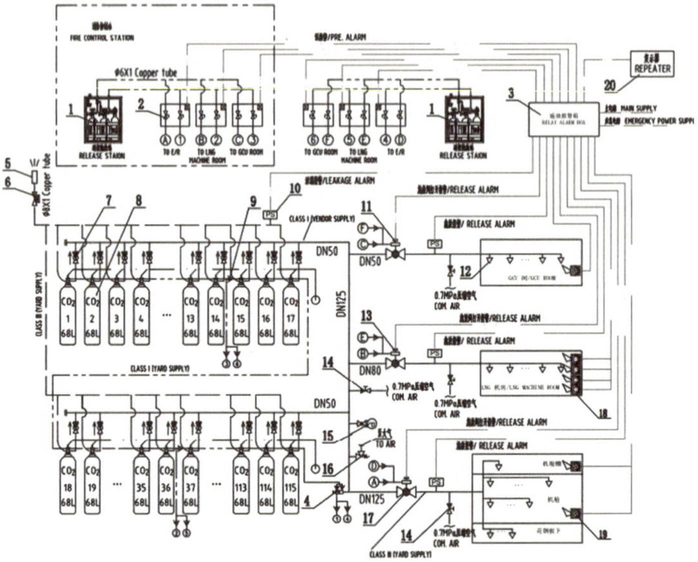

图 15-3 CO_2 系统

图 15-4 CO_2 系统控制站

操作程序:

1. 应用可用的灭火器或者水雾和泡沫扑灭机舱较小的火。如果无法灭火和由于热烟,必须离开房间。

2. 燃油装置包括过驳/增压泵和油水分离器应该停止。

3. 关键设备,如主机和燃油锅炉也应该停止。

4. 所有通风应该停止,所有开口关闭,火警警报启动。

5. 在船长的指示下,机舱 CO_2 灭火系统应按程序进行释放。

6. 在 2 min 或更短的时间内,在机舱内 CO_2 达到 30%~40%的浓度。这将房间空气中的氧气含量降低到 15%以下,在该水平下不易发生燃烧。因为房间里可能有热点,这可能会导致火灾。当房间通风后,房间应保持紧闭,直到完全通风确保充分冷却,从而实现完全灭火。

7. 灭火期间和灭火后,应经常清理与机舱相邻的所有空间。最好持续观察,以防止火势蔓延,比如舱壁过热。如有必要,可通过水雾进行冷却。

四、大型泡沫灭火系统

1. 大型泡沫灭火系统组成

大型泡沫灭火系统由消防水泵、比例混合器、泡沫管线、泡沫室、泡沫炮组成,如图 15-5 所示。

(1) 消防水泵:设置的消防水泵是离心式水泵,提供灭火需要的水量和水压。

(2) 比例混合器:必须保证抗溶性泡沫液雨水的比例不小于 6∶94。

(3) 泡沫管线:防锈蚀的管材,长度不超过 200 m,适当的直径,保证流速不小于 2 m/s。

(4) 泡沫室:可采用横式或立式泡沫室。

(5) 泡沫炮:里面接有泡沫枪喷射管,泡沫从喷射口喷射。

2. 大型泡沫灭火系统操作

当发生火灾时,先启动消防泵,打开相关阀门,系统即可实施灭火。

3. 配备与适用

油船上配备的多为普通的低倍数泡沫系统。但在化学品船上使用的抗溶性泡沫灭火系统可以有效地扑灭水溶性有机溶剂火灾。其用于扑灭货油舱内,货油舱甲板上,泵房内或机舱内的火灾。

4. 日常维护和保养

泡沫灭火系统应由专人定期保养,检查整体情况。检查泡沫液位情况。定期取样由专业机构对泡沫原液进行化验并取得相应证书。

图 15-5 大型泡沫灭火系统

附录 1
典型船舶

1. LNG 燃料 VLCC

全球首艘双燃料大型原油船在辽宁大连交付

2 月 28 日,中国船舶集团有限公司旗下大连船舶重工集团有限公司为中远海运能源运输股份有限公司建造的全球首艘液化天然气(LNG)双燃料超大型油船(VLCC)“远瑞洋号”顺利交付。该船的低温储舱为独立自主研发,并实现了国产耐蚀钢的实船应用。

为什么是全球首艘?

该型船由大连船舶重工集团有限公司自主研发设计建造,是全球首艘 LNG 双燃料动力的 VLCC。该型船设计总长 333.0 m,型宽 60.0 m,型深 30.5 m,采用 LNG 为主燃料,配备 LNG 双燃料主机、发电机、锅炉,入级中国船级社(CCS),被授予 Natural Gas Fuel 附加标志,并满足 CCS 的智能能效符号 i-Ship(E)要求。

哪里不一样?

首先,该型船的 LNG 储气系统采用 C 型储罐设计,于左右舷各设一个以 C 型 3 500 m^3 LNG 低温储舱为主体的 LNG 加注站,加注速率可达 1 500 m^3/h。其次,该型 LNG 低温储舱也由大船集团独立自主研发,拥有全部自主知识产权。最后,在燃气模式下,以服务航速 15 kn 航行,“远瑞洋号”续航力可达 12 000 n mile,这相当于从上海往返迪拜，只需要加注一次 LNG 即可。

国产耐蚀钢的实船应用

该船在建造过程中，实现国产耐蚀钢的实船工程化应用，填补了国内空白。这不但减少油漆用量约 20 000 L，还减少了 22 000 m^2 的实船建造涂装面积，降低环境污染的同时也带来了良好的生态效益。更重要的是，形成了我国完整的船用耐蚀钢批量生产及工程应用技术体系，为"国轮国造、国轮国配"战略实施提供了保障。

来源：学习强国，中央广播电视总台，2022-03-02，中央广播电视总台央视记者徐扬。

2. 甲醇燃料船

我国首艘甲醇双燃料绿色船舶交付

我国建造的首艘甲醇双燃料动力绿色船舶在广州南沙交付离厂。该船在设计建造过程中采用了一系列世界领先的节能减排、绿色环保技术，最高可减少 75%的碳排放、15%的氮排放和 99%的硫及颗粒物排放。

无须安装废气处理系统

该船由中国船舶集团旗下广船国际自主研发设计建造，配备了世界领先的甲醇双燃料驱动系统。该船可采用燃油、甲醇等燃料模式驱动，是船舶领域首次应用水合物燃料方案，能控制燃烧状态以降低废气排放，无须安装废气处理系统即可满足国际海事组织最高等级排放要求。为更有效节约能耗、降低船舶运营成本，广船国际对该型船的船体线型进

行了深度优化,并配置了新型轴带发电机等多种节能装置,能更有效提高推进效率,达到节能减排的目的。

甲醇具有成本和安全优势

目前,甲醇可在全球100多个港口使用,与液化天然气等同类替代产品相比,其储运更加方便、基础设施改造费用更低,具有显著的成本和安全优势,正迅速发展成为最可行、排放最少且成本最低的一种船用燃料替代品。

近年来,中国船舶广船国际大力开展绿色船舶研发和建造,目前是中国手持双燃料液货船订单最多的船企,此次交付的4.99万吨甲醇双燃料化学品/成品油船共订造6艘,目前已有3艘完成了下水出坞,即将陆续完工交付。

来源:学习强国,农林卫视,2022-07-01,责任编辑:彭祎晗 贺志强 高岩。

3. 氨燃料船

重要突破！中国首创首款氨燃料动力船获国际认可

目前,由中国船舶集团有限公司旗下上海船舶研究设计院自主研发设计的中国首创首款氨燃料动力7 000车位汽车运输船(PCTC)正式获得DNV颁发的原则性认可(AIP)证书。该船型有望成为新一代零碳汽车运输船的标志性绿色船型,也为该船型的市场推广及未来订单承接奠定了良好的技术储备,同时,这也标志着中国造船业在清洁能源动力汽车运输船设计领域实现了重要突破。

上海船院坚持技术创新和研发攻关,自主研发设计了共5型液化天然气(LNG)双燃料动力PCTC,并广受市场热捧,至今已承接订单40余艘。此举也是该院贯彻落实“碳达峰”“碳中和”国家战略,加快绿色零碳动力技术的创新研发,以及在造船和航运业推广应用的重要举措。其中,包括2021年由招商局金陵船舶(南京)有限公司承建的7 000车双燃料PCTC,以及今年由江南造船(集团)有限责任公司承接的7 600车双燃料动力PCTC等。

此外,上海船院设计的众多高端PCTC还实现了优质交付。其中,2021年9月,由上海船院设计、厦门船舶重工股份有限公司建造的7 500车超巴拿马型双燃料PCTC“SIEM CONFUCIUS”获得了2021SHIPPAX深海滚装船最佳环境奖。去年11月,由上海船院提供基本设计及详细设计、江南造船建造的全球首艘LNG双燃料+电池混合动力+EMS能源管控系统的 3 600 车 PCTC“AUTO ADVANCE”也成功实现交付。

2021 年,上海船院基于已有的 PCTC 船型平台,在创新中心特别组建研发小组,对氨燃料动力的技术性、复杂性、适用性、安全性等进行了专项技术攻关和项目研究,取得了阶段性成果,并最终成功研发了此次获得 AIP 的氨燃料动力 7 000 车 PCTC。

在航运和造船领域引进低碳和零碳替代燃料已经刻不容缓。氨燃烧不产生二氧化碳,有望成为海事业青睐的替代燃料选择之一,未来具有广阔的商业化应用前景。目前,氨燃料动力船舶已成为中国、韩国、日本和欧洲造船业共同关注和争相研究的焦点。

在此次获得 AIP 证书的基础上,上海船院将继续努力,在电池混合动力及其他低碳和零碳新能源领域潜心研究,力求新突破,继续深耕绿色环保 PCTC 市场,为全球航运业零碳发展贡献更多“中国方案”。

来源:学习强国,浦东融媒号,2022-03-27,作者:杨珍莹、何宝新(原载于 2022 年 3 月 26 日“浦东发布”,图片来源:受访单位供图)。

4. 氢燃料船

“三峡氢舟 1”近日成功完成合拢

2022 年 11 月 1 日,氢促会获悉,中国船级社(CCS)近日为我会会员单位中国船舶第七一二研究所(简称“712 所”)签发了国内首张船用氢燃料电池发电系统船用产品证书。该船用电池发电系统将用于中国长江电力股份有限公司“三峡氢舟 1”公务船。

据悉,“三峡氢舟 1”近日成功完成合拢,该船是国内首艘入级中国船级社(CCS)的 500 kW 氢燃料电池动力船艇。“三峡氢舟 1 号”采用氢燃料电池和锂电池动力系统,为钢铝复合结构,总长 49.9 m,型宽 10.4 m,型深 3.2 m,采用全回转舵桨推进,氢燃料电池

额定输出功率 500 kW，最高航速达到 28 km/h，巡航航速 20 km/h 时的续航里程可达 200 km，具有高环保性、高舒适性和低能耗、低噪声等特点，将主要用于三峡库区及两坝间交通、巡查、应急等工作。

来源：中国船舶第七一二研究所。

5. LNG 加注船舶

中国首单保税 LNG 加注业务在上海洋山港完成

全球最大 LNG（液化天然气）动力集装箱船与全球最大 LNG 运输加注船舶，3 月 14 日在上海洋山港成功“牵手”。上午 10 时许，马耳他籍“达飞希米号”集装箱船驶入洋山港二期码头，船舶靠稳系缆后，“海港未来号”LNG 运输加注船舶通过软管，为其加注 7 000 m^3 LNG 新型燃料。

据介绍，这是国际航行船舶保税 LNG 加注业务“中国首单”，意味着上海港成为全球少数拥有“船到船同步加注保税 LNG”服务能力的港口。

相较于传统油料船舶，LNG 动力船舶硫氧化物减排近 100%，氮氧化物减排 85% 以上，每年燃料成本可降低 30% 左右。作为国际造船工业重地，上海提前布局绿色航运市场，在 LNG 动力船、LNG 运输船建造中陆续取得突破。洋山港作为全球集装箱枢纽港，汇聚了 80 多条远洋航线，集装箱年吞吐量不断创出新高。

此次“达飞希米号”集装箱船计划在洋山港靠泊 24 h，加注 7 000 m^3 LNG 燃料。船舶靠泊码头，在加注 LNG 的同时进行集装箱装卸作业，既保持码头泊位高利用率，又为船舶节约了燃料补充时间，有利于进一步维护产业链供应链稳定，提升港口综合竞争力。

据介绍，此次国际航行船舶保税 LNG 加注业务的落地实施，也有效降低了新型燃料船舶的运营费用，对于完善上海港服务功能、推进绿色航运发展都具有积极作用。

3 月 1 日，《中国（上海）自由贸易试验区临港新片区条例》正式施行。根据《中国（上海）自由贸易试验区临港新片区条例》，临港新片区内企业经批准，可试点开展国际航行船舶 LNG 等新型燃料加注业务，这为洋山港开启保税 LNG 加注服务提供了法治保障。

“中国首单”的背后，也有着相关制度和管理的创新。今年以来，洋山边检站对“海港未来号”LNG 运输加注船舶实施人证对照和船体检查，确保这艘国产 LNG 运输加注船舶顺利投入运营。

为安全圆满完成首次加气作业，洋山边检站加强与相关能源和航运企业沟通，提前为

“海港未来号”签发外轮搭靠作业许可证，并为“达飞希米号”办理入境预检手续，确保货轮抵港后即可实施加注作业。

“充分运用上海边检‘单一窗口’，实现相关手续‘一次申报、一次审批、一次办结’，营造加注 LNG 燃料‘加完即走’‘即加即走’的高效通关环境。”洋山边检站边防检查处负责人介绍，对于集装箱班轮“达飞希米号”而言，船舶到港即可开工作业，同时进行燃料补给，大大节约了作业时间和运营成本。

来源：学习强国，上海学习平台，2022-03-16，作者：何易，责任编辑：朱霖 刘彦纬，总平台审核编辑：赵子珍。

附录 2
检查表（液化天然气燃料加注作业指南 2021）

船对船加注检查表

A 部分：加注准备阶段检查表

计划日期和时间：______________________________

加注地点（码头）：______________________________

LNG 燃料加注船舶：______________________________

受注船：______________________________

	检查	加注船舶	受注船	备　注
1	已批准 LNG 加注作业的具体位置和时间			
2	通知主管机关按照当地法规开始 LNG 加注作业			通知时间：hrs
3	遵守主管机关的要求			例如：港口条例
4	所有参与 LNG 加注作业的人员均已经过相应的培训且被指派负责特定的 LNG 加注设备和程序			
5	加注船舶、受注船配有经认可的加注计划和有效操作手册			
6	加注船舶和受注船已就系泊和护舷安排达成协议			
7	加注船舶获得授权靠泊受注船			
8	作业区域具有充分的照明			
9	所有的 LNG 加注和气体探测设备均经过认证，处于良好的状态且工作正常			
10	加注船舶和受注船双方已议定冷却、传输和吹扫的操作程序			

续表

	检查	加注船舶	受注船	备　注
11	加注船舶和受注船双方已议定电气绝缘方式			
12	已商定并指定限制区域			限制区域:
13	遵守法规关于点火源的规定			
14	所有的强制性消防设备立即可用			
签字 加注船舶代表:________受注船代表:________				

B 部分:同步计划活动(如适用)

计划日期和时间:________

加注地点(码头):________

LNG 燃料加注船舶:________

受注船:________

	检查	加注船舶确认	受注船确认	备　注
1	在 LNG 加注期间,其他燃油的同步加注操作计划满足经认可的 LNG 与燃油同时加注作业手册	□	□	如适用
2	在 LNG 加注期间,货物的同步加注操作计划满足经认可的 LNG 加注与货物装卸同时加注作业手册	□	□	如适用
3	主管当局已批准在 LNG 加注的同时进行其他燃料的加注作业和/或货物操作	□	□	如适用
4	参与各方达成一致并遵守经认可的操作手册中同步操作安全规程和减灾措施	□	□	如适用
签字 加注船舶代表:________受注船代表:________				

C 部分:LNG 传输数据表

(本部分应在实际加注作业开始前完成)

注意约定的物理量单位(PQU):□m^3　　　□公吨

商定的开始温度和压力			
	加注船舶液货舱	受注船燃料舱	
开始温度			℃/℉ *
开始压力			bar/psi * (rel)
有效(剩余)舱容			PQU
商定的加注作业			

续表

商定的开始温度和压力			
商定的加注量		——	PQU
总管的开始压力		——	bar/psi * (rel)
开始速率		——	PQU per hour
最大加注速率		——	PQU per hour
补足速率		——	PQU per hour
总管中最大压力		——	bar/psi * (rel)
商定的最大值和最小值			
		最大值	最小值
加注过程压力	——		bar/psi * (rel)
LNG 燃料舱压力	——		bar/psi * (rel)
LNG 温度	——		℃/℉ *
LNG 燃料舱装载极限	——		%
签字 加注船舶代表:________________受注船代表:________________			

D 部分:预传输检查表
(在实际传输操作开始前应完成本部分)

	检查	加注船舶	受注船	备　注
1	在实际操作前 A 部分已完成			如适用
2	天气和风浪条件满足要求			
3	加注船舶和受注船均安全系泊。遵守系泊规定。护舷措施就位			
4	加注船舶与受注船之间的安全靠泊方法			
5	所有的强制性消防设备立即可用			
6	作业区域照明充分			
7	加注船舶和受注船均能向安全和无障碍的方向自主航行			
8	加注船舶和受注船上负责监督加注操作的人员就位			
9	加注船舶和受注船的操作负责人和监督人员之间已建立有效的沟通方式。通信语言已商定			VHF/UHF 频道: 语言: 主系统: 备用系统:

续表

	检查	加注船舶	受注船	备　注
10	急停信号和紧急切断程序已商定,经测试,并向所有参与者解释。应急程序和计划以及联系电话已告知负责人			急停信号:
11	预定限制区域已建立。警示标志正常			
12	限制区域内没有其他船舶、未经允许的人员、设备及点火源			
13	参与各方已商定并遵守防止高空坠物的安全程序和减灾措施			
14	建立有效的甲板观察			甲板观察应特别注意系泊、护舷和同步活动
15	加注船舶和受注船均建立有效的 LNG 加注观察			LNG 加注观察应特别注意加注软管、支管和加注控制
16	外门、舷窗和起居舱室通风口按照操作手册已关闭			任何时候它们都不能被锁死
17	气体探测设备经过运行测试且处于良好的工作状态			
18	遵守法规关于点火源的规定			
19	适当且充足的防护服和设备立即可用			
20	参与连接设备操作的人员及操作区域附近的人员均应穿着防护服并使用相应的设备			
21	(驱动式)紧急释放装置[(P)ERC]已安装并立即可用			如适用
22	水雾系统已通过测试且立即可用			
23	集液盘(泄漏容器)采用合适的材料,容积,已就位且是空的			
24	船体和甲板低温保护到位			如适用
25	LNG 泵、压缩机等设备处于良好的工作状态			如适用

续表

	检查	加注船舶	受注船	备　注
26	所有的遥控阀都维护良好且处于良好的工作状态			
27	系统仪表,高液位报警器和高压报警器均可运行,设置正确且处于良好的工作状态			
28	受注船燃料舱在任何时候都应防止过充,持续监测舱容且正确设置报警装置			间隔不超过
29	LNG 装置上的所有安全和控制设备均经过检查、测试且处于良好的工作状态			
30	压力控制设备、汽化或再液化设备可运行且处于良好的工作状态			
31	气相管路的连接和支撑合适			如适用
32	加注船舶和受注船的 ESD 系统,自动阀门或相似的设备已经过测试,处于良好的工作状态,且立即可用。双方的 ESD 系统已被连接。双方已交换 ESD 系统的关闭速率			加注船舶 ESD:秒 岸站 ESD:秒
33	已检查拟用于 LNG 加注的管路。未使用的接头已关闭、盲板且螺栓固定			
34	LNG 软管,固定管路和支管都处于良好的状态,被正确装配、支撑、正确的连接,经过泄漏测试并获准进行 LNG 加注			
35	加注船舶和受注船之间的加注系统设有干式断开装置			
36	加注船舶和受注船之间的加注系统设有适合的电气绝缘装置且已就位			
37	加注系统上的干式断开装置已就位,经过目视检查,处于良好的工作状态			
38	受注船的防火控制图位于外部			位置:
39	具有国际通岸接头			如适用

续表

	检查	加注船舶	受注船	备　注
40	告知主管机关和其他在附近的船舶,LNG 加注作业已开始			
签字 加注船舶代表:________________受注船代表:________________				

E 部分:加注后检查表

(该部分应在加注作业完成后完成)

	检查	加注船舶	受注船	备　注
1	LNG 连接设备、固定管路和总管已经过吹扫,且已准备好断开连接			
2	远程控制和手动截止阀关闭且准备好断开连接			
3	断开连接后限制区域解除,撤除标志			
4	主管机关及附近的其他船舶被告知 LNG 加注作业已完成			通知时间:hrs
5	险情和事故已上报主管机关			
签字 加注船舶代表:________________受注船代表:________________				

槽罐加注车对船加注检查表

A 部分:加注准备阶段检查表

计划日期和时间:____

加注地点(码头):____

槽罐加注车:____

受注船:____

	检查项目	受注船	槽罐加注车	码头	备注
1	主管机关已批准 LNG 传输操作的具体位置和时间				
2	已通知主管机关按照当地法规开始 LNG 加注作业				通知时间:hrs

续表

	检查项目	受注船	槽罐加注车	码头	备注
3	已通知码头即将开始 LNG 加注作业				
4	遵守主管机关的要求				例如:港口条例
5	所有参与 LNG 加注作业的人员均已经过相应的培训且被指派负责特定的 LNG 加注设备和程序				
6	加注位置槽罐加注车可到达,且槽罐加注车总重不超过码头允许的最大值				
7	加注作业区域具有充分的照明				
8	所有的 LNG 传输和气体探测设备均经过认证,处于良好的状态且工作正常				
9	双方已议定加注、冷却和吹扫的操作程序				
10	槽罐加注车和受注船双方已议定电气绝缘的系统和方法				
11	已商定并指定限制区域				限制区域:
12	遵守法规关于点火源的规定				
13	所有的强制性消防设备立即可用				
签字 槽罐加注车代表:________________受注船代表:________________					

B 部分:LNG 传输数据表

(本部分应在实际加注作业开始前完成)

注意约定的物理量单位(PQU):□m^3 □公吨

商定的开始温度和压力			
	LNG 槽罐加注车液货舱	受注船燃料舱	
开始温度			℃/℉ *
开始压力			bar/psi * (rel)
有效(剩余)舱容			PQU
商定的加注作业			
商定的加注量		——	PQU

续表

商定的开始温度和压力			
总管的开始压力		——	bar/psi *(rel)
开始加注速率		——	PQU per hour
最大加注速率		——	PQU per hour
顶部加注速率		——	PQU per hour
补足加注速率			PQU per hour
总管中最大压力		——	bar/psi *(rel)
商定的最大值和最小值			
	最大值	最小值	
加注过程压力	——		bar/psi *(rel)
LNG 燃料舱压力	——		bar/psi *(rel)
LNG 温度	——		℃/℉ *
LNG 燃料舱装载极限	——		%
签字 槽罐加注车代表:________________受注船代表:________________			

C 部分:预传输检查表
(在实际传输操作开始前应完成本部分)

	检查	受注船	槽罐加注车	码头	备注
1	在实际操作前 A 部分已完成				如适用
2	天气和风浪条件满足要求				
3	受注船安全系泊。遵守系泊规定。护舷措施就位				
4	具有受注船与岸之间的安全接近方法。强制要求时,船岸之间应有应急逃生路线				
5	所有的强制性消防设备立即可用				
6	加注作业区域被充分照明				
7	受注船和槽罐加注车能向安全和无障碍的方向自主移动				
8	槽罐加注车和受注船上负责监督加注作业的人员就位,且全程保持有效观察				

续表

	检查	受注船	槽罐加注车	码头	备注
9	槽罐加注车和受注船的操作负责人和监督人员之间已建立有效的沟通方式。通信语言已商定				VHF/UHF 频道： 语言： 主系统： 备用系统：
10	急停信号和紧急切断程序已商定，经测试，并向所有参与者解释。应急程序和计划以及联系电话已告知负责人				急停信号：
11	预定限制区域已建立。警示标志正常				
12	限制区域内没有未经允许的人员，设备及点火源				
13	外门、舷窗和起居舱室通风口按照操作手册已关闭				任何时候它们都不能被锁死
14	气体探测设备经过运行测试且处于良好的工作状态				
15	遵守法规关于点火源的规定				
16	适当且充足的防护服和设备立即可用				
17	参与软管连接和断开的人员及操作区域附近的人员均应穿着防护服并使用相应的设备				
18	拉断阀已安装并立即可用				如适用
19	水雾系统已通过测试且立即可用				如适用
20	集液盘采用合适的材料，体积，已就位且是空的				
21	船体和甲板低温保护到位				如适用
22	泵和压缩机处于良好的工作状态				如适用
23	所有的控制阀都维护良好且处于良好的工作状态				
24	加注系统仪表，高液位报警器和高压报警器均可运行，设置正确且处于良好的工作状态				

续表

	检查	受注船	槽罐加注车	码头	备注
25	受注船燃料舱在任何时候都应防止过充,持续监测舱容且正确设置报警装置				间隔不超过分钟
26	LNG 装置上的所有安全和控制设备均经过检查、测试,且处于良好的工作状态				
27	压力控制设备、汽化或再液化设备可运行,且处于良好的工作状态				如适用
28	槽罐加注车和受注船的 ESD 系统,自动阀门或相似的设备已经过测试,处于良好的工作状态,且立即可用				受注船 ESD:秒 槽罐加注车 ESD:秒
29	已检查拟用于 LNG 加注的管路。未使用的接头已关闭、盲板且螺栓固定				
30	LNG 软管,固定管路和支管都处于良好的状态,被正确装配、支撑、连接,经过泄漏测试并获准进行 LNG 加注				
31	槽罐加注车和受注船之间的加注系统设有干式断开接头				如适用
32	槽罐加注车和受注船之间的加注系统设有适合的电气绝缘装置且已就位				
33	加注系统上的干式断开接头已就位,经过目视检查,处于良好的工作状态				
34	槽罐加注车电气接地,且车轮被楔住				
35	加注作业期间,槽罐加注车引擎熄火				
36	加注系统上的干式断开装置已就位,经过目视检查,处于良好的工作状态				
37	若强制要求,受注船的应急消防控制图位于外部			位置:	
38	具有国际通岸接头			如适用	

续表

	检查	受注船	槽罐加注车	码头	备注
39	告知主管机关和其他在附近的船舶,燃料加注作业已开始				
签字 槽罐加注车代表:________受注船代表:________					

D 部分:LNG 加注后检查表
(该部分应在加注作业完成后完成)

	检查	受注船	槽罐加注车	码头	备注
1	LNG 连接设备、固定管路和总管已经过吹扫,且已准备好断开连接				
2	远程和手动控制阀关闭且准备好断开连接				
3	断开连接后限制区域解除,撤除标志				
4	通知主管机关和附近其他船只燃料传输操作已完成				通知时间:hrs
5	通知码头 LNG 加注作业已完成				通知时间:hrs
6	险情和事故已上报主管机关				
签字 槽罐加注车代表:________受注船代表:________					

岸站对船加注检查表

A 部分:加注准备阶段检查表

计划日期和时间:________

加注地点(码头):________

LNG 岸站:________

受注船:________

	检查	受注船	岸站	备 注
1	已批准 LNG 加注作业的具体位置和时间			
2	通知主管机关按照当地法规开始 LNG 加注作业			通知时间:hrs
3	遵守主管机关、岸站当地的要求			例如:港口条例

续表

	检查	受注船	岸站	备　注
4	所有参与 LNG 加注作业的人员均已经过相应的培训且被指派负责特定的 LNG 加注设备和程序			
5	岸站、受注船配有经认可的加注计划和有效操作手册			
6	作业区域具有充分的照明			
7	所有的 LNG 加注和气体探测设备均经过认证,处于良好的状态且工作正常			
8	岸站和受注船双方已议定冷却、传输和吹扫的操作程序			
9	岸站和受注船双方已议定电气绝缘方式			
10	已商定并指定限制区域			限制区域:
11	遵守法规关于点火源的规定			
12	所有的强制性消防设备立即可用			
签字 岸站代表:_______________受注船代表:_______________				

B 部分:同步计划活动(如适用)

计划日期和时间:____

加注地点(码头):____

LNG 岸站:____

1	在 LNG 加注期间,其他燃油的同步加注作业计划满足经认可的 LNG 与燃油同时加注作业手册			如适用
2	主管当局已批准在 LNG 加注同时进行其他燃料加注作业			如适用
3	参与各方达成一致并遵守经认可的操作手册中同步操作安全规程和减灾措施			如适用
签字 岸站代表:_______________受注船代表:_______________				

C 部分：LNG 传输数据表

（本部分应在实际加注操作开始前完成）

注意约定的物理量单位（PQU）：□m^3 □公吨

商定的开始温度和压力			
	受注船液货舱	岸站储罐	
开始温度			℃/℉ *
开始压力			bar/psi *（rel）
有效（剩余）舱容			PQU
商定的加注作业			
商定的加注量		——	PQU
总管的开始压力		——	bar/psi *（rel）
开始速率		——	PQU per hour
最大加注速率		——	PQU per hour
补足速率		——	PQU per hour
总管中最大压力		——	bar/psi *（rel）
商定的最大值和最小值			
	最大值	最小值	
加注过程压力		——	bar/psi *（rel）
LNG 液货舱压力		——	bar/psi *（rel）
LNG 温度		——	℃/℉ *
LNG 液货舱装载极限		——	%

*：如适用

D 部分：预传输检查表

（在实际加注作业开始前应完成本部分）

	检查	受注船	岸站	备　注
1	在实际操作前 A 部分已完成			如适用
2	天气和风浪条件满足要求			
3	受注船安全系泊。遵守系泊规定。护舷措施就位			
4	受注船与岸站之间的安全靠泊方法			
5	所有的强制性消防设备立即可用			
6	作业区域照明充分			
7	受注船能向安全和无障碍的方向自主航行			
8	岸站和受注船上负责监督加注作业的人员就位			

续表

	检查	受注船	岸站	备　注
9	岸站和受注船的操作负责人和监督人员之间已建立有效的沟通方式。通信语言已商定			VHF/UHF 频道： 语言： 主系统： 备用系统：
10	急停信号和紧急切断程序已商定,经测试,并向所有参与者解释。应急程序和计划以及联系电话已告知负责人			急停信号：
11	预定限制区域已建立。警示标志正常			
12	限制区域内没有其他船舶、未经允许的人员、设备及点火源			
13	建立有效的甲板观察			甲板观察应特别注意系泊、护舷和同步活动
14	岸站和受注船均建立有效的 LNG 加注观察			LNG 加注观察应特别注意加注软管、支管和加注控制
15	外门、舷窗和起居舱室通风口按照操作手册已关闭			任何时候它们都不能被锁死
16	气体探测设备经过运行测试且处于良好的工作状态			
17	遵守法规关于点火源的规定			
18	适当且充足的防护服和设备立即可用			
19	参与连接设备操作的人员及操作区域附近的人员均应穿着防护服并使用相应的设备			
20	(驱动式)紧急释放装置[(P)ERC]已安装并立即可用			如适用
21	水雾系统已通过测试且立即可用			
22	集液盘(泄漏容器)采用合适的材料,容积,已就位且是空的			

续表

	检查	受注船	岸站	备　注
23	船体和甲板低温保护到位			如适用
24	LNG 泵、压缩机等设备处于良好的工作状态			如适用
25	所有的遥控阀都维护良好且处于良好的工作状态			
26	系统仪表、高液位报警器和高压报警器均可运行,设置正确且处于良好的工作状态			
27	受注船液货舱在任何时候都应防止过充,持续监测舱容且正确设置报警装置			间隔不超过分钟
28	LNG 装置上的所有安全和控制设备均经过检查、测试且处于良好的工作状态			
29	压力控制设备、汽化或再液化设备可运行且处于良好的工作状态			
30	气相管路的连接和支撑合适			如适用
31	岸站和受注船的 ESD 系统,自动阀门或相似的设备已经过测试,处于良好的工作状态,且立即可用。双方的 ESD 系统已被连接。双方已交换 ESD 系统的关闭速率			受注船 ESD:秒 岸站 ESD:秒
32	已检查拟用于 LNG 加注的管路。未使用的接头已关闭、盲板且螺栓固定			
33	LNG 软管、固定管路和支管都处于良好的状态,被正确装配、支撑、连接,经过泄漏测试并获准进行 LNG 加注			
34	岸站和受注船之间的加注系统设有干式断开装置			
35	岸站和受注船之间的加注系统设有适合的电气绝缘装置且已就位			
36	加注系统上的干式断开装置已就位,经过目视检查,处于良好的工作状态			
37	受注船的防火控制图位于外部			位置:
38	具有国际通岸接头			如适用
39	告知主管机关和其他在附近的船舶,LNG 加注作业已开始			
签字 岸站代表:__________ 受注船代表:__________				

E 部分:加注后检查表

(该部分应在加注作业完成后完成)

	检查	受注船	岸站	备　注
1	LNG 连接设备、固定管路和总管已经过吹扫,且已准备好断开连接			
2	远程控制和手动截止阀关闭且准备好断开连接			
3	断开连接后限制区域解除,撤除标志			
4	主管机关及附近的其他船舶被告知 LNG 加注作业已完成			通知时间:hrs
5	险情和事故已上报主管机关			

附录 3

车船加注示范方案

某轮 LNG 燃料加注方案

LNG 燃料加注作业前，船舶按照制订的计划向上报需加注 LNG 燃料数量、加注所需时间、加注场所，并向港航局、海事局等主管部门报备。船舶安全靠泊码头后，做好 LNG 燃料加注操作前相应的准备工作，与加注方就 LNG 燃料加注操作举行现场协调会，对船岸双方的安全项目进行检查，逐一进行核对确认，在双方签字确认后方可进行 LNG 燃料加注作业。

一、船舶 LNG 燃料加注作业条件

1. 非雷暴天气；

2. 非大风大浪天气，要求风力小于 6 级；

3. 非夜间进行作业；

4. 设置以槽车为中心半径 25 m 的码头区域作为安全作业区，以船舶为中心半径 50 m 海域作为安全作业区；

5. 可燃气体探测仪、对讲机、手机等电气设备必须是防爆型；

6. 待 LNG 燃料加注船舶做好消防器材和消防泵的准备工作，岸上由消防车、舟车式干粉灭火器作为消防措施。

二、加注前准备工作

1. LNG 槽车的准备工作

LNG 槽车操作人员在操作前应严格遵守槽车的卸车操作规程，相应的准备工作如下：

(1) 认真检查装卸车现场，确认槽车半径 25 m 内没有明火，包括码头海面区域，警戒人员在上风向 25 m 外值守；

(2) 按指定位置停车，关闭汽车发动机，并用驻车制动，切断汽车电源总开关；

(3) 槽车管路连接之前，使用自带垫块固定槽车车轮，使其不能移动；

(4) 接好槽车的静电接地线；

(5) 检查各管路、阀门连接是否良好，各接头是否有松动，压力表和液位计指示是否正常；

(6)必须设置排放或泄放接口,排放口必须排向安全区域;

(7)整个 LNG 燃料加注作业过程,车辆发动机处于关闭状态;

(8)LNG 充装过程中安全区禁止有火源(包括非防爆电子设备);

(9)LNG 燃料加注区必须配专人手持便携式可燃气体探测仪巡点检测;

(10)LNG 燃料加注设施必须设置防护措施,避免车辆撞击损坏;

(11)必须对 LNG 槽车上的应急速闭阀进行测试,确保其处于正常工作状态;

(12)整个 LNG 燃料加注操作过程中,至少配有一名专业人员在现场并能畅通无阻地监督整个 LNG 燃料加注过程。

2. 加注船舶的准备工作

开始进行 LNG 燃料加注前的准备工作如下:

(1)船舶 LNG 燃料加注工作,轮机长必须在加注 LNG 燃料前预先计算船存 LNG 燃料总量和所需 LNG 燃料加注数量;

(2)按所制订的 LNG 燃料加注计划进行作业,必须准备好应急工具和应急物品,做好对内、外消防的准备工作;

(3)在 LNG 燃料加注时,船舶必须悬挂“B”和“RY”旗;

(4)校对好通信工具,并与槽车方约好加注 LNG 燃料联系高频频道信号 CH72;

(5)轮机长负责做好船舶气罐的燃料加注相关阀门的检查工作、加注站集液槽放残管的连接及槽车与加注站法兰的连接,做好管路扫气及气密性检查;

(6)船长协同轮机长做好与槽车方代表联系商定 LNG 燃料数量,加注最大流量及 LNG 燃料加注的启、停联络信号及喊停责任权、责任方,同时做好 LNG 燃料加注前燃料加注准备阶段安全检查表确认工作;

(7)在船舶靠码头进行 LNG 燃料加注期间,值班水手加强巡视,根据潮水涨落幅度调整缆绳;

(8)在首次对船上的 LNG 储罐进行燃料充装操作前,必须事先对储罐和管路进行干燥和惰化处理,驱气和预冷操作;

(9)LNG 燃料加注完成后,拆除连接管路,用盲板对加注站进液法兰进行盲死;

(10)当班轮机员应在轮机日志上记录 LNG 燃料加注时间、地点和 LNG 燃料加注前、后本船气罐液位、船存 LNG 燃料总量和供方供给数量,并按要求记录。

3. 船岸连接工作

由船上和岸上的工作人员共同协作,完成船岸之间管路的连接,并保证双方的通信畅通。相关的操作如下:

(1)用卸车软管连接 LNG 槽车和“甬港消拖 60 号”加注站上的液相接口;

(2)LNG 充装接头处,设有快速脱离装置;

(3)LNG 槽车与船舶充装站处进行等电位连接;

(4)确保船上 ESD 应急停止按钮已经拉至岸上,经测试可以正常切断所有 ESD 阀门;

(5)确保船上与岸上的高频通信处于正常工作状态。

三、LNG 燃料加注期间的操作

1. 连接槽车与加注船舶液相软管,槽车与增压器的液相及气相软管,并进行氮气吹扫并试压检测，确认无泄漏后进行吹扫置换。

2. 打开槽车顶部进液阀给加注船舶与槽车进行平压，当槽车与加注船舶压力接近相同时，关闭槽车顶部进液阀。

3. 缓慢进液阶段。缓慢打开槽车液相增压阀并同时打开气相增压阀给槽车增压，当槽车压力增至高于加注船舶 LNG 燃料舱 0.2 MPa 时（禁止槽车压力超过 0.65 MPa），缓慢打开槽车出液阀给加注船舶进液。

4. 平稳进液阶段

（1）当槽车内压力高于加注船舶 LNG 燃料舱内压力 0.2 MPa 时，完全开启槽车出液阀，流速控制在 120~150 kg/min，并控制槽车内压力小于 0.65 MPa。

（2）平稳进液阶段，LNG 燃料加注操作方和船方都要对系统压力、舱容和设备运行情况进行监控。一旦发现异常，需要立刻停止作业，直到问题解决并经双方确认后才能重新启动 LNG 燃料加注。

（3）为了达到加注船舶 LNG 燃料加注作业允许最大速度，可将顶部进液转换至底部快速进液，流速控制在 150~180 kg/min。先开底部进液阀再关顶部进液阀，在进料方式切换过程中要注意防止超压。如加注船舶 LNG 燃料舱出现温度和压力偏高现象，可以再次转换顶部进液方式。

5. 进液异常情况操作

在 LNG 燃料加注操作过程中，应有专人分别值守关注槽罐车 LNG 燃料加注区域、加注站、机舱集控室和驾驶台监控 LNG 储罐内的压力和液位。一旦罐内的压力和液位出现异常，立即停止 LNG 燃料加注操作，迅速切断充装管路上的 ESD 阀门，并告知槽车方异常情况。

6. 进液收尾阶段

当总进液量接近加注船舶 LNG 燃料舱容积的 75%时，LNG 燃料加注流速应降至 50 kg/min 以下，采用底部进液方式，最后的收尾阶段应对加注船舶的 LNG 燃料舱液位和压力进行密切监视，当加注船舶储罐液位达到储罐容积 83%时，停止加注船舶 LNG 燃料加注作业。

四、LNG 燃料加注结束后的操作

当储罐内的液位达到充装设定值时，应关闭与每个储罐相连的液相和气相管路上的所有 ESD 阀门。同时通知岸上关闭 LNG 槽车储罐上的 ESD 阀门，随后采取措施对 LNG 充装管线进行除液及惰化操作。待所有的工作完成后，逐项进行检查，在双方确认后，船舶、槽车方可离开码头。

五、LNG 泄漏、火灾处理措施

一旦发现充装接头处发生轻微泄漏时，可迅速关闭充装站上的紧急切断阀，同时通知岸上关闭槽车出液阀，打开充装管路上的残液排放阀，残液排放干冷之后，对充装接头处进行检查和紧固。若发生 LNG 泄漏大量泄漏或火灾时，应立即启动加注船舶 LNG 燃料加注专项应急预案。

参考文献

[1] 中华人民共和国海事局. 内河散装化学品船安全知识与操作[M]. 大连:大连海事大学出版社,2005.
[2] 吴宛青. 船舶防污染技术[M]. 大连:大连海事大学出版社,2010.
[3] 中国船级社. 液货船危险区域划分和电气设备配备指南[S]. 北京:人民交通出版社,2010.
[4] 中国船级社. 气体燃料动力船检验指南[S]. 北京:中国船级社,2011.
[5] 中国船级社. 液化天然气燃料加注船舶规范[S]. 北京:中国船级社,2015.
[6] 中华人民共和国海事局. 液化天然气燃料加注船舶法定检验暂行规则[M]. 北京:人民交通出版社,2016.
[7] 中华人民共和国海事局. 液化气船货物操作基本培训[M]. 大连:大连海事大学出版社,2016.
[8] 中华人民共和国海事局. 液化气船货物操作高级培训[M]. 大连:大连海事大学出版社,2016.
[9] 中国海事服务中心. 内河液化气船舶安全知识与操作[M]. 大连:大连海事大学出版社,2017.
[10] 中国船级社. 天然气燃料动力船舶规范[S]. 北京:人民交通出版社,2017.
[11] 中国船级社. 船舶应用替代燃料指南[S]. 北京:人民交通出版社,2017.
[12] 中国海事服务中心. 液化气船货物操作高级培训知识更新[M]. 大连:大连海事大学出版社,2017.
[13] 中国船级社. 液化气体运输船气体燃料发动机系统设计与安装指南[S]. 北京:人民交通出版社,2018.
[14] 中华人民共和国海事局. 天然气燃料动力船舶法定检验暂行规则[S]. 北京:人民交通出版社,2018.
[15] 中国船级社. 液化天然气燃料加注作业指南[S]. 北京:人民交通出版社,2021.
[16] 中国船级社. 船舶应用天然气燃料规范[S]. 北京:人民交通出版社,2021.
[17] 中国船级社. 液化天然气燃料加注趸船规范[S]. 北京:人民交通出版社,2021.
[18] 中国船级社. 船舶应用甲醇乙醇燃料指南[S]. 北京:人民交通出版社,2022.

[19] 中国船级社.船舶应用氨燃料指南[S].北京:人民交通出版社,2022.
[20] 中华人民共和国住房和城乡建设部,国家市场监督管理总局.船舶液化天然气加注站设计标准:GB/T 51312—2018[S].北京:中国计划出版社,2018.
[21] 中华人民共和国交通运输部.天然气燃料动力船舶罐车加注作业技术要求:JT/T 1319—2020[S].北京:人民交通出版社,2020.
[22] 国家市场监督管理总局,国家标准化管理委员会.液化天然气(LNG)生产、存储和装运:GB/T 20368—2021[S].北京:中国标准出版社,2021.
[23] 国家市场监督管理总局,中国国家标准化管理委员会.液化气体船舶安全作业要求:GB 18180—2010[S].北京:中国标准出版社,2011.
[24] 国家市场监督管理总局,中国国家标准化管理委员会.液化气体船舶安全作业要求:GB 18180—2022[S].北京:中国标准出版社,2023.
[25] 中华人民共和国国家质量监督检验检疫总局,中国国家标准化管理委员会.液化天然气(LNG)车辆燃料加注系统规范:GB/T 26980—2011[S].北京:中国标准出版社,2011.
[26] 中华人民共和国国家质量监督检验检疫总局.液化天然气的一般特性:GB/T 19204—2003[S].北京:中国标准出版社,2003.
[27] 国家市场监督管理总局,国家标准化管理委员会.液化天然气的一般特性:GB/T 19204—2020[S].北京:中国标准出版社,2020.
[28] 国家能源局.液化天然气(LNG)汽车加气站技术规范:NB/T 1001—2011[S].北京:中国建筑工业出版社,2011.
[29] International Electrotechnical Commission. Electrical Apparatus for Explosive Gas Atmospheres: IEC 60079-1-1-2002[S]. Geneva:IEC,2002.
[30] International Maritime Organization. International Maritime Dangerous Goods (IMDG) Code 2020 Edition[S]. London:IMO,2020.